社会学思维

王小章 陈宗仕 著

ZHEJIANG UNIVERSITY PRESS
浙江大学出版社

图书在版编目(CIP)数据

社会学思维 / 王小章,陈宗仕著. —杭州:浙江大学
出版社,2018.2
ISBN 978-7-308-17738-2

Ⅰ.①社…　Ⅱ.①王…　②陈…　Ⅲ.①社会学—教材
Ⅳ.①C91

中国版本图书馆 CIP 数据核字(2017)第 330913 号

社会学思维

王小章　陈宗仕　著

责任编辑	傅百荣
责任校对	杨利军　於国娟
封面设计	刘依群
出版发行	浙江大学出版社
	(杭州市天目山路 148 号　邮政编码 310007)
	(网址:http://www.zjupress.com)
排　　版	杭州隆盛图文制作有限公司
印　　刷	浙江省邮电印刷股份有限公司
开　　本	710mm×1000mm　1/16
印　　张	15.25
字　　数	274 千
版 印 次	2018 年 2 月第 1 版　2018 年 2 月第 1 次印刷
书　　号	ISBN 978-7-308-17738-2
定　　价	45.00 元

前　言

本书按内容分八个部分,罗列了 79 个问题。作者希望通过对这些问题的阐释,特别是通过简要叙述社会学史上,或者说社会理论发展史上那些重要学者对于这些问题的思考研究,让读者体会、领略体现在这些问题上的社会学的思维方式(thinking sociologically)。任何一门学科都有它自身相对独特的思维方式。作者相信,这种思维方式不是直接能够言传的,而只能是自行感受默会的。而认识了解这门学科的重要学者在一些具体问题上的思考,则是感受、默会这种思维方式的基本途径。

读者可以按顺序一个问题一个问题地看下去,也可以凭兴趣选择任何一个问题来阅读并思考、质疑。在阐释一个个问题时,作者首先努力做到客观地介绍相关学者对于这些问题所持的观点,与此同时,也不排除在某些问题上表达作者自己的看法,特别是在一些有争议的问题上。不过,读者可以看出,哪些是作者对于相关学者观点的介绍,哪些是作者自己观点的表达。

读者也许会问,为什么是 79 个问题,而不是 78 个,80 个,或者别的数目?对此,作者只能说:我们写着写着,正好就写到了 79 个!这也表明,本书虽然可以用作社会学理论的教学用书,但不是通常意义上四平八稳的教材,而在一定程度上有着作者的偏好取舍。

目　录

八 文化、意识形态、宗教和理性

导　论

1. 社会学是在什么样的社会历史背景下诞生的?

美国社会学家彼得·伯格曾说:"倘若文化的自我概念经过剧烈的震荡,尤其是文化里法定的、权威的和被普遍接受的自我概念经历过剧烈的震荡,那么在这样的历史条件下,社会学思想就获得了绝好的发展机遇。……只有在这样的情况下,敏锐的人才可能超越自我概念的断言去思考问题,才可能去拷问权威。……倘若我们把社会学思想视为尼采所谓的'怀疑的艺术',我们离社会学的实质就不远了。"①也就是说,如果长期地生活在单一不变的环境、秩序中,人们就会视这种环境、秩序下的一切为理所当然,从而变得不敏感而熟视无睹,而新的、不同的世界则产生新的刺激,新的刺激产生新的体验,体验在多数人、多数情况下固然会被纷至沓来的其他刺激所冲散,但也必然会在有些人那里转化为认识、理解和把握这种体验、这种体验所由产生的生活、生活于其中的新的世界的努力,从而引发出对于现代生活和现代社会世界的思考、探索和研究。如果说人类学的产生和发展在很大程度上得益于由地理大发现和殖民运动所导致的西方人与空间上的"他者"的遭遇的话,那么,社会学的产生,则主要得益于他们与时间上的"他者"、即对立于传统社会的现代世界的遭遇。也许,历史学家、历史社会学家可以通过各种精细入微的考察和分析来证明现代世界与传统社会之间存在着这种、那种的联系,这样、那样的连续性,但是,从总体上看,现代世界与传统社会之间存在深刻而巨大的差别,应该说是一个不争的事实。1992 年度的诺贝尔

---

① 彼得·伯格:《与社会学同游——人文主义的视角》,何道宽译,北京:北京大学出版社 2014 年版,第 35—36 页。

经济学奖获得者、著名经济学家道格拉斯·诺斯曾经说：如果一个古希腊人神奇地穿越时空来到 1750 年的英格兰，他或她会发现许多东西似曾相识；然而，如果这个希腊人在此后两个世纪才降临英格兰，就会感到自己来到了一个"不真实"的世界，因为他或她在那里能够识别和理解的东西少之又少。诺斯的这番话形象而生动地向我们说明了西方社会自 18 世纪中叶以后所经历的脱胎换骨般的变革。同样地，对于这种脱胎换骨般的变革的产生，历史学家、历史社会学家可以通过各种精细入微的考察和分析来揭示出这种、那种非常具体的影响因子，但是，也同样地，从总体上说，彼此交织、相互促进的三大革命，即政治革命、产业革命以及包含启蒙运动在内而又绵延数世纪的思想文化革命的共同作用决定性地影响了这种变革的发生。正是这交织推进的三大革命，共同导致了近代以来西方社会中宗教的衰败和理性主义的、科学的世界观取代神学世界观，导致了工业社会的诞生、城市化的发展以及与此相应的社会组织结构、社会阶级结构、社会连接纽带、社会交往方式等的变化，导致了民族国家的形成、国家与（市民）社会的分离，导致了身份和政治的平等化、民主化，文化的大众化、多样化，社会的个体化、全球化……一言以蔽之，导致了现代世界的诞生。面对在这一变革过程中产生的那个新的、并且处于持续不断的自我变革和自我拓展之中的现代世界，不仅诺斯所虚构的那个跨越时空而来的古希腊人会感到惊愕莫名，而且实际地生活于其中、真切地感受着这种持续不断的变化的人们的神经和心灵，也经受着强烈的刺激和冲击，从而，作为"怀疑的艺术"的社会学，于此获得了生长的土壤和气候。从总体上讲，社会学，是对由上述三大革命所催生的现代性问题的一种知识反应，自其诞生之日起，现代性问题就是它的基本主题。

　　作为对现代性问题的一种知识反应，社会学的探讨和思索无疑是一种现代性话语，但必须注意的是，社会学这种现代性话语对于现代性的探讨和法国启蒙运动的现代性话语截然不同。包含在启蒙思想中的现代性方案，代表的是以对人类历史之全面的、无限的、必然的"进步"的坚定信念为基础的一种价值理想，寄托着对自由、平等、民主、富裕、幸福的未来社会的希望和憧憬。在启蒙思想家们挥洒笔墨、驰骋想象时，现代世界主要还只停留在蓝图上，而不是经验现实。但社会学的研究与思考不同。虽然不能说社会学家们与启蒙哲学的思想和价值完全没有关联，这种关联当然有，但是，从总体上讲，在他们这里，现代性已不再代表一种要追求的价值，而是需要加以客观地考察分析的现实经验性问题。可以说，在很大程度上，正是作为经验现实的现代性与作为价值目标的现代性之间的区别，决定性地影响了社会学思维与启蒙思想以及传统哲学之运思方式的重大区别,社会学思维首先是一种明确区分事实与价值、科学与道德评价、描述性法则和规范性法则的思维方式。

2. 社会学是研究什么的?

像其他各门研究人类社会现象的学科一样,社会学研究的对象和具体内容也受到两个方面的影响,一是主要由经典大师们所形塑的社会学自身研究传统,二是社会本身的发展变迁。

当"社会学"一词的发明者孔德在19世纪中叶为这门研究社会的专门科学——他心目中所有科学的皇后——规划知识体系时,他将其划分为两个部门:一是从静态的角度对社会有机体进行解剖式分析,找出社会的基本构成要素及其相互关系;二是从动态的角度研究社会发展与变迁的进程,找出其动力和机制。他将前者称为社会静力学,将后者称为社会动力学。回头看社会学这门学科自孔德以来的发展,可以发现,尽管不同的社会学者们研究的具体问题千变万化,但总体上都没有跳出孔德对于社会学研究内容的这一规划。而如果进一步从上面所说的社会学是对现代性问题的知识反应的角度来看,那么,社会静力学就表现为对现代社会结构形态及其维系方式的研究,换言之,也就是对于"现代社会是如何可能的"的研究,当然,要解释、理解现代社会是如何可能的,就势必将进入传统社会是如何可能的,进而一般社会是如何可能的探讨。而社会动力学则表现为对于现代社会是如何诞生、变迁的研究,包括现代社会如何从传统社会中脱胎,现代社会本身又如何发展变迁(从工业社会到后工业社会,从资本主义社会到后资本主义社会,从"第一现代社会"到"第二现代社会"即风险社会,等等)。当然,随着社会本身的变迁,在不同的历史时期,社会学对社会结构状态的研究和对历史变迁进程的研究的侧重是不一样的,两者并不是平衡发展的。①大体上说来,19世纪的学者们更多地关注于对人类社会的发展进程,特别是近代西方工业社会或者说资本主义制度的发生发展的研究。无论是孔德、斯宾塞、托克维尔、滕尼斯,还是马克思、韦伯,这些社会学的主要奠基者们基本上是从历史的视野或者说发展进程的角度来提出他们各自的问题和命题的。社会发展变迁进程的性质和动力是他们共同关注的核心课题,虽然他们对于社会历史进程

---

① 参见王小章:《社会状态的社会学和历史进程的社会学——一个社会学史的考察》,《社会学》2000年第10期。

的具体切入点各有不同。即使是通常被看作是社会学中功能分析和实证调查研究方法的始祖的涂尔干,也表达了对社会发展进程问题的关切,虽然他表达的方式与马克思、韦伯等人有所不同。但是,进入 20 世纪,特别是当社会学研究的学术中心从欧洲转移到美国以后,19 世纪学者们的上述学术兴趣却发生了明显的转移。20 世纪专业社会学家当中的主流团体,其关注的焦点已从历史的架构中转移,转向了现代社会的系统性研究,对于动态的社会历史进程的研究探索已为静态的社会状态分析所取代。恰如埃利亚斯所指出的:"如果说前一阶段(指 19 世纪——引者)的社会学持的是赫拉克利特的基本观点,即一切都是流动的……那么后一阶段的社会学所持的则是埃利亚学派的观点。正如人们所说的那样,埃利亚把箭的飞行视为由一系列的静止状态所组成的。"① 在 20 世纪的数十年间占据着西方社会学霸主地位的帕森斯的结构功能主义便是上述以状态研究取代过程研究的代表。帕森斯理论观点的一个根本特点,就是试图把他所观察到的各种社会类型解析为基本的组成部分,社会就像某个玩牌者手里的一些纸牌,每一个社会都是各种纸牌混合的结果,然而,不管怎么混合,纸牌总是这一些。于是,社会便被视为一种"社会体系","社会制度"又被视为一种"处于静止状态的体系"。按照这种主流的、静止的体系理论,社会变化、社会进程和社会发展,包括国家的发展和文明的进程,都只是一种"附属的东西"。对于理解"社会体系"及其"结构"和"功能"来说,并不需要对这些问题进行研究和解释。结构功能主义学派经常挂在嘴边的那些概念,如"结构"、"功能",本身就已经被打上了把过程简化为状态的这种思维方式的烙印。而帕森斯只是一个代表。事实上,除了结构功能主义,进入 20 世纪以后,特别是社会学知识生产的中心由欧洲转移到美国以后所发展起来的许多理论都具有上述这种非历史性的特征。有人指出,20 世纪在美国发展出来的社会学理论方向,如符号互动论、交换理论以及结构功能论等,都"自觉"其本身是从"社会事实的历史方向"抽离出来的理论,是非历史性的或者用茨托姆卡的话来说就是"没有历史的社会学"。

　　为什么 19 世纪社会学热衷于社会进程的研究,而在 20 世纪却转向了非历史的状态研究?埃利亚斯指出:"如果说,关于社会应该成为的和人们希望它成为的模式在某些意识形态上的观念导致了 19 世纪的社会学家把主要兴趣放在社会的形成和发展的研究方面,那么另外一些意识形态上的观念则导致了 20 世

---

　　① 诺贝特・埃利亚斯:《文明的进程》(第一卷),王佩莉译,生活・读书・新知三联书店 1998 年版,第 15 页。

纪社会学领域里主流理论家特别强调社会存在和社会的客观状态,导致了他们不重视社会形态的形成以及对长期的社会进程和对由这两方面的研究所带来的新的解释不感兴趣。"①在 19 世纪,一些工业国家中的社会学家表达了正在上升的工业阶层的社会信念、理想以及希望,这部分声音逐渐地压倒了另一部分旨在巩固封建王朝和贵族权力、旨在维护和保存现有社会制度的声音。前者因为正处于不断上升的阶段,所以对美好的未来充满了希望。他们的理想是未来而不是现在,因此他们对社会的变革和发展特别感兴趣。这一时期的社会学家和正在上升的工业阶层联合在一起力图说明人类确实是朝着他们所向往、所希望的方向发展。到了 20 世纪,工业国中的工业阶层最终替代了王朝时代的贵族和军事实权派而成为国家的统治集团;与此相应,已成为国家统治集团的工业阶层除了阶层意识之外,民族意识也越来越强烈,无论在感情上还是在意识形态上他们都把组织成国家的民族的现状视为最高价值。历史的变化只涉及表面的东西,人民和民族是不变的。"民族思想"把人们的目光从变化的东西引向了现存的不变的东西。在老牌工业国家中,进步的理想为保持和捍卫现状的理想所替代。"在社会学的理论中,原来地位显赫阶层的理想曾为逐步强盛之工业社会理想所压倒,而现在,后一种理论又为高度发达的工业国家中已经上升并稳定了的阶层的理想所代替。"②

如果说,进入 20 世纪后社会学之转向社会状态的研究主要是因为进步的理想为保持和捍卫现状的理想所替代,那么,自 20 世纪 60 年代以来,西方社会中产生的一系列社会运动则击破了人们自觉不自觉地视社会现状为平衡协调、和谐静止的理想化状态的幻觉。与此相应,在社会学研究中,一方面是帕森斯的结构功能主义在西方尤其是美国社会学中的霸主地位的走向终结和其他理论流派如批判理论、冲突理论等的兴起,另一方面则是社会学研究中的历史进程的视野在人们对上述静态的状态分析模式的反思和批判中越来越又重新受到学者们的重视。人们越来越清晰自觉地认识到:无论是对于理解社会关系、社会结构而言,还是对于理解人们的行为和思维模式而言,"历史"均是一个不可或缺的维度。"一个充分的、完整的社会学应当清楚地包括各种结构的历史,而种种结构的历史是在特定时刻的整个历史性过程的产物。……写一部结构的历史是必要

① 诺贝特·埃利亚斯:《文明的进程》(第一卷),王佩莉译,生活·读书·新知三联书店 1998 年版,第 15—16 页。
② 诺贝特·埃利亚斯:《文明的进程》(第一卷),王佩莉译,生活·读书·新知三联书店 1998 年版,第 25 页。

的,这种结构的历史将会在每一个结构状态中发现:以前的斗争的产物会改变或保存结构;同时,通过构成结构的矛盾、紧张与权力关系,还能发现随之而来的变革的起源。"①

需要指出的是,社会静力学和社会动力学的划分,或者说,社会结构状态的研究和历史变迁进程的研究的划分,只是理解领会"社会学是研究什么的"这一问题的一个视角,另一个重要的理解视角则是结构研究和行动研究的对峙。在给社会学这门学科以最深刻影响的诸位大师中,涂尔干可以说是结构研究的首要倡导者,而韦伯则代表了行动研究的方向。涂尔干认为社会学的研究对象是"社会事实",所谓社会事实,是一切"能从外部给予个人以约束的,或者换一句话说,普遍存在于该社会各处并具有其固有存在的""行为方式",②也即,是一种外在于个体并给个体以强制性约束的、普遍的结构性力量。而韦伯则将社会学界定为一门"致力于解释性地理解社会行动并因而对原因和结果作出因果说明的科学",而所谓"社会行动",是指行动者赋予其以主观意义,并且这种主观意义关涉和指向他人之行为的行为。③ 与涂尔干强调社会事实之外在于个体的结构约束性质不同,韦伯突出的是行动者赋予行动的主观意义,社会学研究的目的就是要对这种意义达成解释性的理解,以期实现对社会行动之因果关系的有效说明。也有人介于两者之间,企图平衡协调两者,如齐美尔。齐美尔认为,社会学无疑要研究社会,而"社会存在于若干个人有着相互影响的地方。这种相互影响总是产生于某些特定的本能欲望,或者为了某些特定的目的"。这些欲望、目的促使人们走到一起,彼此互动,建立联系,结成"社会",齐美尔将此过程称为"社会化",社会学要研究的,就是欲望、目的等等"把个人的孤立的并存塑造为相互参与和相互支持的某些特定的形式",也即"社会化"的形式。④ 这些"形式"一头连着个体的行动,一头连着社会形态。再如当代的吉登斯,他一方面指出社会学重点研究的是近两三个世纪工业转型所形成的社会制度,另一方面则以"结构二重性"的概念指出,社会结构与社会行动的关系,乃是前者既是自身反复组织起来的行动的中介,又是它的结果,因而社会系统的结构性特征并不外在于行动,而

---

① P.布迪厄:《文化资本和社会炼金术》,包亚明译,上海人民出版社1997年版,第121—122页。
② E.迪尔凯姆(即涂尔干):《社会学方法的准则》,狄玉明译,商务印书馆1995年版,第34页。
③ 韦伯:《社会科学方法论》,杨富斌译,华夏出版社1999年版,第35—36页。
④ 齐美尔:《社会是如何可能的:齐美尔社会学文选》,林荣远编译,广西师范大学出版社2002年版,第20—21页。

是反复不断地卷入行动的生产与再生产。① 这显然也是在努力贯通结构和行动的关系（参见本书后面"如何理解行动与结构的关系？"）。

在具体实际的社会学研究中，与社会结构状态的研究和历史变迁进程的研究在不同时期的侧重上有所不同一样，结构研究和行动研究也随着社会本身的变迁发展而波动起伏。大体上，从社会学诞生一直到 20 世纪中叶，整体社会结构形态的研究基本上占据了主导地位，而行动研究则处于配角的地位。"欧洲的古典社会学，以及 20 世纪发展中国家的社会学，只研究各种混合的主体：社会的与政治的，社会与政治组织。各社会学体系经常扮演整合国家意识形态的角色。……作为古典社会学最后一个宏大理论建构的帕森斯社会学，也只不过是美国权势和霸权处于巅峰的镜像。古典社会学的这种本质所造成的主要后果是：社会行动观念毫无立足之地。一个人愈是探究社会，就愈忽视各种社会行动者；因而后者只能被视为依其在社会系统中所处的位置而应具有某种属性的人。"②换言之，社会行动的分析被简化为对行动者在系统中位置的探讨。这背后实际上包含着一种不言而喻的信念，那就是"行动"受制于"结构"或"系统"，认识、揭示了结构，即可在很大程度上把握、理解"行动"，实际上是一种社会决定论观念。而这种观念之流行，则与还尚未实现经济社会之充分富足的现代早期社会状况有关，在那种社会状态下，人们的意识、行为确实如马克思等所揭示的那样，受制于他们的社会存在，更具体地说，受制于他们在社会结构（系统）中所处的地位。但是，20 世纪 50 年代以后，一方面在客观条件方面，随着工业社会向后工业社会的转型，"可自由支配性收入"的增长推动了"随意型社会行为"的扩张③，"标准生命史"开始让位于"选项生命史"④，人们的行动越来越自由，越来越摆脱社会结构的制约；另一方面，在社会意识方面，随着现代社会的各种弊端的日益显露，现代社会系统之压迫性的日益被感知，希望变革，希望以行动抗衡系统的呼声不断高涨。于是，在这样的背景下，行动开始逐步成为社会学研究的焦点，开始出现"行动者的归来"。

---

① 参见安东尼·吉登斯：《批判的社会学导论》，郭忠华译，上海世纪出版集团 2007 年版，第 7—9 页；吉登斯：《社会的构成》，李康、李猛译，生活·读书·新知三联书店 1998 年版，第一章。

② 阿兰·图海纳：《行动者的归来》，舒诗伟等译，商务印书馆 2008 年版，第 12 页。

③ 丹尼尔·贝尔：《资本主义文化矛盾》，赵一凡等译，生活·读书·新知三联书店 1989 年版，第 84 页。

④ 刘维公：《布迪厄与生活风格社会学研究：兼论现代社会中的社会学危机》，香港理工大学应用社会科学学系《社会理论学报》，1999 年秋季号。

3. 社会学是一门科学还是人文学科？

这个问题的关键或者说实质在于社会学及其从业者与事实及价值的关系。

近代以来，随着"自然"（nature）因韦伯所说的"除魅"过程而日益被理解为有着自身的自然法则、只待牛顿们来发现的客观物质世界，"科学"（science）就日益被视为"对自然做有方法的理论研究"，而人类经验或者说体验（experience）的领域，诸如形而上学或哲学、宗教、政治、历史以及与艺术（art）有关的内在情感生活等，则被排斥在科学的范畴之外，①而通常被归属于人文学科或历史学科。"科学"是一种只关注客观事实、事理而不关心主观感受、意义的"价值无涉"（value-free）的研究，而人文学科或历史学科则是一种与人的生命体验、主观意义、价值追求紧密相连的叙事。照此，作为由人、人的生命活动所造就的"社会"，无疑属于人文学科或历史学科的领地。但是，社会学的诞生在某种意义上恰恰是对此种观念的一种挑战。社会学的创立者深受法国启蒙思想家的影响。启蒙思想家们内部虽然也有分歧，但是共同坚持某些关键的基本信念：无论何时何地，人性都是一样的；存在普遍适用的人类目标；可以制定出一个合乎逻辑的、易于检验和证实的普适性法则结构，以取代无知、臆断、迷信、偏见、教条和幻觉所造成的混乱；牛顿的科学方法在说明自然界方面已被证明极为成功，在道德、政治、经济以及一般人类关系的领域，也应当能够发现和采用类似的方法，从而消除邪恶、痛苦以及爱尔维修所谓"涉及利益的谬误"②。在这种启蒙观念的影响下，社会学的开创者们创设社会学的目的，就是要建立一门如同物理学、化学之客观地研究自然现象一样，来客观地研究社会现象的"社会科学"，以图在对社会的研究中，获得关于社会的有效的、明晰的、精确的、统一的、可重复可验证的客观知识，而不是多种多样的、因人而异的、飘忽易变的主观感悟或价值表达。这不仅对于孔德、斯宾塞、涂尔干，以及出生土木工程专家、转而为数理经济学家、再转而为社会学家的帕累托等而言，是不言而喻的，而且，即使对于志在"改造世界"之实践的马克思，以及深受德国人文主义、历史主义传统之影响而明确肯定人类社会之研究与自然世界之研究存在本质性区别的韦伯而言，在社会研究中

---

① 雷蒙·威廉斯：《关键词：文化与社会的词汇》，刘建基译，生活·读书·新知三联书店 2005 年版，第 425 页。

② 以赛亚·伯林：《反潮流：观念史论文集》，冯克利译，译林出版社 2002 年版，第 1—2 页。

对于知识之客观性、精确性、统一性、确凿性的这种追求也是理所当然的。① 也正因此，我们才在前面指出：社会学思维首先是一种明确区分事实与价值、科学与道德评价、描述性法则和规范性法则的思维方式。也正是在此意义上，彼得·伯格指出："社会学家关注的是以严谨的治学方式去理解社会。社会学的性质是科学的。……社会学家以科学家的身份工作，他尽力做到客观，控制个人的喜好和偏见，尽量获得清楚的感知，而不是去做规定性的评判。"②可以不无理由地认为，由于研究对象的特殊性以及与此相关联的研究方法的特殊性，社会学不同于自然科学，但是，在追求客观事实真理的意义上，它要求的科学精神与自然科学无异。

不过，伯格同时又指出："社会学的其他一些特征又使之接近人文学科……社会学毕竟和人文学科的主要研究对象息息相关，这个研究对象就是人的境遇。在人的存在里，人的社会存在是关键的一维；所以，社会学反复研究的根本问题是，人之为人有何意义，作为具体情景里的人又有何意义。"③这就是说，社会学并不全然是价值无涉，并不真的不关心、不关乎价值、意义的问题。当然，不同立场的学者对于社会学与价值之关系的认识是不一样的。一些激进的后现代主义者的观点比较极端，他们认为，包括社会学在内的现代社会科学追求如实再现外部实在的稳定的、"唯一正确"的、普遍的"客观真理"是虚妄的，可笑的，"科学知识"与价值、与研究者主体精神意向之间那种无法脱离、无法区分的关联，决定了社会科学对于周围世界的论述，都只是在特定的社会脉络中于特定的社会规则下运作的结果，根本不是什么客观的、普遍的真理，所谓"真理"都是蕴含着价值的"观点"。④ 就此而言，所谓"科学与人文学科"的分离其实并不成立。当然，如上所说，这是一种比较激进、极端的观点，未必为多数人所接受。但是，即使不认同这种观点，我们也还是比较容易说明社会学和价值之间的联系。

第一种联系是韦伯所说的"价值关联"意义上的联系。生活于特定社会时代中的社会学者都是有价值倾向的，更何况许多社会学者还自觉地扮演社会进程参与者的角色，而不论是作为变革者还是现有秩序的维护者，每一个社会进程的

---

① 参见王小章：《关于社会的客观知识是否有效及如何可能》，《社会学研究》2002 年第 3 期。

② 彼得·伯格：《与社会学同游——人文主义的视角》，何道宽译，北京大学出版社 2014 年版，第 19 页。

③ 彼得·伯格：《与社会学同游——人文主义的视角》，何道宽译，北京大学出版社 2014 年版，第 196 页。

④ 参见王小章：《关于社会的客观知识是否有效及如何可能》，《社会学研究》2002 年第 3 期。

参与者都会有其什么才是"好社会"或"好生活"的理念,他们投身于社会学乃是致力于其理念之实现的一种实践。孔德就深信,社会学就是要揭示支配人类社会的法则,只要我们找到了这种法则,我们就能支配自己的命运。社会学者的这种价值理念、目标取向必然渗透进其研究实践,包括课题的选择以及通过研究工具的选取而进入研究过程,就像韦伯说的那样:"研究对象的选择,以及这种研究试图探究的无穷的因果之网的广度或深度,是由支配研究者及其时代的价值观念所决定的。在研究方法上,具有指导性的'观点'对于建构在研究中将被使用的概念框架是至关重要的。"①当然,研究的"价值关联"并不妨碍研究结果的客观性,而只是表明,社会学的研究是带着学者和时代的价值关怀的。②

第二种联系是社会学知识或者说研究成果不可避免地彰显意识形态的蕴含。或许,在研究课题选择的阶段,"价值关联"在自然科学研究中同样也有体现,但是这第二种联系则显然是社会学,甚至是整个社会科学的特点。罗伯特·默顿在提到功能分析的意识形态蕴含时就说:"功能分析并非内在地坚持某一意识形态立场,这并不是否定由功能主义者所推进的特殊功能分析和特殊假设可能具有非常明确的意识形态作用。"③当然,对于这种蕴含,发端于马克思的批判社会学的揭示就更充分了。

第三种联系则是韦伯所说的"价值探讨"层面的联系。韦伯一方面坚持"价值中立"(见下一问题),另一方面又倡导"价值讨论",即价值判断虽不是学者、教师宣言的对象,却可以是认识和研究的对象——这也是包括孔德、涂尔干、帕累托等实证论者在事实上所承认的。也就是说学者可以分析揭示文化价值的内在结构,可以把行动者同某个价值观密切联系在一起并分析展示某项行动选择的结果。这样的"价值讨论"可以帮助人们明确他所采取的某种具体的行为立场、态度具有怎样的终极意义,或者他所选择的终极价值将在现实世界面前导致怎样的实际结果,并进而认识到他的选择可能得罪哪一方"神魔"。这样的价值探讨一方面具有促进"价值沟通"的作用,另一方面,还可以使人们获得头脑的"清明",从而帮助他们进行价值的选择。尽管韦伯声称一个人所选择的价值目标之能否实现并不影响他的选择的品质,但是,当他说到,在当今时代一个人若要真正献身于宗教就必须"牺牲理智",并且说这样的人是"无法像一个真正的人那样

---

① 韦伯:《社会科学方法论》,杨富斌译,华夏出版社 1999 年版,第 180 页。

② 参见王小章:《从韦伯的"价值中立"到哈贝马斯的"交往理性"》,《哲学研究》2008 年第 6 期。

③ 罗伯特·K.默顿:《社会理论与社会结构》,唐少杰等译,凤凰传媒集团、译林出版社 2008 年版,第 134−135 页。

接受这一时代的命运的人"时,即意味着一个置身于除魅后的现代世界中,并且直面这个世界的人,在其选择价值目标时必须服从一个原则:"应为"的条件之一为"能为"。① ——至此,社会学所具有的人文性质就更加鲜明地显示出来了。

社会学与价值的联系,或者说,社会学的人文意涵,在很大程度上源自社会学研究对象之不同于自然科学研究对象的特殊性,社会学的研究对象是由跟研究者一样,并且包含着研究者的人的行动构成和改变的,研究者与研究对象本身处于互动之中,研究对象会对研究者及其研究成果作出自身的主动反应,于是,社会学研究本身并不外在于作为研究对象的社会机器运行发展,而是参与并共同构成了研究对象的存在、运行和变迁。(参见本书后面关于"如何理解社会学与社会的关系?"的阐述)

或许,我们可以这样来说,社会学是一门具有浓厚的人文意涵和人文关怀的社会科学。事实上,如果进一步分析,社会学的科学性与人文性问题,与社会学所探究的关于社会的客观知识,或者说,关于社会存在、运行、变迁的"客观规律"与人的自由的关系问题是紧密联系在一起的。只要承认社会学意义上的"客观规律"或"必然性"并不意味着"历史决定论",并不意味着在历史进程中没有人的主观选择的余地(参见本书后面关于"历史发展有规律吗?"的论述),那么,社会学研究的价值涉入、社会学家对于历史进程的积极介入就是合理的、允许的,甚至必要的。换言之,只有在社会存在、运行、变迁之客观必然性与人在历史进程中的主体性自由可以并存的前提下,社会学的科学性与人文性才有可能并存,并且像吉登斯等所说的批判的社会学也才有可能。②

4. 如何理解社会学研究中的"价值中立"?

这个问题一定程度上与上一个问题相关联,牵涉社会学研究的方法论之辩,但又不限于方法论问题,而进一步涉及科学研究的伦理问题。

由孔德开创、涂尔干奠定的社会学实证主义传统主张,社会学的研究对象与自然科学的研究对象没有本质的区别,都具有"物"的客观性,因而,社会学的研究方法与自然科学没有区别,后者的方法完全可以直接用于对社会的研究。在《社会学方法的准则》中,涂尔干从确定作为社会学研究对象的社会事实开始,依

---

① 参见王小章:《从韦伯的"价值中立"到哈贝马斯的"交往理性"》,《哲学研究》2008 年第 6 期。
② 安东尼·吉登斯:《批判的社会学导论》,郭忠华译,上海世纪出版集团 2007 年版,第 16—17 页。

次对观察社会事实的准则、区分社会事实的准则、解释社会事实的准则、求证的准则作了阐述,堪称提供了一本实证社会学方法的手册。他肯定"社会事实"的客观外在性、普遍性、个体的强制性,要求"社会学家保持物理学家、化学家和生物学家在他们的学科中开辟新的研究领域时所具有的那种精神状态"①,要将社会事实作为"物"来观察和研究,研究者必须使自己的思想"始终如一地摆脱一切预断"的束缚,与社会现实保持一种较为被动的关系,根据各种现象"本身固有的特性"而不是"人们关于它的比较理想的观念"去对它们进行研究。涂尔干明确宣称:"我的方法是客观的。它完全受社会事实是物,故应作为物来研究这样一种观念所支配。"②

深受历史主义、浪漫主义、人文主义思想传统影响的德国经典社会学则代表了社会学方法论主张上的另一种传统,也即"理解"的传统。这种传统认为,社会学研究的社会现象不同于自然现象,因而,自然科学的方法不适用于社会学。从狄尔泰的"我们解释自然,但我们理解生活",到李凯尔特的"个别性"与"价值关联",从滕尼斯的"意志论的社会观",到韦伯的"投入理解",都表达了一个基本共同的观念:社会现象是从人的意志,从有意义、有意向,且具有相互性的行动中产生形成的,不同于全然外在于人的自然现象。因而,我们或许可以从"外部"来观察社会,但只有从"内部"才能理解它。如上所述,韦伯将社会学界定为一门"致力于解释性地理解社会行动并因而对原因和结果作出因果说明的科学",深入到行动的"动机"、"意义"中去的"理解"是社会学最适当的方法。要达成对社会行动的解释性理解,最大限度地确保这种解释性理解、因果说明的真实有效性,除了要掌握、占有有关历史和社会的经验资料和数据外,更重要的是构建形成一系列帮助我们把握社会现象之意义的概念工具。韦伯自己所提出的"理想类型"就是这样一种概念工具。尽管凭借"自然科学"的声威,实证主义社会学似乎长久地占据了统治地位,但由韦伯奠定的社会学中的"理解"传统实际上一直不乏知音。像符号互动论、现象学的社会学、常人方法学等都或多或少与"理解"的传统相关。到当代,像吉登斯这样具有鲜明的企图"综合"社会学不同传统的学者,也明确肯定:"我们无法像了解自然世界中的课题或事物那样来了解社会或'社会事实',因为社会仅仅存在于人类自身的创造和再创造的行为中。在社会理论

---

① E.迪尔凯姆(即涂尔干):《社会学方法的准则》,狄玉明译,商务印书馆1995年版,第9页。
② E.迪尔凯姆(即涂尔干):《社会学方法的准则》,狄玉明译,商务印书馆1995年版,第154页。

中，我们不能把人类活动看作是由因果关系所决定的事物，就像自然事物那样。"①

显然，韦伯所倡导和奠定的"理解"传统比实证主义传统更加鲜明地肯定和强调社会现象中意义和价值的存在和重要性。但是，社会（科）学中"价值中立"的概念和主张恰恰正是由韦伯提出并系统阐发的。那么韦伯所说的"价值中立"究竟系何指？

价值中立之最直接、最基本的含义即是要求从事学术研究、从事大学课堂教学的学者、教师不作价值评判。但是一直以来在这个概念上却笼罩着种种迷雾。一种常见的误解就是将"价值中立"与韦伯的另一个概念"价值关联"一起都看作是纯粹的方法论概念。认为所谓价值关联就是学者在选取研究的课题时必然要受到价值观念的制约，而一旦课题选定，在具体的研究过程中研究者的价值就应该撤离，就必须保持"价值中立"，以确保能够进行客观的观察和解释。如果这就是韦伯的意思，那么身为"理解社会学"奠基者的韦伯在社会学方法论上就和作为实证主义者的涂尔干没有什么根本的区别了。事实上，在韦伯这里，价值关联根本不像这种理解那样仅限于研究对象的选择，如前所述，在社会科学研究中，无论是对象的选择还是加工，事实上都不可能不涉及研究者基于其价值观的问题预设。但是这种价值关联并不影响研究结果的客观有效性，因为它涉及的是特定的事物同一定的价值观念的逻辑关系，在学术研究中，它表述为特定事物或行动对某种价值目标的促进或阻碍作用，以便关心这种价值的人采取相应的行动策略。这是一种逻辑分析。换言之，价值关联不同于价值评判，前者是具有客观性的逻辑联系，而后者则是"当一个人'站在高度个人化的情感或欲望角度，或者由于意识到明确的义务而采取肯定或否定的立场'时"所表达出的一种主观的倾向。② 韦伯主张价值中立，如上所说，最基本的含义就是不作价值评判。更具体地说，是要求学者在科学研究和学术报告中，特别是大学教师的课堂讲授中回避价值判断，不借科学研究鼓吹自己的价值观，即要做到一种理性上的诚实。但是，他并不否定运用价值关联的分析去构造概念、形成理论。在韦伯这里，"价值关联"是纯粹的方法论，而"价值中立"则一方面具有方法论的意义，但更主要的是对于社会科学学者，特别是大学讲台上的教师的一种道德要求、伦理准则——因而本身就具有价值立场的意义。其目的是划定大学教师、学者的正当角色。

① 安东尼·吉登斯：《批判的社会学导论》，郭忠华译，上海世纪出版集团2007年版，第8页。
② 玛丽安妮·韦伯：《马克斯·韦伯传》，阎克文 等译，江苏人民出版社2002年版，第362页。

韦伯对于价值中立的主张一方面与他关于事实与价值判然两分、从"是什么"不可能逻辑地推论出"应该是什么"的观点有关,但更主要的是与现代性这一大背景有关,也与他所处的当时德国大学教学的具体背景紧密相连:若干世纪以来支配着个人生活的那些观念——基督教、产生于基督教的资产阶级伦理学、唯心主义哲学、承担道德责任的职业观、科学、国家、民族、家庭等等,统统都受到了质疑。许多年轻人对此感到无力应付。他们感到被上帝抛弃了,找不到他们希望去遵循的规范和准则。在这种情况下,出现这样一种普遍的观点,即认为大学不应当只满足于向年轻人传授知识和提高他们的智力程度,还应该塑造整体人格,传授信念,在所有重大人生问题上灌输一种实际的价值判断立场,建立一种一以贯之的世界观,以及发布意识形态宣言。学生在大学之中应不仅能找到教师,而且还能发现可以给他们确立目标、指导他们沿着正确方向发展的人生导师。但是韦伯认为,一个拥有学术权威和职位尊严的教授从高高的讲坛上把个人的信念和观点强加于既不能保护自己、又不能与之对抗的学生,是不正确、荒谬的,而那种不动声色的暗示就更加可耻。这种暗示在一个共同信仰的时代或许可以允许,但在如今这个没有统一信仰的时代里则和蓄意进行政治灌输一样令人厌恶。没有对手和不允许辩论的讲台,"不是先知和煽动家应待的地方"。对于大学教师来说,他唯一正当的就是要求自己做到"知识上的诚实",去"确定事实、确定逻辑和数学关系或文化价值的内在结构";课堂上唯一正当的教育理想也就是教育学生走向思想的诚实和朴素的客观性。价值观与价值判断不应是他们宣言的对象,而是其认识和研究即"价值讨论"的对象,即他们可以在研究中把行动者同某个价值观密切联系在一起并分析展示某项行动选择的结果。① 在这里,我们可以看出"价值中立"之主张的深层含义:反对有些人利用自己相对于别人所具有的在地位、身份、权力等方面的优势而将自己的价值观灌输,甚至强加给别人。它一方面要维护学术研究的纯洁,确保理性的诚实,另一方面则要维持价值领域中的各种价值观的自由竞争甚或冲突。而就价值中立要维持各种价值观的自由竞争而言,它事实上具有积极和消极两方面的意义。就其消极意义而言,它否定了学者、教师指点和派发价值目标的资格。而就其积极的意义而言,则将选择价值立场的权利和责任交托赋予了每个个体自己,也就是价值的自由选择:在价值领域相互争斗的诸神之间,"对于每一个人来说,根据他的终极立场,一方是恶

---

① 玛丽安妮·韦伯:《马克斯·韦伯传》,阎克文等译,江苏人民出版社 2002 年版,第 364—368 页;马克斯·韦伯:《学术与政治》,冯克利译,三联书店 1998 年版,第 236—238 页。

魔,另一方是上帝,个人必须决定,在他看来,哪一方是上帝,哪一方是恶魔。"①因此,如果将被韦伯要求恪守价值中立准则的主体的学者、教师置换成其他凌驾于个体之上的社会实体如政党、政府等,那么,韦伯在价值多神的现代世界主张价值中立所表达的事实上也就是自由主义思想家以赛亚·伯林之捍卫"消极自由"的主旨。而支撑着伯林的"消极自由"观的"价值多元论"实际上也就是韦伯的"价值多神论":"我们在日常经验中所遭遇的世界,是一个我们要在同等终极的目的、同等绝对的要求之间作出选择,且某些目的之实现必然无可避免地会导致其他目的之牺牲的世界。……于是,在各种绝对的要求之间作出选择,便构成人类状况一个无可逃脱的特征。"②

顺便说一句,从韦伯的"价值中立"及其理据出发,身处现代性背景下的我们,对于所谓"师者,传道、授业、解惑者也"的"传道",是否也需要重新认识?当然,这并不是说社会学者,或者,更一般地说,学者,不可以有自己的价值关怀,不可以有自己所许之"道",恰恰相反,具有发自内心、信守不贰的价值关怀是一个优秀的学者所必需的条件(参见本书第 8 个问题:"如何养成社会学思维?")。不过,只要理解了上面所说"价值关联"与"价值中立"的区别,那么,自也会理解学者之拥有自己的价值关怀与价值中立并不矛盾。

5. 如何看待知识分子和预设的关系?

布迪厄认为,知识分子处于分类斗争(classification struggle,参见本书第 44个问题:"合法性和知识分子在制度变迁中起何作用?")和符号统治的中心。如何产生那些社会世界的表征在政治斗争中最根本的,实际上也是被知识分子所垄断的。他对知识分子,尤其是哲学家提出了批评,认为这些哲学家将自己的认知结构和分类体系理性化、自然化和普遍化了。他们忽略了自身的预设,以及他们的思想结构与自身社会经济条件之间的联系。前述韦伯关于"价值中立"的论述实际上也涉及了这一问题。韦伯认为,不同生活领域有不同的规律,存在多种无法调和的价值。教师应该给学生们提供事实让他们自己选择,而不是价值判断。科学不回答价值问题,这是神学的任务,因为神学预设了意义。而根据布迪

---

① 韦伯:《学术与政治》,冯克利译,生活·读书·新知三联书店 1998 年版,第 40 页。
② 伯林:《自由论》,胡传胜译,译林出版社 2003 年版,第 241—242 页;韦伯:《学术与政治》,冯克利译,生活·读书·新知三联书店 1998 年版,第 44—45 页。

厄的理论,韦伯所强调的事实本身也同样无法免于预设,布迪厄进而主张要从预设中解放出来需要反思。

在《帕斯卡冥思》一书中,布迪厄旨在揭示哲学领域的预设,消除哲学传统生产和再生产的幻想,和符号暴力做斗争,而这种符号暴力经常是率先运用到哲学家们自身身上的。布迪厄主张要解放社会科学,首先要解放哲学。他认为学者的学术气质与他的经济社会条件相关,因此,知识分子那种把他们自己的伦理观、认知视野和审美情趣普世化、理性化和自然化的倾向忽略了一个事实,即对看似普遍的文化符号的获得渠道是不平等的,这取决于每个人的经济和社会条件。布迪厄批判哲学家们所谓真实可信的预设,他认为这些预设都蕴含了他们自身社会经济条件的优越感。布迪厄进一步将知识分子与统治阶级和政府联系起来。他认为知识分子幻想支持了所有的政治思想和行动,同时又被学术宗派因素所强化。布迪厄指出统治阶级赢得了观念斗争,通过对政府的统治,将自身的观念展示甚至强加为一种普遍的观念。布迪厄的这一观点与葛兰西的霸权概念近似。

根据布迪厄的理论,要解放社会科学的合适方式是反省。反省的实践意味着要质疑认知主体的优越感,这些认知主体通常没有被置于客体的地位上加以审视。反省意味着需要考察科学实践的主体,依照科学主体建构的客观标准,尤其需要将他们置于社会时空的某一个确定的点,以便更敏锐地意识到,并强有力地把握那些施加在科学主体身上的限制联系,而这些联系将他与经验主体、他的兴趣、动机和预设捆绑,而这些联系限制也是他所必须破除的。

布迪厄相信社会学可以去除社会世界的神秘,消除哲学的幻想。正如他所说,"社会学给予了破除魅力、挑战物品—拥有者关系的机会"[1],因为社会学旨在揭示那些隐藏的、有时被压迫的事情。尽管布迪厄号召知识分子需要反省,从预设中解放出来,但他似乎把自己排除在这之外。这可以从他的充满火药味的《抵抗行动》一书中明显看出。

6. 学术实践如何超越其局限?

后结构主义对学术实践与知识生产进行了猛烈的批判,以至于让现代社会知识分子的进步性都受到怀疑。在后现代时代,知识分子作为先锋形象已经过

---

[1]　Bourdieu, P. *Sociology in question*, Sage Publications, 1993, p. 43.

时了。后结构主义者告诉人们那种形象不过是神话,需要可以识别和超于其局限的实践来取而代之。根据舒伯特,谈进步实践,不是谈一个终极存在,或者说应该存在的实践,相反,是要强调抵制和改变现存等级结构的方式,目的是要允许和鼓励规范化和同质化社会中的差异。而超越(transgression)则是重塑学术实践的一种战略行动。关于学术实践的超越,福柯、哈贝马斯和布迪厄均有相关却又不尽一致的表述。

福柯认为,超越就是超越任何一种话语所制造的局限。任何结构赋权的话语(discursive)实践趋向于使之合法化和再生产,极端情况下,抹杀了其他结构存在的可能性。话语所固化的不可渗透的身份成为存在的不必要的限制①。后结构主义认为如果超越在总体上是要超越局限的行为,那么超越性的学术实践在政治上就很重要。这种超越性的学术实践揭示了真理与权力之间的关系。根据这个理论,所有的分类、区别和限制都是权力的化身。例如,分类的区分逻辑成为并强化人们之间的等级差异。这并非就是消极的,因为它也允许了某种实践没有以其他方式存在。话语提供识别客体的分类,这样也构成他们自己的客体。福柯认为只有随着现代人文科学的兴起,才有了对人的现代观念。

因此以同样方式来考察权力,也是非常有效的。当某话语的单一结构成为霸权,这就产生了限制,因为他阻止了存在以及沟通方式的替代模式。在福柯的早期著作里,他做了大量努力来考察不同的话语实践如何构成关于人的科学知识的规则。福柯关心的是科学的话语形式,而不是这些科学所构成和考察的人。福柯采用知识谱系学写下了思想体系的历史,区别了知识生产者各种话语实践的不同。

对于后结构主义者来说,权力不再被视为行动者或多或少拥有可以强迫他人做事的某种特质;相反,权力被视为蕴含在话语之中。因此,权力与知识紧密相连,对于那些知识的主宰即知识分子非常重要。这种知识分子新型政治和政治行动概念重塑,可以归功于尼采和马克思。它需要对学术活动采取相应的重新评价。基于此,以前被认为是对事物之自然发展进程的揭示的所谓进步实为某种建构。斯科特认为这些建构包括了对性别、族群、阶级、种族、国籍的等级化。②

---

① Foucault, M. *Language, counter-memory, practice: selected essays and interviews.* Edited by D. F. Bouchard, Ithaca: Cornell University Press, 1977, pp. 33—34.

② Scott, J. *Domination and the arts of resistance: hidden transcripts.* New Haven, CT: Yale University Press, 1990.

哈贝马斯,毫无疑问,站在政治超越批判的最前沿。他认为后结构主义的行动是危险的,可能成为新保守主义,因为他们没有提供任何衡量进步政治行动方向的依据。后结构主义对政治应该朝哪个方向进步似乎是模糊的。超越似乎对于超越之后如何做没有任何建议,因此超越之后相比现在是更加公正、仁慈,他们没有提出任何保证。哈贝马斯认为,后结构主义对于启蒙运动的现代性课题过早地放弃了。虽然,人类解放的理想以及理性的实现还很遥远,但这并不是意味着要对之"去合法化"(delegitimize)。相反,后结构主义者总体上已经对启蒙运动的道德理想产生了排斥,谴责以启蒙名义带来的暴力,对现有结构采取超越性抵制。

福柯也承认超越,就其本质而言,是危险的。他指出:"超越,不应该被理解为回归家园或恢复那种产生对立并会自然解决所有对立的原有土壤。超越是暴力的,也会有伤害。对超越者是危险的,对那些享有优越地位的人来说也可能是危险的。"[1]基于此,超越者会受到保守力量的谴责,以各种伪装的方式。不经过斗争,特权是不会轻易放弃的。虽然超越是危险的,然而,不超越也是危险的。实际上,不超越就是接受自己的生存状态,服从现存话语的支配。这种服从对学界来说是可耻的。这并不是因为学者具有某种特殊的技能使得他们可以看清其他人所不能看到的话语暴力,相反,正如布迪厄所说的,学术界作为统治阶级中受支配的那一部分,他们占据了一定社会空间,这使得他们有机会考察任何形式话语的基础和隐含意义。

在特定话语里真理和权力是历史地交织在一起的。超越,在现有话语下打开了一扇门,使得替代话语可以兴起。尽管超越是危险的,但是可以采取一些措施来限制其暴力。布迪厄提出的反思方法对于人文社会科学来说很有意义。布迪厄认为,主体的语言是建构的,也通过裹有权力的话语实践不断自我建构。基于这种对社会生活的重新概念化,现代社会里需要知识分子对这些再生产进行分析。布迪厄并不是要号召产生一种新的模式,在这种模式下知识分子成为社会运动的先锋,他所宣称的是以某种社会学建构方式,即通过反思的社会学实践,来推行超越实践。对于那些关心后结构主义者在批判之后如何实现学术进步的人来说,布迪厄强有力的反思概念也许提供了一种过程性伦理,相比哈贝马斯所提出的,这既不是普世的也不是理想化的。

---

① Foucault, M. *Language, counter-memory, practice: selected essays and interviews.* Edited by D. F. Bouchard, Ithaca:Cornell University Press,1977, p. 37.

布迪厄认为,社会科学家的任务就是要对习以为常的以及虚幻的社会事实进行反思。科学是一种构建事物的替代分类方式,可以成为学术界超越实践的例子。布迪厄认为,反思在对抗符号暴力中具有举足轻重的作用。然而,布迪厄的反思概念与福柯对自身关注的概念是不一致的。布迪厄让我们要以非常严格的科学方式来反思我们作为社会科学家所处的位置。他指出学术本身也是非常社会的,我们看见的和感受的也是我们与社会空间其他因素相互作用的结果。

这种反思的方式可以帮助我们认清社会或语言建构的边界,他们设定了我们对社会看法的界限。如果不能正视那些限制我们日常活动看似自然的界限并超越这种界限,我们会无意识地成为社会压迫等级再生产的帮凶。正如鲍曼所指出,接受这种官方分类的学术也对之赋予了学术权威,因此强化了他们的地位以及他们所构成的社会等级。[①] 对于布迪厄来说,反思既是识别这些界限的方式,也是产生替代分类的基础。这种建构主义方式与建立在数据收集和分析基础之上、更加实证的方法是对立的。依赖数据,尤其是基于官方或常识的分类数据,其问题在于它取决于既存的建构分类。实证数据不只是现象。因为话语分类构成其客体,任何不为这些类别承认的事物都会被否定其相关性。它们对于正在着手的科研项目来说,要么是噪声,要么根本不存在。简言之,分类就已经决定什么是证据,更具体地说,什么样的数据才算证据。

科学研究强调证据天性保守,尤其是社会科学。然而事实上这些证据依赖允许其得以存在的分类,这种强调实际上偏向于支持并再次肯定社会和科学的现状。布迪厄指出,我们必须揭示分类所在的历史、社会关系的体系,通过对科学客体的建构,来证明事物可以是另外一番情形的可能。[②]

7. 如何理解社会学与社会的关系?

知识社会学的研究揭示,任何知识的生产都包含着社会的因素,这些因素引导、形塑着科学研究、知识生产的实践形态、方向,而科学研究、知识生产的成果——对于社会科学来说甚至还包括研究的过程本身——则反过来也不可避免地产生社会的、政治的、经济的后果,影响社会变迁的进程和方向。这当然也适

---

① Bauman, Z. *Intimations of postmodernity*. London: Routlege, 1992.

② Bourdieu, P., Chamboredon, J-C., & Passeron, J.-C., *The craft of sociology: epistemological preliminaries*. (R. Nice Trans.) New York: Walter de Gruyter. 1991. p. 19.

用于包括知识社会学在内的社会学本身。

实际上,当我们在前面说,在总体上,社会学是对现代性问题的知识反应的时候,就已经肯定了社会因素对于社会学研究的影响、形塑作用。这种形塑影响作用至少表现在三个层面。第一,从传统到现代的巨大变迁为社会学"透视"社会结构和社会运行的奥秘提供了条件:中古基督教世界威严的宗教—政治外衣以及其后在所谓"旧制度"下拥有绝对权力的专制国家使"社会"隐蔽无形而难以为人们看清,因而,只有在基督教世界瓦解之后,只有在法国大革命摧毁了旧制度之后,现代社会学意义上的"社会"才得以进入人们的视野,那是一个"动机和力量的世界,是不能用官方对社会现实的解释来理解的"①。值得一提的是,孔德在阐述社会学研究的方法时,就曾指出,"间接实验"乃是社会学研究的重要方法,而所谓间接实验,就是研究考察社会由于动荡或其他严重的干扰而产生的病态性偏差,社会机体受到的干扰,如同人的机体所生的疾病一样,通过病理学的研究可以获得对常态的认识和理解。这实际上也向我们表明,社会急剧变迁的时期,是社会学研究的黄金时期。第二,现代社会结构和运行的形态及其变迁极大地形塑了社会学的基本概念,诸如"阶级"、"社会分层"、"社会流动"、"社会变迁"、"现代化"、"文化多样性"、"意识形态"乃至"社会"本身等等社会学的基本概念,只有在现代社会中才能获得其在社会学教科书中的意义。并且,随着现代社会本身的不断变迁,一方面,一些新的社会学概念不断出现,如"世界体系"、"后工业社会"、"风险社会"、"消费社会"等等;另一方面,原先的概念业不断获得新的意义,如原本主要与民族国家联系在一起的"社会"如今越来越紧密地与"全球"联系在一起。第三,社会需求是社会学知识发展的重要动力。在现代社会发展的不同阶段,社会,特别是社会中处于支配地位的集团面临着不同的问题和任务,从而对于社会学知识具有不同的需求,这种需求是形塑社会学知识形态的根本性力量,这一点,从上面对于"社会学是研究什么的"这一问题的阐述中就可以领略一二。在此不妨重点说一下来自现代国家的需求对于社会学研究的影响。现代国家希望有效地控制社会变革、希望对社会再生产实行大规模的有效监控,因而亟需精确的知识来作为制定社会政策的基础(由国家发布的各种"课题指南"、"招标课题"就是这种需求的明确表达)。"民族—国家的行政力量,如果没有信息基础作为反思性自我调节的手段,就无法存在下去。……或许可以这样

①　彼得·伯格:《与社会学同游——人文主义的视角》,何道宽译,北京大学出版社 2014 年版,第 36页。

说，从社会科学在现代的起源始，它就构成了社会再生产的反思性监管的一个方面，这种反思性监管的迅速扩展，已经成为国家的一个内在特征。"①自法国大革命以还，西方社会的政治和社会变革的压力变得异常紧迫，——这当然也是现代性的一个方面——并被赋予了一种正当性，试图阻止变革无济于事，解决的办法在于对社会变革进行合理的组织。而要对社会变革进行合理的组织，就必须去切实地研究社会，了解支配它的种种规则，这就为包括社会学在内的各门社会科学的生长发展提供了空间和动力来源。而进一步说，要想在一个牢固的基础上组织社会秩序，社会科学就必须越精确越好——这是包括社会学在内的各门社会科学走向"科学"、走向"实证"的社会动力。因此，正如有人指出的那样："（近代）国家企图通过干预措施影响社会的进程和结构，所以需要有关这方面的知识。……其实，从主要探讨规范和哲理的社会研究转变为以事实根据为基础的社会研究，大概是同现代国家的出现相关的最重要的学术现象。"②换言之，在宗教权威终结以及社会变革的压力之下，现代国家（政府）如今需要依仗社会科学的知识来为其行动提供正当性基础。

在社会及其变迁影响、形塑社会学知识的生产的同时，社会学的知识也反过来影响着现实社会的进程。这也可以从两个层面来讲。第一，如上所述，一方面许多社会学者都是自觉地扮演社会进程参与者的角色，他们投身于社会学乃是实现其所持之"好社会"或"好生活"理念的一种实践，另一方面，现代国家及其他社会力量从自身实践出发有着对于社会学知识的实际需求，于是，某些社会学的研究成果转为国家的政策行动或其他社会力量的行动方针时，它们就变成了一种实践的力量而成为影响社会进程的因素。第二，当然，并不是所有社会学研究成果都会转化成政策性实践，但是，即使没有转化成政策方针，社会学知识与生俱来的"实践"特征也会使它成为一种介入现实、改变现实的力量。物理世界本身的运行法则在牛顿发现三大定律之前和之后并没有改变，但是社会世界不同，资本主义的运行在马克思的理论为大家所知晓之前和之后会发生变化，原因是，这种理论会改变人们对于资本主义的认识，从而改变人们在这个社会中的行为，无论是无产阶级的还是资产阶级的，进而改变社会运行和发展的方式。所谓社

---

① 安东尼·吉登斯：《民族-国家与暴力》，胡宗泽等译，生活·读书·新知三联书店 1998 年版，第 221—222 页。

② Evans, P. B., Rueschemeyer, D., Skocpol, T., "On the road toward a more adequate understanding of the state". In: P. B. Evans, D. Rueschemeyer and T. Skocpol, (eds.), *Bringing the state back*. Cambridge: Cambridge University Press, 1985, p. 357.

会科学知识的"反身性"或"自反性"(reflexivity),所谓"预言的自毁"(即一个现象,本来会发生,但就因为有人预言了它会发生,结果它就不发生了)或"预言自我实现"(即一个现象,本来不会发生,但因为有人预言会发生这种现象,结果就真的发生了),都与此有关。总之,就像吉登斯说的那样:"社会学的实践意涵不能直接等同于科学的技术用途。原子不可能懂得科学家对它所做的解释,也不会根据科学家的知识改变自身的行为。但是人类却会这样。……作为人类,我们不仅仅生活在历史之中,我们对历史的理解本身构成了历史及其未来面貌的内在组成部分。"①

　　社会学与社会及其发展变迁的这种一般关系当然也会同样体现在社会学在中国的发展中。不过,在此恰恰要指出的是,中国社会自 19 世纪末以来特殊的变迁发展历程导致了其与社会学发展之间的关系也具有某种特殊性,进而也塑造了中国社会学的某些特殊性格。中国自晚清以后历史的一个突出特点,就是现代化的进程是在内困外辱、民族存亡的危机中拉开和推进的,现代化的追求与维护民族独立、保族保种的压力紧密联系在一起。由此导致的一个结果,是社会学在中国的引入、确立和发展也是在中国社会艰难的现代转型和中华民族生存危机的双重压力之下展开的。这影响或者说造就了中国社会学研究的一系列特点。第一,中国社会学具有更加鲜明、更加突出的改造社会、保群保族、富民强国的实用目的、实践取向。无论是严复、梁启超在 19 世纪末在内忧外困的境况下对于社会学思想的引进,还是此后以吴文藻、费孝通为代表的社会学"中国学派"对于中国社会和文化之特征以及中国迈向现代之道路的研究,以孙本文为代表的"综合学派"对于"社会建设"理论和实践方略的探索,以及晏阳初、梁漱溟等所从事的不同取向的"乡村建设"实践,抑或改革开放以来当中国社会学对于推动中国社会现代化事业、对于构建一种基于"中国经验"的社会建设理论之使命的自觉担当,都体现了中国社会学对于现实历史进程的自觉介入,体现了中国社会学强烈的实践性格。第二,李培林指出:"20 世纪初社会学在中国的导入和产生所推动的学术走向生活、走向实践的取向,以及外辱内忧之下学者所形成的富国强国的强力使命感,形成了中国社会学介入生活、干预生活的传统,推动一大批学者走出书斋步入生活基层。同时,也形成了学术上的一个明显特征:即在研究

---

① 安东尼·吉登斯:《批判的社会学导论》,郭忠华译,上海世纪出版集团,2007 年版,第 9 页。

中国时强调文化'特殊性'。"①这种对于中国（文化）特殊性的强调同样也体现在当代中国社会学的研究中。而这种"特殊性意识"与中国社会学研究对于现代化的"中国路径"以及在民族尊严受挫面前渴望重建民族认同、民族尊严的心理是分不开的，也即，与中国社会学的实践意向或者说现实关怀是分不开的。第三，与对于中国之特殊性的强调相联系，中国社会学对于社会学的本土化或中国化从一开始一直到今天都有着强烈的自觉意识。

8. 如何养成社会学思维？

认真阅读社会学史上那些经典大师们的经典著作，细细追索、体味、沉潜于经典大师们的思维过程，应该是在接受学术训练过程中慢慢养成社会学思维的重要途径，甚至是最基本的途径，可能也是每一个社会学老师都不会忘记强调的途径。但在肯定这一点的同时，在此还要特别强调几点。

（1）感悟发现价值与现实之间的张力，在这种张力中形成真切的问题意识。

缺乏真切问题意识的所谓研究，即使方法使用得再娴熟，数据掌握得再丰富，形式打磨得再漂亮，也只是"精致的平庸"，或者说，装腔作势的平庸。而真切的问题意识，是在根本性的价值关怀——当然这里指的是一种区别、超越于个人欲望、一己私利的价值关怀——和社会现实的张力中产生的。当你发自内心地珍视的价值同社会现实及其发展趋势发生冲突紧张时，真切的问题意识就产生了。这里的"真切"，既指相对于研究者内心世界的"真诚"，即他对问题的关怀是发自内心的，也指相对于外部世界的"真实"。前者要求研究者必须是一个具有信守不贰的价值立场的人，后者要求研究者既要投入社会、感受社会、关注社会，又能出乎其外地观察审视社会。只有怀抱这样真切的问题意识，才可能实现研究过程中激情与理性、热的投入和冷的思索的结合平衡。回顾社会学史上的那些大师们，可以发现，他们也正是在价值与现实的张力中形成了他们的核心问题意识。托克维尔所珍视的根本价值是自由，而他面对的社会现实发展趋势是与自由构成紧张的平等在全世界范围内不可避免地到来，于是，如何实现自由的平等构成了他的核心问题；马克思希望看到所有人作为人类社会的一分子都能实现全面而自由的发展，但是现实的资本主义体制却处处阻碍、扼杀着人的自由实

---

① 李培林：《中国社会学的产生》，载：李培林、李强、马戎主编：《社会学与中国社会》，社会科学文献出版社 2008 年版，第 52 页。

践在既有客观物质条件下原本可以达到的广度和深度,两者的张力促使他去探索考察资本主义这一"现代"外壳的来龙去脉;涂尔干关心"社会必须成为社会",但现代社会的分化却对"社会团结"构成了深刻的威胁,于是,必须探讨"现代社会如何可能";韦伯追求一种使生命有所寄托的积极意义或价值,或者说,一种积极意义上的自由,以成就一种"人格",但现代文化的虚无主义、工具理性的盛行当道却掏空了生命的价值和意义,于是,韦伯问:在现代世界中,每个人如何找到自己生命的守护神?费孝通一生"志在富民",但在他开始步入学术生涯时面对的却是中国在内外交困中民生凋敝、社会破败,于是,他的根本问题就是,置身于现代世界经济、政治、文化格局中,中国如何走向富裕、民主、文明的现代社会?……

实际上,在韦伯的"价值关联"这一概念中,本身即已蕴含着在价值与现实的张力中形成问题意识的意涵。不过对此表达得更为明确的,则是米尔斯:"在我们的时代,公众的主要论题是什么,个人的关键性困扰又是什么?要表述这些论题与困扰,借助描述我们这一时代的潮流,我们必须要问:什么价值是我们珍视的,但受到了威胁;什么价值是我们珍视的,并得到支持。无论是受到威胁的价值还是得到支持的价值,我们必须要问:其中可能包含结构中的什么突出矛盾?"[1]

(2)培育、发挥"社会学的想象力"。

当然,普通人也会感受体验到价值与现实之间的张力,但是,在普通人那里,在这种张力下产生的通常只是个人的困扰,而不是具有社会学意义的"问题意识",或者说,在普通人那里,张力所导致的问题通常限于个人一己的疑惑苦恼,而不能转化成具有公共意义的问题。要将个人的困扰转变为具有公共意义的问题,还需要一种心智品质,这种心智品质就是米尔斯所说的"社会学想象力"。"社会学想象力"是这样一种心智品质,它通过将个人与其所置身于其中的时代历史、社会结构和运行状态相联系,从而穿透日常经历之表面的杂乱无章,而"发现现代社会的架构,在这个架构中,我们可以阐明男女众生的种种心理状态。通过这种方式,个人型的焦虑不安被集中体现为明确的困扰,公众也不再漠然,而是参与到公共论题中去。"[2]或者,用鲍曼的话说,所谓"社会学想象力"也可以说

---

① 赖特·米尔斯:《社会学的想象力》,陈强、张永强译,生活·读书·新知联书店 2001 年版,第9 页。

② 赖特·米尔斯:《社会学的想象力》,陈强、张永强译,生活·读书·新知三联书店 2001 年版,第3 页。

是一种"将私人忧虑转换为公共问题,以及反过来,从私人麻烦中洞悉并指示其公共问题的性质"的转换技艺。①

米尔斯指出,历史上那些充满"社会学想象力"的经典社会分析家,不论其研究思考的具体问题是什么,总是不断地问三种类型的问题。当然,我们也可以这样理解,为了培养、发挥社会学的想象力,我们也应该经常以这些问题来引导我们的思维。

第一类:一定的社会作为整体,其结构是什么? 它的基本组成成分是什么,这些成分又是如何相互联系的? 这一结构与其他种种社会秩序又有什么不同? 在此结构中,使其维持和变化的方面有何特定含义?

第二类:在人类历史长河中,该社会处于什么位置? 它发生变化的动力是什么? 对于人性整体的进步,它处于什么地位,具有什么意义? 我们所考察的特定部分与它将会进入的历史时期之间,是如何相互影响的? 那一时期的基本特征是什么? 与其他时代有什么不同? 它用什么独特方式来构建历史?

第三类:在这一社会这一时期,占主流的是什么类型的人? 什么类型的人又将逐渐占主流? 通过什么途径,这些类型的人被选择,被塑造,被解放,被压制,从而变得敏感或迟钝? 我们在这一时期一定社会中所观察到的行为与性格揭示了何种类型的"人性"? 我们所考察的社会各个方面对"人性"有何意义?②

在《社会学的想象力》的附录《论治学之道》中,米尔斯还就养成和使用"社会学的想象力"提出了一系列更为详细的建议,包括:①做一名优秀的巧匠,避免呆板的程式,避免对方法和技巧的盲目崇拜,让心智独立地面对人和社会的问题。②避免形成拜占庭式的拆解组合概念的怪癖,以及空话连篇的做派,不要以晦涩难懂来逃避对社会作出判断以及读者对你的研究作出判断。③只要认为研究需要,可以建立横贯历史的结构,也可以探究割断历史的细节,可以尽你可能总结出规范的理论和构筑各种模型,仔细地考察琐细的事实及其间的联系,同时也要考察那些重大的独一无二的事件。④不要仅仅沉迷于一个又一个的小情境研究,要关注将各种情境组织起来的社会结构。通过对结构的研究,选择合适的情境以从事细节研究,并且要从理解情境与结构间相互作用的角度进行研究。无论你多么讲求精确,都不要只做一名记录员。⑤要认识到你的目标是对世界历

① 齐格蒙·鲍曼:《寻找政治》,洪涛等译,上海世纪出版集团 2006 年版,第 2 页。
② 赖特·米尔斯:《社会学的想象力》,陈强、张学强译,生活·读书·新知三联书店 2001 年版,第 5 页。

史上曾有的和现有的社会结构进行充分的比较性理解，为了这个目的，必须不免普遍存在的学员科系的武断的专业化。⑥要始终关注人的意象，以及历史的形象，要保持对人的多样化及时代变迁的宽阔视野，把所看到和所想象的内容，作为研究人类变迁的线索。⑦将男男女女当作历史和社会的参与者，要理解各种人类社会选择和形成各种各样的男人和女人的错综复杂的方式。⑧不要让经过官方阐述的公共论题或由个人感受到的困扰决定你所研究的问题，不要放弃你在道德和政治上的自主权，同时，许多个人困扰不能仅仅当作困扰来解决，而必须按照公众问题和历史形塑问题来理解。①

（3）注意社会学思维与常识的区别。

在真切的"问题意识"引导下，发挥"社会学想象力"的社会学思维，自然离不开人们的日常生活经验，从而，社会学思维和常识之间无疑有着密切的联系。但是，同样无疑的，社会学思维和常识是有区别的。齐格蒙·鲍曼和蒂姆·梅曾经指出了社会学思维与常识的四点区别②，彼得·伯格也曾阐述了"社会学意识"（sociological consciousness）有别于其他人意识的特征③。概括地说，我们认为，社会学思维与常识之间最需要注意的区别体现在两个方面。

第一，社会学问题和常识层面的问题不是一回事。如上所述，具有社会学意义的"问题意识"有别于日常生活中的个人困扰，这一点应该比较容易理解。但社会学问题也不等于官方所认定的"社会问题"。人们常常把不按官方设定和期待的方式运行的社会事件看作"社会问题"，并期待社会学家去研究并帮助解决这些"问题"，但在社会学家的眼中，这些问题可能并不算问题，反而为什么官方要这样来设定和期待社会的运行方式，为什么将那些"问题"看作"问题"，才是真正的问题。"社会学问题不是权威部门认为'出错'的事情，也不是从社会治理的角度看'出错'的事情；相反，社会学问题首先是整个系统如何运行、有何预设、靠什么结合为一体问题。"④在这样的意识下，一个真正具有社会学的问题意识，具有社会学思维的人，面对权威部门所出的题目，面对那些"项目指南"或"招标课题"，他会问：在这些课题中，哪些是真问题，哪些是假问题？哪些问题的提出只

---

①　赖特·米尔斯：《社会学的想象力》，陈强、张永强译，生活·读书·新知三联书店 2001 年版，第243—245 页。

②　齐格蒙·鲍曼、蒂姆·梅：《社会学之思》，李康译，社会科学文献出版社 2010 年版，第 8—10 页。

③　彼得·伯格：《与社会学同游——人文主义的视角》，何道宽译，北京大学出版社 2014 年版，第二章。

④　彼得·伯格：《与社会学同游——人文主义的视角》，何道宽译，北京大学出版社 2014 年版，第 42 页。

是为了掩盖别的问题或转移人们对别的问题的关注？哪些又是更加真正值得研究的问题但被付之阙如？是什么动力、原因使得该权威部门在当下这样的社会背景下提出这些所谓"课题"？

第二，常识通常停留于现象，它既可能包含着对于现实的真知，也可能包含着对于现实的误解和遮蔽。社会学恰恰要努力穿透这种遮蔽和误解，而洞悉真相。当前面说社会学是尼采所说"怀疑的艺术"的一部分的时候，实际上已经表明了这一点。常识相信，我们的行动出自自己的动机，社会学却要揭示推动我们行为的哪些为自己所不能控制而且没有意识到的潜在力量；常识使我们只关注那些制度化的行动是否实现了初衷，社会学却要揭示这些制度化行动的非意图后果，揭示其"隐功能"；常识认为，知识是知识，权力是权力，社会学则揭示出权力与知识的相互建构；常识认为精神病就是当事人的病，社会学则揭示出其中的"社会排斥"；常识常常以"因为……所以……"的形式将帕累托所说的诸如"因为小孩子要讲礼貌，所以小孩子要讲礼貌"这样的"非逻辑联系"加以"逻辑化"，而社会学则要"逻辑地"研究"非逻辑行为"，从而还原其非逻辑性……。总之，"常识的力量有赖于其不言自明的性质，也就是说，不会质疑其蕴含的规定，在实践中具有自我确认的性质。进而，这又依赖于日常生活的那种常规例行、习惯成自然的性质，这种性质既引导了我们的常识，也受着常识的引导。我们需要这种性质，以顺利应对我们的生活。只要重复得足够多，事情就会令人倍感熟悉，而熟悉的东西就会被视为无需解释。它不会显现出任何问题，也不会激起任何好奇。如果人们自得于'一切正常'，就不会提出问题。至于为何说'一切正常'，是无须省察的。"但社会学却像个"惹是生非、令人不安的陌生人。通过省察被视为想当然的东西，它有潜力破坏生活中让人舒适的确定性，因为它所提出的那些问题，没有人还记得要去问，而那些自有其既得利益的人，就连被问一下都会怀恨在心。这些问题使得显而易见的东西成了难解谜团，可能使令人熟悉的东西不再令人熟悉。随着生活的日常方式及其所发生的社会状况受到省察，它们就成了应对我们生活、组织彼此关系的可能方式之一，而不是唯一的方式"①。换句话说，常识常常类似于一种催眠状态，而社会学思维则要让被催眠者醒来。

---

① 齐格蒙·鲍曼、蒂姆·梅：《社会学之思》，李康译，社会科学文献出版社 2010 年版，第 10 页。

社会及历史的性质

9. 唯实论与唯名论是如何理解社会的？

诚如齐美尔所言，个体与社会的关系问题是社会学的基本问题。但仔细体察的话，这个问题实际上包含着彼此相关但又有区别的两个层面：一是在本体论的意味上个体与社会究竟何者才是真正的"实在"（realty），或者说，"社会"究竟是不是"实在"；二是在社会与个体的发生、形构、运行、变化上，两者之间是如何作用的。前者涉及的即是本题中社会唯名论（realism）和社会唯实论（nominalism）对于社会的不同理解，而后者涉及的则是对结构与行动之间关系的理解（见本书关于"怎样理解行动与结构的关系？"的阐述）

唯实论认为"社会"作为整体是一个确定无疑的实体，其实在性毋庸置疑。唯名论认为"社会"只是指称一种虚幻存在物的一个集合名词，并不是一个真实的"实体"，真正实际存在的、具有客观实在性的，只有个体及其行为。属于前一阵营的，在"社会学"这个概念诞生之前，有斯宾诺莎、孟德斯鸠等，在孔德发明"社会学"这个概念之后，则有孔德、涂尔干等；属于后一阵营的，在社会学诞生之前，有霍布斯、亚当·斯密等，之后，则有斯宾塞、塔德、狄尔泰、韦伯等。[①] 孔德认为，社会不是单纯个体的简单堆积，而是一个由众多部分组成的相互依赖的有机整体，是一个真正的实体；涂尔干则吸取他在巴黎高师时的老师布特鲁认为实在具有不同的层次，当低层次向高层次发展时会发生突生属性的观点，而论证指出，发生、存在于社会层面的"社会事实"或"社会现象"是客观实在的，"社会"是

---

① 参见周晓虹：《唯名论与唯实论之争：社会学内部的对立与动力》，载：周晓虹《理论的邂逅：社会学与社会心理学的路径》，北京大学出版社 2014 年版。

一个实体。但说"社会"是一个实体，并不意味着"社会"可以脱离个体而存在，而是说，"社会"具有超越于个体特征、不能用个人特性来解释的属性。而属于唯名论阵营的塔德，同时也是涂尔干在学术上的竞争对手，则明确宣称："我是唯名论者，存在的只有个人的行为和个人的交往，其他的一切都不过是形而上学的实体和神秘主义。"①

但实际上，真正能始终如一地把唯名论或唯实论的立场在自己的研究中贯彻到底的并不多，这又更多地体现在唯名论的阵营中。如斯宾塞，他一方面明确表示自己倾向于唯名论，但另一方面，在其《社会学原理》中又专辟一章《社会是个有机体》，而且在论述社会是个有机体之前首先论证社会是一个实体。再如韦伯，也"常常在为有关社会结构的宏观社会学搭建理论攀缘的脚手架"②。而在社会学的实际发展中，可能更有影响的则是像齐美尔这样试图跨越两者的对立、寻求两者调和的努力。正如在阐释本书第二个问题时所说的，齐美尔认为，社会存在于若干个人有着相互影响的地方，正是彼此之间的互动，使人与人之间建立起联系，结成"社会"，社会学所要研究的，就是"把个人的孤立的并存塑造为相互参与和相互支持的某些特定的形式"，也即"社会化"的形式。在齐美尔看来，社会这个概念如果有其"存在形态"上的意义，指向的也就是这种形式："因为没有泛泛的相互作用，只有一些相互作用的特殊的方式，正是随着这些特殊方式的出现，社会才存在。"③当然，另一方面，这种形式，也只有在个体与个体之间的实际的互动中才获得现实的体现，就此而言，所谓"社会"乃是一个动态的过程。除了齐美尔，像认为"自我与社会是孪生兄弟"的美国社会学家库利以及认为社会就是不同个人之间有组织的、定型化的互动的符号互动论者米德也都倾向于将社会从根本上看作一个过程。

值得提一下的是，在本体论的意味上唯名论者和唯实论者对于"社会"之理解的不同，直接地影响了他们在方法论上的区别，唯名论者在方法论上通常倾向于还原论，即认为通过了解、认识个体及其心理行为的特征，就可以认识把握"社会"的性质。而唯实论者在方法论上则通常倾向于整体论，即认为单单通过了解

---

① Cited from: Steven Lukes. *Emile Durkheim: his life and work*. Stanford University Press, 1985, p.313.

② 周晓虹:《唯名论与唯实论之争:社会学内部的对立与动力》，载:周晓虹《理论的邂逅:社会学与社会心理学的路径》，北京大学出版社 2014 年版，第 111 页。

③ 齐美尔:《社会是如何可能的:齐美尔社会学文选》，林荣远编译，广西师范大学出版社 2002 年版，第 26 页。

个体是无法认识"社会"整体的,整体必须从整体上来把握。

10. 怎样理解行动与结构的关系?

这个问题与上面这个问题有一定的联系。行动这个概念涉及行动者赋予其行动的意义或者动机,涉及互动中意义沟通的方式以及社会世界在互动者之间得以确立的方式;结构则意指存在于行动者之外的各种社会设置、定型化的关系模式。大体上,持社会是一个实体的唯实论者相比于认为社会只是一个集合名词的唯名论者更倾向于强调结构对于行动的优先地位和决定作用,而唯名论者则更倾向于强调行动者的自主性、主体性。当然,这只是就一般倾向而言,实际上,在行动与结构的关系上,持绝对的结构决定论或行动自由论的学者是极为罕见的,通常,人们往往一方面注意到结构制约和行动自由之间的紧张,另一方面则在这种紧张关系中发现结构与行动之间的"互构",即既有结构对行动的约束以及行动对于结构之生成、变迁的作用。由此,不少学者努力寻求揭示说明这种结构和行动"互构"的方式。典型的如上面所说努力调和唯实论与唯名论之对立的齐美尔。在说明"社会交往的形式"这一他的核心概念时,齐美尔指出:"人类创造了社会交往的形式,但这不是唯一的逻辑可能性。……但由于人类社会交往的事实,我们很容易误以为直接或间接的社会学范畴,是唯一而且普遍适用的我们借以思索人类体验内容的范畴。"[①]在他看来,涂尔干的"社会学主义"在我们理解个体的体验上是不可取的。个体并不仅仅只是社会的。"社会化的事实使个人处于双重的地位上。我从这种双重地位出发,认为个人被包括在社会里,而且同时与社会相对峙,是社会的有机体的一个环节,而且同时本身又是一个完整的、有机的整体,是一种为社会的存在和一种自为的存在。"[②]个体既在社会之中,又在社会之外;既是社会的产物,又是自主生活的产物;既为社会而存在,也为自己而存在。于是,齐美尔一方面依据生命哲学的基本图式而指出:"创造性生活不断地产生出一些不是生活的东西,一些会摧毁生活、用自己强有力的声音对抗生活的东西。……这一悖论是真正的、无所不在的文化悲剧。"[③]另一方面则又认为,当个体在社会之外,作为为自己而存在的自主生活的主体时,他的主

---

① Simmel, G. *On individuality and social forms*. ed. by Donald N. Levine, University of Chicago Press, 1971, p.36.

② 齐美尔:《社会学:关于社会化形式的研究》,林荣远译,华夏出版社 2002 年版,第 27 页。

③ 齐美尔:《时尚的哲学》,费勇、吴蕈译,文化艺术出版社 2001 年版,第 175 页。

观精神和行为总要设法抗拒和冲破外部客观世界对他的压抑和侵蚀,无论这个外部世界是多么强大,也无论这种抗拒是多么有限和多么个体化。①

　　齐美尔主要强调了结构与行动之间的紧张,这种紧张一方面表明了两者之间的关系不能用谁决定谁的方式来理解,但同时也还不是对彼此"互构"之方式的一种正面说明。当代社会学家吉登斯的"结构化理论"为我们提供了这样一种正面的说明。吉登斯认为,我们无法像了解自然世界中的客体那样来了解社会,因为社会仅仅存在于人类自身的创造和再创造行为中,而我们在创造社会的同时,社会也创造了我们。社会学研究的焦点就是结构化,也即通过行动构成结构而行动又被结构性地构成的过程。社会不是一个预先给定的客观事实,而是由社会成员的行动创造的,但行动者不能完全自由地选择如何创造社会,而是受制于他们无法选择的历史位置的约束。结构就是循环反复地卷入社会系统再生产的规则与资源,它不外在于行动,而同时是行动的结果和中介。作为行动的中介,结构既制约行动,也通过提供资源而促成人类行动。"考察社会系统的结构化过程,意味着探讨诸如此类的系统在互动中被反复生产出来的方式。这些系统的基础,是处于具体情境中的行动者可以认知的活动。这些行动者在行动时,利用了丰富多样的行动情境下的规则与资源。结构二重性原理是结构化理念的关键……。行动者和结构二者的构成过程并不是彼此独立的两个既定现象系列,即某种二元论,而是体现着一种二重性。在结构二重性观点看来,社会系统的结构性特征对于它们反复组织起来的实践来说,既是后者的中介,又是它的结果。相对于个人而言,结构并不是什么'外在之物':从某种特定的意义上来说,结构作为记忆痕迹,具体体现在各种社会实践中,'内在于'人的活动,而不像涂尔干所说的是'外在'的。不应将结构等同于制约。相反,结构总是同时具有制约性与使动性。"②

　　虽然不像吉登斯的结构理论那么有影响,但是,在融合相对突出行动主体性的乔治·赫伯特·米德的符号互动论和比较偏重于结构制约作用的结构角色理论的努力中,由美国学者 S. 斯特里克提出的一个分析框架对于我们理解行动与结构之间的"互构"关系同样比较有启发意义。该分析框架的基本思想是:

　　(1)个人行为倚赖于一个被命名、被归入特定等级类别的物理和社会环境,

---

　　①　参见王小章:《齐美尔的现代性:现代文化形态下的心性体验》,《浙江学刊》2005 年第 4 期。

　　②　安东尼·吉登斯:《社会的构成》,李康、李猛译,生活·读书·新知三联书店 1998 年版,第 89—90 页。

名称或分类语即表明了在互动中产生和形成的共享的行为期望。通过和他人的互动,个体学会了分辨和互动有关的对象,也学会了如何对这些对象作出反应。

(2)互动中习得的分类语标明了位置(positions),即社会结构的相对稳定的、形态化的一面,共享的行为期望或者说角色,即附着于这些位置。

(3)位置与角色部分地构成了社会结构,在这一结构的脉络(context)中行动的人们彼此以位置的占有者命名和称呼,借助于此,他们实践着对于彼此行为的期望。

(4)在这样的脉络关系中,行动者们也同样以位置的占有者看待自己,这样,本来作为位置标示的名称又成了自我概念的一部分,并建立起关于个体自身行为的内在期望。

(5)在情境中,人们利用对情境、对他们自己、对其他参与者以及与互动有关的情境特点的分类语来定义情境,进而利用该定义来阻止自己在情境中的行为。

(6)由于互动牵涉许多人对情境的定义,也由于先前的定义可能会限制后来的定义,因而,社会行为不是由这些定义所给定的,而是角色塑造过程的产物。角色塑造过程虽然由对情境的初始定义形成的期望所发动,但却是在互动中那敏感、微妙的试探性交流(probing interchange)中逐渐展开的,在这种交流中,互动双方可以随时调整、改变互动的形态。

(7)围绕着互动情境的更宏大的社会结构背景,将影响角色塑造的弹性,就像它制约进入被设定的角色的因素一样,结构对于角色和角色扮演的变异都有不同程度的开放性,所有的社会结构对于情境定义的种类也有一定的限制,从而也相应地限制互动的可能性。

(8)情境定义、用于定义的分类语、互动发生的可能性等等的变化是在角色塑造的弹性内发生的,这种变化反过来也能导致互动发生于其中的更宏大的社会结构的变迁。

11. 社会是一个有机体吗?

有机体类比是社会学的一种非常典型的思维方式,特别是在功能主义社会学传统中,当然,如果追根溯源,这种思维方式可以一直追溯到古希腊。在孔德的老师圣西门所发明的诸多术语中,就有"社会生物学"一词。孔德自己在构建社会学这门学科时,也常常从生物学中借用术语和概念。孔德认为,社会学和生物学的亲和性就在于这两门学科都关注有机体。他说:"我们可以这样看待社会有机体,把它分解为家庭——它们是社会真正的要素或细胞,然后是阶级或种族——它们是社会真正的组织,最后是城市和社区——它们是社会的器官。"①继孔德之后,斯宾塞通过对社会和有机体的系统对比进一步发展了社会有机体的理论:

第一,社会和生物有机体一样,其体态能够不断增长,随着体态增长,其结构也日益分化而复杂化;

第二,社会和生物有机体一样,结构的分化伴随着功能的分化,每一分化出来的结构都为整个系统之"生命"的维持承担一定功能;

第三,社会和生物有机体一样,分化的结构和功能通过相互依赖实现整合;

第四,社会和生物有机体一样,每一分化的结构本身就是一个系统,故整体受其组成部分的系统过程所影响;

第五,社会和生物有机体一样,其机体结构在整体解体后仍能"存活"一段时间。

在指出社会和生物有机体的相似之处的同时,斯宾塞也指出了两者之间的差异:

第一,与生物有机体相比,社会在整体与部分以及部分之间的关联程度上相对比较松散,较少直接的和连续不断的物理性接触;

第二,与生物有机体相比,社会系统在联系方面需要更多地依赖符号;

第三,在构成整体之部分的自觉意识方面,社会有别于生物有机体,它的所有单元都是有意识、有目标、能反省的。②

与孔德相比,斯宾塞的社会有机体论的突出特点是,他将结构分析与功能分析结合起来,进而又将社会历史进化的考察与结构-功能分化的考察结合起来,将社会历史进化主要理解为结构-功能的分化以及随之而来的复杂性、相互依赖性的增加,而不是像孔德那样将历史的进步主要理解为精神的进步。在斯宾塞的社会有机体论中,已包含了日后结构功能主义的一些基本观念。

在斯宾塞之后,本科时一开始学生物学的结构功能主义大师帕森斯在其理论体系中同样采用了有机体类比的方式。实际上,包含着功能分化、功能对应、功能动态、功能交换诸意义的"A(适应)G(目标获取)I(整合)L(潜在的模式维

---

① 转引自乔纳森·特纳:《社会学理论的结构》(上),邱泽奇等译,华夏出版社 2001 年版,第 9 页。

② 参见乔纳森·特纳:《社会学理论的结构》(上),邱泽奇等译,华夏出版社 2001 年版,第 9—10 页。

持)"分析模式①,在很大程度上就是有机体类比的产物。

当然,也有人明确不赞同社会是个有机体的观点,如由土木工程专家转而为数理经济学家、再转而为社会学家的帕累托。帕累托承认社会是一个系统,但反对把社会看作是一个有机体。在他看来,社会这个系统相当于力学中由位置、方向、大小不同的各种力共同作用而形成的链——这很容易让我们联想到拉美特利的《人是机器》。如同这些各不相同的力对链的质点的作用大小不同一样,组成社会的个人对社会的作用也互不相同。由此,帕累托继承了马基雅维利的观点,提出了他的精英和精英循环理论。②

社会究竟是不是个有机体? 也许很难做出截然的结论,它有类似有机体的地方,也有明显不同的地方。不过,我们不妨用"社会的有机性"的概念来代替"社会是不是一个有机体"的讨论。在此,所谓"社会的有机性"指的是一个社会在面临环境以及自身构成部分的某种变化时所表现出的自我调整、自我适应的灵活性和能力。事实上,从涂尔干"机械团结"、"有机团结"的概念中,我们在某种程度上就可以领会到"社会有机性"的意涵。不同类型、不同性质的社会,其有机性程度是不同的。从近代以来的历史发展和当今世界现实来看,大体上,那些市场开放自由、社会力量发育充分并自主、政治实行民主法治从而能最大限度地包容并吸纳各种反对抗议的社会,相对来说,其自我调整、自我适应的能力比较强,也即,有机性程度比较高。

最后需要说明一下的是,无论是有机体类比,还是力学类比,尽管都可以给我们在认识、理解社会的构成、运行、发展方面以有益的洞见,但从根本上讲,类比这种思维方式只是一种比附的方式(传统的中国思维在"天人感应"的模式下将这种思维方式在论证天理人伦的统一性方面发挥到了极致),是一种先入为主、结论先行、自我论证的思维方式,与归纳、演绎不一样,更多地体现出修辞的特点,而不是科学的思维方式。

12. "社会实在"是社会建构的产物吗?

通常被人们不假思索地视作是"理所当然"的世界的"社会实在"(social reality)究竟是外部固有的客观实在,还是主观建构的产物,关于这一问题的思

---

① 参见宋林飞:《西方社会学理论》,南京大学出版社 1997 年版,第 93—94 页。

② 参见雷蒙·阿隆:《社会学主要思潮》,葛志强等译,华夏出版社 1999 年版,第 303—315 页。

考主要是在现象学社会学的传统下展开的。胡塞尔的现象学集中考察人类感知和理解现实的方式。舒茨的现象学社会学由此进一步考察个体怎样理解关于社会世界的感觉材料,怎样将这些材料作为社会现象归入不同的范畴,进而分析这些范畴是否以及如何被社会成员所共享。1967 年,舒茨的学生彼得·伯格与合作者卢克曼出版了《现实的社会建构》(*The Social Construction of Reality*,1967)一书,援用舒茨的理论,着力探讨被视为"知识"的一切事物变成现实的过程。他们所说的"知识",就是普通行动者看作理所当然的现实,而不仅仅是科学家或学者正式的思想。换言之,他们试图探讨构成社会公认的日常生活知识的"常识世界"或"理所当然的模式"被建构起来的方式。伯格和卢克曼认为,人们参与现实,解释现实,并建构现实,在这种建构过程中,主观过程得以客观化。该主观过程的起点是在一个假设的初始情境下,某个行动开始在互动中成为习惯,从而使得这个行动者和其他行动者注意到该行动具有可重复的、有规律的特征,即互动者能够把行动以及他们假设赋予行动的动机加以类型化,当这种类型被第三方感知为现实的时候,这种类型就成为"社会实在"(比如,"无产阶级"、"资产阶级"作为"社会实在"就是在劳资双方的互动中将双方那些习惯化的行为、观念类型化、范畴化的产物——当然,在这种类型化的过程中必然会抹杀同一类型内部的差别,如同一阶级内部在民族、性别等方面的差别),进而形成相互类型化的制度世界,制度就是在过去和当下的人类互动中产生的类型化行为的重复模式(比如模式化的劳资关系),它们构成了普通行动者们理所当然的现实。伯格和卢克曼在指出"社会实在"是"社会建构"的产物的同时,也指出个体与构成人们之理所当然的现实的制度之间的关系的辩证性。他们用三句话来概括这种辩证关系:"社会是人的一种产品。社会是一种客观的现实。人是一种社会性产品。"①

伯格和卢克曼的社会建构论从过程、动态的角度而不是凝固、一成不变的角度看待所谓"社会实在"。即使不能完全同意他们把"社会实在"看作是人们经过特定的社会过程人为建构出来的观点,但注意到所谓"社会实在"实际上具有"社会建构性"对于洞悉某些范畴或问题(如阶级、性别、民族、公民,乃至"性工作者"、"生态问题"、"代沟"等等)何以成为具有社会意义的范畴和问题,是有意义的,有帮助的。而且,"社会实在"既然能够"建构",也便能够"解构",由此,社会建构论在某种意义上也就具有突破"现实"的解放功能。

---

① Berger and Luckmann. *The Social Construction of Reality*, London: Allen Lane, 1967, p. 79.

如上所述,社会建构论延续的是现象学社会学的思想路径。但更宽泛地说,在社会学思维中,社会建构论的思想路径与韦伯的理解社会学、米德的符号互动论、福柯的权力知识分析以及越轨社会学中的标签理论,乃至话语分析等等,都是声气相通的。

13. 历史发展有规律吗?

人类社会历史发展是否有规律的问题,一方面关系着社会学研究,或者更宽泛地说,社会科学的研究之价值和意义的问题,另一方面又联系着人的自由意志问题。如果历史发展没有规律,那么,社会科学的研究能够为我们提供什么真正对人们的实践有指导意义的知识? 如果历史发展只有偶然性而没有必然性,社会学和文学又有什么区别? 另一方面,如果历史发展有规律,那么,人的自由意志的位置又在哪里? 如果历史发展呈现为一种必然的逻辑,则人的主体性又如何体现? 自康德开始,必然性与自由的问题就一直是许多思想家们为之殚精竭虑的一个焦点问题。在社会学家中,大体上,持科学主义、实证主义立场的学者,更倾向于肯定历史发展的规律性,而持人文主义、历史主义立场的学者,则一方面努力对近代以来的科学主义思潮以及现实社会(特别是政府当局)对于客观有效知识的需求作出回应,另一方面则对"历史发展的必然规律"抱有更大的谨慎与怀疑。孔德、涂尔干可谓前者的代表,而韦伯则可视作后者的旗手。深受弗莱堡学派影响的韦伯一方面深切关注并自觉守护社会(文化)科学研究对象的特殊性(即它包含着价值内容)以及由这种特殊性所制约的社会(文化)科学的独特性格,另一方面,他又必须对科学研究的客观性这一时代性的要求作出回应。"他首要关注的,是要在两种明显的危险之下保护住历史科学或文化科学的完整性,那两种危险是:按自然科学的模式改变这些科学的企图,以及以形而上学的二元论('心—物'或'必然—自由')来解释自然科学和历史-文化科学的二元论的企图。"①

马克思通常被归入前一个阵营,因为他旗帜鲜明地肯定历史发展的规律性,肯定历史进程中的必然性因素,而他所创立的唯物史观,正是对这种必然性、规律性因素的科学揭示。而由于"历史必然性"通常又被与作为自由意志之反面的

---

① 列奥·斯特劳斯:《自然权利与历史》,彭刚译,生活·读书·新知三联书店 2003 年版,第78—79 页。

"历史决定论"联系在一起,在对马克思的研究理解中,不少人因此将马克思看作历史决定论者。著名的如卡尔·波普尔,他在《历史决定论的贫困》《开放社会及其敌人》等著作中一再将马克思的历史唯物主义看作是与自由、与开放社会不相容的历史决定论。① 再如美国社会学家、新功能主义者杰弗里·C.亚历山大。亚历山大也认为马克思在早期阶段的思想发展中有一个转变,他用"从道德批判到外在必然性"来表示这个变化。不过,亚历山大指出:"一般认为,自由与必然的关系是马克思著作中的核心问题。在我看来,在马克思的成熟著作中这种关系表现为一种矛盾,即:马克思一方面在意识形态上信奉自由的发展,另一方面又从理论上论证个人行动要取决于外在的集体秩序。集体秩序的决定作用在马克思理论中产生了一个悖论,这一悖论时隐时现并导致对其原著的不断的重新解释:马克思主义是一种反意志主义(antivoluntaristic)的社会理论,但却在意识形态上激发人们能动而自主地变革社会。无论如何,对集体秩序的合理结构的描述是马克思最为得意的地方;而在他本人看来,正是他关于集体秩序的演变及其对个人和群体的必然影响的观点使他成为真正的社会'科学家'。"② 无论是上面引文中的"矛盾",还是所谓"悖论",都清楚地表明,在亚历山大看来,必然性和自由是不相容的,强调外在必然性的马克思和信奉自由的马克思是不相容的。而由于马克思"最为得意"的是"他关于集体秩序的演变及其对个人和群体的必然影响的观点",因而,(成熟的)马克思没有为自由留下余地,也没有为规范性的道德评价留下余地。但果真如此吗?

如果我们将马克思是不是决定论者的问题暂且放在一边,而来深入思考一下所谓"历史必然性"这个词的含义,那么就会发现,事实上,存在着两种含义的"必然性"。一是指历史发展之所有其他的可能性均已被排除这种意义上的必然性,即由 A 必然到 B,不可能出现其他,由 B 必然到 C,也不可能出现其他;二是指对于某一事物的出现和存在来说那些必需的条件都已具备这一意义上的必然性,即如果要出现或存在 X,就必须具备什么什么条件,缺乏这种条件或这种条件不充分,X 就必然不可能出现或继续存在。第一种意义上的必然性确实与自由不相容,这种历史必然性实际上排除了人在历史进程中的任何主体性自由和价值选择的可能性,从而也排除了对现实社会进行任何规范性道德批判的可能

① 卡尔·波普尔:《历史决定论的贫困》,杜汝楫、邱仁宗译,华夏出版社 1987 年版;《开放社会及其敌人》(第二卷),郑一明等译,中国社会科学出版社 1999 年版。

② 杰弗里·C.亚历山大:《社会学的理论逻辑》(第二卷),夏光、戴盛中译,商务印书馆 2008 年版,第 13—14 页。

性。但第二种意义上的必然性则不同。这种历史必然性实际上是社会和人们的实践在既有的历史条件下向某个特定的方向或目标发展的现实可能性，但是，它并不意味着社会或人们的实践一定会别无选择迈向这个方向或目标。打个比方，如果你想在某个地方种植某种植物，这个地方就必须具备一定的气候、土壤、水文等条件，否则，即使你种下了，它也不能存活。但是，这并不表明在这个地方你只能种植这种植物。由此可见，这第二种意义上的历史必然性并不与自由不相容。也正因此，它既为基于某种价值目标的道德批判留下了空间，也以其对"必需的条件"的承认而限制了道德义愤或感伤的泛滥。马克思不是第一种意义上的历史必然性论者，而是第二种意义上的历史必然性论者。

最容易让人把马克思看作历史决定论者的，也许就是他在《〈政治经济学批判〉序言》中对唯物史观所做的那段经典表述：

> 人们在自己生活的社会中发生一定的、必然的、不以他们的意志为转移的关系，即同他们的物质生产力的一定发展阶段相适合的生产关系。这些生产关系的总和构成社会的经济结构，即有法律的和政治的上层建筑竖立其上并有一定的社会意识形式与之相适应的现实基础。物质生活的生产方式制约着整个社会生活、政治生活和精神生活的过程。不是人们意识决定人们的存在，相反是人们的社会存在决定人们的意识。社会物质生产力发展到一定阶段，便同它们一直在其中运动的现存生产关系或财产关系（这只是生产关系的法律用语）发生矛盾。于是这些关系便由生产力的发展形式变成生产力的桎梏。那时社会革命的时代就到来了。随着经济基础的变更，全部庞大的上层建筑也或慢或快地发生变革。……我们判断一个人不能以他对自己的看法为根据，同样，我们判断一个变革的时代也不能以它的意识为依据；相反，这个意识必须从物质生活的矛盾中，从生产力和生产关系之间的现实冲突中去解释。无论哪一个社会形态，在它所能容纳的全部生产力发挥出来以前，是决不会灭亡的；而新的更高的生产关系，在它的物质存在条件在旧社会的胎胞里成熟以前，是决不会出现的。所以人类始终只提出自己能够解决的任务，因为只要仔细考察就可以发现，任务本身，只有在解决它的物质条件已经存在或者至少是在生成过程中的时候，才会产生。大体说来，亚细亚的、古代的、封建的和现代资产阶级的生

产方式可以看作是经济的社会形态演进的几个时代。①

但是事实上，即使在这段经典表述中，我们也看不出马克思与上述第一种意义上的必然性论者有什么关联。相反，马克思主要地恰恰是从一种社会形态、一种生产关系如果要出现和维持下去，就必须要有什么必需的条件和前提这一角度，来阐发他的唯物史观的。确实，马克思说人们会"在自己生活的社会中发生一定的、必然的、不以他们的意志为转移的关系"，那只是说，人们的生产、生活活动脱离不了一定的社会（生产）关系，而这种关系要适应生产力的水平，但马克思并没有说这种关系一定是什么。马克思也说"物质生活的生产方式制约着整个社会生活、政治生活和精神生活的过程"，那也只是表示，物质生活的生产方式是其他一切生活的基础和前提，但马克思同样并没有说在这种基础和前提下产生的社会生活、政治生活、精神生活别无选择地一定是什么。马克思还说"不是人们意识决定人们的存在，相反是人们的社会存在决定人们的意识"，但那也只是表示，人们的意识只有联系他们的现实社会关系才能得到解释和理解——这也正是后来曼海姆的知识社会学的一个基本出发点。马克思确实说，当生产关系由生产力发展的形式变成生产力的桎梏的时候，就一定会出现社会革命，但革命从根本上说是一种否定性的行动或实践，因此，马克思借此表明的，无非是：当一种特定的生产关系得以存在的必需条件不再存在时，它就维持不下去了。但马克思并没有从正面说取代这种生产关系的，也即由革命所助产的，必定是哪种生产关系。最后，马克思确实提到"亚细亚的、古代的、封建的和现代资产阶级的生产方式可以看作是经济的社会形态演进的几个时代"，但那只是对历史的客观描述与回顾，并没有试图将它们论证为历史发展之别无选择的唯一可能的进程，这和后来斯大林所搞的五阶段模式（原始社会、奴隶社会、封建社会、资本主义社会、共产主义社会）是完全不同的。

由上述可见，马克思固然重视并努力揭示历史发展过程中那些基础性的前提条件，承认一种社会形态、社会制度的出现和存在有其必需的条件这种历史必然性，但是，他绝不是那种没有为自由留下余地的历史决定论者。当然，如果说，历史决定论的含义是"由于缺乏某种必需的条件因而决定了某种事物不能产生或不能维持下去"，那么，我们也可以说，马克思是历史决定论者。

回到本题，历史发展有规律吗？如果所谓规律、所谓历史必然性是指历史发

---

① 马克思：《〈政治经济学批判〉序言》，载：《马克思恩格斯选集》（第2卷），北京：人民出版社1995年版，第32—33页。

展之所有其他的可能性均不存在,历史发展只有一条道路、一种可能,那就堕入
了彻底的宿命论,这种规律是不存在的;但如果说所谓规律、所谓历史必然性是
指某一事物、某一历史现象或人类制度的出现和存在必须具备某些前提条件,缺
乏这种前提条件或这种条件不充分,则这种事物、现象、制度不可能出现或继续
存在,那么,这种历史规律、这种历史必然性的存在无疑是应该肯定的,而这种规
律,这种历史必然与人的自由意志是并行不悖的。

14. 社会是围绕某一中心原理作为整体运行的,还是组成社会的不同部门或系统分别围绕各自的轴心法则运转的?

在阐释说明"唯实论与唯名论是如何理解社会的"时,我们曾提到,唯名论者
在方法论上通常倾向于还原论,即认为通过了解、认识个体及其心理行为的特
征,就可以认识把握"社会"的性质。而唯实论者在方法论上则通常倾向于整体
论,即认为单单通过了解个体是无法认识"社会"整体的,整体必须从整体上来把
握。实际上,在对社会及其运行的认识把握上,还有一种介于两者之间的观点,
这种观点既不认为社会作为总体遵循统一的中心原理,因而不能完全从整体上
来把握,但也不认同彻底的还原论。它认为社会的各主要组成部门各自围绕自
己的中心原理运转,有可能彼此脱节冲突。美国社会学家丹尼尔·贝尔可以看
作这种观点的代表。也许,就其认为各主要部门本身有其轴心结构和运行的轴
心法则而言,贝尔的中轴原理从根本上可能还是更接近于整体论,尽管,中轴原
理恰恰是在对整体论的批评中提出的。

贝尔认为,马克思和结构功能主义者帕森斯虽然理论取向极为不同,但是都
属于典型的整体论者。马克思认为,占支配地位的生产方式影响制约着社会的
各个方面。帕森斯则认为,一个社会的存在,依赖于四项功能——适应(adap-
tion)、目标获取(goal attainment)、整合(integration)和潜在模式维持(latent
pattern maintenance)——的满足,而社会的各种专门化的机构和制度或者说子
系统则通过履行和满足这些功能而使社会各个部分得以和谐地整合在一个系统
之内,社会就是这样一个功能自足的体系。但贝尔拒绝这种整体论的观点,认为
这种观点不符合事实,特别是不符合当代社会的发展现实。他一反社会统一观
而将社会划分为三个相对独立的领域,即技术—经济系统、政治系统和文化系
统,它们各自有自己的轴心结构,并服从不同的轴心法则。它们之间并不相互协
调一致,变化的节奏也不相同。

技术—经济系统的任务是生产的组织和产品、服务的分配。它构成了社会的职业分层系统，同时涉及技术的工具化使用，前者构成了它的轴心结构，后者构成了其轴心法则。在现代社会里，技术—经济系统的轴心法则是功能理性，它持续地推动了成本的降低和产出的提高；技术—经济系统在现代社会中的轴心结构，则是科层体制，这种体制的产生是分工专业化和功能切割的结果，也是工作协同统一的需要。技术—经济系统有自己的测量尺度，那就是实际效用。它还有一条简单的变革原则，即不断更新产品或生产流程。技术—经济系统是个物化的世界，其中只见角色不见人，社会互动只在角色之间进行，人因而变成了物件或"东西"。

政治系统是这样一套社会安排，它架构框定了一种关于正义的概念，并在此架构内调节社会冲突。正义的具体内涵通常形成于特定社会传统，或由宪法规定说明；调节则通过权力的使用，即通过暴力的合法使用和法治来完成。因此，政治是一个涉及社会中的合法权力的分配的社会权威体系。它的轴心法则是合法性，在现代民主政体中，体现为被统治者授权于政府进行管理的原则。这种合法统治暗含着平等的思想，即所有人在政治问题上都有发言权。政治的轴心结构是统治的制度，在现代社会则表现为代表选举制或参与制：由几个政党或社会团体分别反映社会不同方面的利益，作为他们的代表机构或参与决策的工具。政治体系的管理方式带有技术官僚的倾向，但由于政治行动的目的是调和冲突和不相容的利益要求，或寻求覆盖性条令或宪法允许的权威立场，因而政治决策主要依靠的是讨价还价的谈判协商或法律仲裁，而非技术官僚的理性判断。

文化，是象征形式的领域、意义的领域。它通过艺术、宗教仪式等，以想象的方法诠释世界的意义，尤其是那些从生存困境中产生的、人人都无法回避的所谓"不可理喻性问题"，如悲剧与死亡。因此，寻求对生命意义的解释和表达构成了文化的轴心法则，而宗教、艺术等的权威体系则形成了文化的轴心结构。在现代社会中，文化领域的轴心法则体现为不断表现并再造"自我"，以达到自我实现和自我满足；而意义和作品的生产和再生产机制则构成了现代文化的轴心结构。①

总之，在贝尔看来，社会不是一个围绕着一个中心组织起来的统一系统，它分裂为各有自己的运行逻辑的不同领域，各个领域之间既非决定被决定的关系，也并不一定彼此调适。各个领域的变革节奏也各不相同：技术—经济系统的变

---

① 丹尼尔·贝尔：《资本主义文化矛盾》，赵一凡等译，生活·读书·新知三联书店1989年版，第26、56—59页。

革基本上是直线性的;而文化的变迁则始终存在着一种"回跃"(ricorso),即不断回到人类生存痛苦的老问题上去;至于政治领域,其变革则又是选择性的,即人们会选择适应他们时代的政治模式。在《后工业社会的来临》中,贝尔简洁明了地概括了中轴原理在现代西方社会中的表现:"在现代西方社会里,社会结构的中轴原理是经济化,这是一个根据最低成本、使用代用品、谋求最佳效果和寻求最高价值等原则来配置资源的途径。现代政治中的中轴原理是参与管理,有时候是经过动员或有控制的参与,有时候是自下而上要求的参与。文化的中轴原理是实现自我并加强自我的愿望。"①

贝尔的中轴原理,一方面提供了一种观察社会运行的视角,另一方面,也为他关于"资本主义文化矛盾"的论述(见后面)提供了一个方法论基础。

15. 社会是靠什么维系的?

关于社会是靠什么维系的,也即,社会整合、社会团结、或者说,社会,是如何可能的,自近代以来,大体上存在三类观点,一类认为从根本上靠强制,一类认为从根本上源于分工而来的协作和在特定机制下的自由竞争,一类则认为必须基于某种基本共识或共同道德。有些学者,要么在这些观点之间摇摆,要么企图综合这些观点。

自从走出中世纪迈向近代以来,政治和社会理论家们对个人自由和社会共同体之关系的思考即开始脱离以亚里士多德为代表的、认为从人的内在本性可以自然地引申出社会共同体、也只有在社会共同体中才能实现和体现人的本性的古典政治哲学传统。从马基雅维利到霍布斯等自然法思想家,再到近代许多自由主义理论家,在关涉到个人自由与社会共同体问题的思索中,尽管每个思想家各自的价值取向互有不同,但是基本上都倾向于认为,作为个体的人的自然本性既没有趋社会性,也无须在社会中来实现,而社会共同体也无法从个人的内在本质中自然地引出,而只有通过约束、克服个体的自然本性来维持。个人自由和社会共同体,是彼此对立的两极,而不是互为前提的双方。换言之,那些思想者们从根本上把人看作是就其自然本性而言彼此孤立的纯粹个体性存在,把人"自然"的行为过程理解为无须通过"社会"的个体单独行为过程,而社会则完全是从外部强加于上的"他者"。在此种思维模式下,社会共同体的维系,从根本上讲只

① 丹尼尔·贝尔:《后工业社会的来临》,高銛、王宏周、魏章玲译,新华出版社 1997 年版,第 12 页。

能依赖于统治者或者国家的强制。尽管这种强制通常在"理性人"之间的"理性契约"之下来实施,但是,无论是"契约下强制"还是"强制下的契约",根本都在强制。

近代以来社会发展的一个非常重要的、在许多人看来具有根本性意义的现象,是作为社会分化之实际表现的社会分工的高度发展。社会分工导致人与人之间异质性的上升,进而导致人和人之间相互依赖性的增加,这种相互依赖促使人们彼此协作和通过特定的机制彼此竞争,同时也形成了各种协作和竞争的机制,市场就是其中最为关键的机制。于是,在不少人看来,社会的整合,主要源于这种由分工而导致的、通过各种协作和竞争机制特别是市场机制而展开和实现的竞争和协作。在社会学家中,斯宾塞可谓这种观点的代表。

在孔德看来,分工、国家的干预调节,都是社会整合的重要因素,对于现代社会的维系都是必要的,但是,在最终的意义上,真正的社会凝聚、社会团结依赖于社会成员之间心灵的或精神的契合。这种观点在涂尔干这里得到了进一步的发展和强化。涂尔干承认强制的作用,但是,他又指出,强制的有效实施,依赖于实施强制者和接受强制者对于强制之合法性的共同认可,否则,社会就完全陷于暴力宰制之中;涂尔干也肯定分工之于现代社会整合的作用,甚至承认,分工在现代社会中越来越多地取代了传统社会中"集体意识"所发挥的作用,但是,他又指出,分工所推动的合作与竞争以及与此联系的契约精神等都需要一个共同的前提,如对于合作与竞争之规则的共同尊重,对于源于社会的契约约束力的共同认可,乃至对于通过自由竞争、协作而不是通过暴力掠夺的方式来争取各自利益的一致默会,等等。因此,涂尔干认为,作为人类集体共同生活的社会之所以能够存在,从根本上讲系赖于作为一个社会中一般公民共同的信仰和情操的总体、体现为各种引导并约束着个体行为的规范的潜在的秩序架构,这种秩序架构作为一种道德事实形成了特定社会人们的集体意识,构成他们的集体表象。如果缺乏这种集体意识,或者集体意识在社会成员的心灵上"缺席",那么,社会,或者说社会团结必然出现问题,这,无论对于前现代社会,还是对于现代社会而言,都没有什么根本的不同。由此,涂尔干不仅批判了斯宾塞等功利主义者,也在继承孔德思想的同时批评了孔德以及同时代的滕尼斯的观点,因为,尽管他们对现代社会(孔德的"工业社会",滕尼斯的"Gesellschaft")所取的价值立场彼此不同,但都认为现代社会建立在与前现代社会完全不同的基础上,即都认为在因分化而大大加强了个体、部分的离心倾向的现代社会必须更多地依赖于国家的强制力才能存在或勉强维系。而涂尔干认为,社会的统一性并不是借助于强力就能取得的,能够使社会产生统一性特征的只能是各个部分之间自发的共意状态,这种内在的团结不仅像社会上层核心(如国家)那样必不可少,而且是后者发挥作用的必要条件。涂尔干指出:"任何能够在整体社会中占据一席之地的活动形式,要想不陷入混乱无序的形态,就不能脱离所有明确的道德规定。一旦这种力量松懈下来,就无法将其自身引向正常的发展,因为它不能指出究竟在哪里应该适可而止。竞争的冲突爆发出来,构成了面对面的碰撞,所有力量都试图侵入对方的领地,或者将其打翻在地,斩草除根。当然,在与弱者的对抗中,强者会占上风,使弱者屈从于他的意志。然而,这种屈从不过是一种事实的状况而已,并没有受到任何道德的承认。人们只能在权力的威迫下逆来顺受,直到他们迫切渴望复仇的那一天。通过这种方式达成的和平条约总归是临时性的,协议的形式不能安抚人们的心灵。正因如此,经济结构中的不同派别之间才会频繁发生冲突。倘若我们把这种混乱无序的竞争当作我们所趋附的理想状态……那么,我们就会把疾病与健康混为一谈。"①"每个社会都是道德社会。……有人总喜欢把以共同信仰为基础的社会和以合作为基础的社会对立起来看,认为前者是一种道德特征,而后者只是一种经济群体,这是大错特错的。实际上,任何合作都有其固有的道德。我们完全有理由相信,在现代社会里,这种道德还没有发展到我们所需要的程度。"②

涂尔干与斯宾塞的分歧,日后到了洛克伍德那里,被概括综合为两种社会性整合(societal integration)的形式,即社会整合(social integration)和系统整合(system integration),前者是一种基于道德共识的整合,后者是一种基于功能倚赖的整合。③ 而实际上,关于整合的这种思想,在亚当·斯密那里已经露出端倪,斯密既写下了强调市场作用的《国富论》,也写下了突出道德功能的《道德情操论》。

而涂尔干与强调强制在社会维系中之作用的学者之间的分歧,则在日后体现为突出共识的结构功能论者,尤其是帕森斯,和强调强制的社会冲突论者,如达伦多之间的分歧。前者从 1937 年的《社会行动的结构》开始,便一直肯定社会共同价值的存在,并认为这种共同价值可以转化为人们行为的目的和规范,行动者自觉遵循着众目的和规范是社会系统和谐运行的条件。而后者则认为,社会

---

① 涂尔干:《职业伦理与公民道德》,渠东、付德根译,上海人民出版社 2001 年版,第 13—14 页。
② 涂尔干:《社会分工论》,渠东译,生活·读书·新知三联书店 2000 年版,第 185 页。
③ 洛克伍德:《社会整合与系统整合》,《社会理论论坛》,1997 年总第 3 期。

共识只是假象,强制才是本质,正是强制维持了社会暂时的稳定(参见下一题)。实际上,如上所述,涂尔干并不否认强制在社会维系中的作用,只不过,他认为强制的有效实施,依赖于实施强制者和接受强制者对于强制之合法性的共同认可。由此,我们可以联想到帕累托在其精英理论中继承马基雅维利的思想所说的,任何社会总是建基于一小撮精英借助于狡诈与暴力而实现的对多数人的统治,所谓正当的统治,无非就是少数精英成功地让多数人相信自己的统治是正当的,是天经地义。当然,我们更会联想到列宁所说的:"所有一切压迫阶级,为了维护自己的统治,都需要两种社会职能:一种是刽子手的职能,另一种是牧师的职能。"①"刽子手的职能"就是暴力强制,"牧师的职能"就是马克思所说的意识形态的操控,也即以一种掩盖社会现实真相的虚假共同意识来诱使被统治者接受统治。而就其强调统治阶级之统治的维系需要意识形态的作用,需要牧师的职能而言,则不言而喻,作为冲突理论之渊源的马克思虽然肯定强制是一切阶级社会中社会维系的本质,但并不否认——实际上是非常重视——社会共识对于维系社会的作用的,哪怕这种共识是对真实现实的扭曲和掩盖。

16. 社会为什么会发生变迁?

与社会靠什么维系这个问题一样,关于社会变迁原因的解释,在社会学理论中同样存在着结构功能论和冲突理论两种对立的观点。

由于帕森斯的结构功能论将社会理解为一个各部分互相依存的系统,强调功能协调和系统所有要素之间的和谐平衡,因而被批评为忽视社会变迁,也无法解释社会变迁。但帕森斯认为,在结构功能论的理论架构之内,社会变迁还是可以发生的。正因为系统是由互相依存的部分组成的,因而当一个部分发生变化时,一定会引起其他部分的变化,甚至改变整个系统,造成一种暂时的失衡状态。而引起某一部分变化的因素,帕森斯认为,可能来源于两个方面,一是来源于系统外部,比如来自其他社会的某种价值观或经济等压力,二是发生于系统内部,如内部成员的异常行为等。不过,帕森斯认为,系统中的各部分对于变化最终一定会适应,从而该系统最终重新建立起新的协调平衡状态。

总体上,结构功能论将社会的稳定、均衡、和谐看作常态,而变迁则是非常态。与此相反,冲突理论则将社会的稳定、均衡、和谐看作是暂时的,而冲突、变

---

① 《列宁选集》(第2卷),人民出版社1995年版,第478页。

迁、紧张则是常态。如被称为辩证冲突论者的达伦多夫就认为：第一，每一个社会每时每刻都经历着变迁，社会变迁是普遍存在的；第二，每个社会每时每刻都表现出不一致和冲突，社会冲突是普遍存在的，并且是推动社会变迁的根本力量；第三，社会中每一个要素都对社会分解和变迁发挥作用；第四，每一个社会都是以其中一部分人对另一部分人的压制来维持暂时的稳定。

社会冲突理论，特别是达伦多夫的理论，一般被认为源自马克思的思想。不过，在马克思这里，冲突，特别是阶级斗争，固然被认为是推动社会变迁或历史发展的直接动力，但是，最根本的动力，则是被马克思认为是最主动、最活跃的因素的生产力的发展。就此而言，在推动社会变迁的根本因素的看法上，马克思和今天那些强调科学技术因素的人们并没有根本的区别。

17. 历史是进化的还是循环的？

在近代以前，认为人类历史呈现为不断退化的过程，理想时代是在过去而不是未来，才是占主导地位的历史发展观：在西方，把从远古以还的不同时期依次命名为黄金时代、白银时代、青铜时代、黑铁时代就明显体现了这一点；在中国，也是对于远古"三代"的眷顾，而不是对于未来的憧憬，构成了传统乌托邦思想的典型特征。近代以来，特别是法国启蒙运动以来，这种观念出现了一个根本性的逆转。启蒙思想的基本精神，就在于对于作为人类之普遍的、永恒的特质的"理性"能力的无限信念，相信人类自身的理性只要摆脱了专制主义等的束缚，就会给人类带来前所未有的巨大利益，并最终将世界改造、建设成一个自由、富裕、幸福的乐园。社会学的奠基者们深受这种信念的感染和影响，因而，在早期社会学思想家中，历史进化论、文明进步论是主调[①]。孔德的老师圣西门就认为，人类精神进步的最高原则主宰一切，人类本身就是精神进步的工具和媒介，黄金时代不在从前，而在未来，而正在走来的时代必然是工业社会。孔德在这方面的思想和圣西门如出一辙，同样认为，历史的唯一目的就是人类精神（理性、知识）的进步，人类精神的进步必然会经历三个阶段，即神学的或虚构的阶段，形而上学的或抽象的阶段，最后进入实证的或科学的阶段；与精神进步的这三个阶段相对

---

① 严格地说，进化(evolution)与进步(progress)是有区别的，前者是一种对历史变迁的客观的、"科学"的表述分析，而后者则包含着更多的主观价值评价，其间的区别，有点类似于"变迁"(change)与"发展"(development)的不同。不过，从社会思想史上看，社会进化论者，特别是早期的社会进化论者，基本上都对这种"进化"持一种或隐晦或明确的肯定的"进步论"价值取向或者说论调。

应,社会形态也必将经过三个发展进化阶段,即神学的军事时代,形而上学法学家的时代,最后进入科学的工业社会时代。

当然,在经典社会学家中,最著名的社会进化论者无疑是斯宾塞。斯宾塞之社会进化论的特点在于,从启蒙思想家到孔德,基本上都倾向于认为社会进化(进步)的动力在于人类精神或理性的不断进步,而斯宾塞则将社会的进化与自然界、生物界的进化联系在一起,认为社会和自然界一样都受着统一的进化规律的支配。所谓进化就是物质的集结以及与之相伴随的运动的消散,在这个过程中,物质由相对不确定的分散的状态演变为相对确定的、凝聚的、异质的状态,无机界、有机界一直到斯宾塞认为是一个特殊有机体的人类社会都是如此。人类社会的进化从量的增长开始,量的增长引起结构的臃肿,为了适应生存,结构的臃肿必然引起整体结构和相应的功能分化,于是各部分从相似的未分化的状态向相异的、分化的状态转变。由于每一部分从事不同的活动,发挥不同的功能,就产生了彼此的依赖,由此产生基于异质性之上的相互配合,也即社会整合。斯宾塞的社会进化论将结构分化和功能分化结合在一起,进化就是结构分化、功能专门化,专门化一方面导致了效率或者说总体适应性的提升,另一方面也提升了社会各部门的相互依赖,从而加剧了社会的脆弱性。为了避免社会因某一部门的问题而导致各部门相互依赖的整体社会的失调或崩溃,协调各部门关系的社会管理系统也就会越来越复杂。正是主要根据社会管理系统的性质,斯宾塞以西欧社会历史为原型,将人类社会划分为军事社会和工业社会两种形态,从前者迈向后者就是社会进化的具体表现。

尽管在对历史进化过程和阶段的具体表述上不完全相同,但基本上,像摩尔根、泰勒等都是斯宾塞在人类学者中的同调。事实上,在那个资本主义凯歌行进的时代,进化与进步是那时的时代旋律。但是,到 19 世纪末 20 世纪初,随着殖民扩张时代的结束以及世界资本主义体系的确立和成熟,潜在具有为殖民主义辩护和反对停留于现状的进化论就变得不再时兴了,代之而起的,特别是在文化人类学中,是在当时潜在地反进化论的功能主义(不过,由于功能主义和进化论共享一个关键的思想即"适应力",因而,它实际上与进化论并不全然冲突)和文化相对论。一直到 20 世纪中叶,社会和文化进化的观念才又在 L. A. 怀特、M. D. 塞林斯等学者的推动和努力下重新激活。新进化论与早期进化论的主要区别在于,新进化论将进化理解为人们在利用地球资源创造生活资料方面变得更加有效的过程,也即社会之一般适应力的增长,从而给了社会或文化进化一个更加客观的、可操作的定义。社会的一般适应能力可以依据三个相互联系的标准加以客观地评估：(1)在开发利用环境中的能源方面，其采用的手段的有效性；(2)社会对制约它的环境力量的相对自主程度；(3)支配和取代不发达类型的能力。在对社会进化做出如此理解定义的同时，新进化论又将进化分为"一般进化"和"特殊进化"两类："文化一般进化是能量转换由少到多，综合水平由低到高，全面适应由弱到强的过程。而特殊进化则是文化沿其多元线发展的、族系的、分化的、历史的过程以及特定文化适应性变异的过程。""特殊进化"比较有效地回应了文化相对论："从特殊进化的角度看，在不同的历史状况下发生的适应变异是不可比的；我们知道针对适应问题以及适应的可用方法来说，每一变异自身都是合情合理的。没有哪一种文化可以，甚至有必要囊括适应变异的更多种类，对甲种文化具有选择性优势的，对乙种文化就可能是毁灭性的。同样不能断言，那些被看作一般进化过程中的高级文化，就必定能够比低级的文化更好地适应其自身环境。……当我们着眼于文化进化的特殊方面时，我们是文化相对论者。"但是，特殊进化的相对性只是一个方面。社会或文化进化与生物进化的重要区别是，文化变异"是可以通过不同种类线间的传播来延展的。相分离的文化传统(不像分离的生物世系群)是通过结合而趋同的。甚至，某些种系，有时在一般进化过程的阶段中(比如后进文化通过借用先进类型的所有成果)，可以不按进化的等级秩序，而直接向新的进化阶段跳跃。"①也就是说，特殊社会进化中所取得的重大进展可以作为一般进化进程中的成果而通过文化传播从进化程度较高的社会传播到较低的社会，从而使后者跨阶段地进化。社会一般进化的观点对帕森斯等的现代化理论产生了很大影响。

尽管影响不像社会进化论那样深远，但也绝非完全没有影响的，是历史循环论。在社会学家中，持历史循环论的最著名的代表是帕累托和索罗金。帕累托上承马基雅维利的思想传统，从人的本性出发来解释和理解由人类行为所构成的社会历史现象。他认为，有六种与人的本性相联系或对应的(但不是本能本身)、属于人的基本的情感或心理状态的"剩余物"左右了历史的进程，即"组合的本能"、"集合体的持续性"、"通过外部行为表露情感的需要"、"与社会性相联系的剩余物"、"个人与其附属权利的完整性"、"性剩余物"，而其中前两种"组合的本能"(即人具有在各种不同的事物之间、事物与观念之间等建立各种联系的倾向)和"集合体的持续性"(即维持已经形成的关系、已经形成的集体的倾向)又起

---

① 托马斯·哈定、大卫·卡普兰、马歇尔·D.塞林斯、艾尔门·R.塞维斯：《文化与进化》，韩建军、商戈令译，浙江人民出版社1987年版，第31页、22页、23页。

着主宰作用,大多数社会行为,都决定于剩余物的组合。帕累托认为,任何社会都存在普通大众与精英之间的分化(自然分化),精英又可分为统治精英——即贵族——和非统治精英(社会分化),决定一个社会之性质的是统治精英(贵族)。精英的种类可又分为狐狸型(其身上第一种剩余物比较充沛)和狮子型(第二种剩余物比较充沛)。但是,由于贵族的统治地位并不一定与其自然资质相匹配,即占有统治地位的人并不一定富有充沛的第一和第二种剩余物,而非统治者中又时时在涌现出具有充沛的第一和第二种剩余物的人物,贵族中的庸人和非统治精英的积累必然带来社会冲突,冲突的结果导致非统治精英成为新的贵族,而原先的贵族庸才则遭淘汰,于是历史就成为新旧贵族不断循环的历史。这也就是帕累托之"历史是贵族的墓地"之所谓。

俄裔美国社会学家索罗金通过对文明的比较研究,提出了一种一定取向的文化类型盛衰循环的学说。[①] 索罗金认为,要理解一个社会文化系统,关键是了解其文化意识,也即构成社会文化系统之基础的基本世界观。这个基本世界观是由它对终极现实之性质问题(本体论问题)的回答所构成的。在逻辑上,这种回答有三种类型:第一,认为终极现实完全是由我们感官所经验的物质世界所构成;第二,认为在物质世界之外的某个领域或某种层次上的存在才构成终极现实,即终极现实是超验的;第三,介于上述两者之间,认为终极现实既包括物质世界,也包括超验世界。与这一本体论性质的问题相关的是关于人性和满足人类基本需要的问题,涉及人类基本需要是物质性的还是精神性的,这些需要应当满足的程度,以及满足人的需要应该改变自我(如节欲)还是改变环境等。在此基础上,索罗金区别了三大类文化意识以及在这三大类下的几个小类。(1)理念型文化:认为终极现实是超验的,具体又分为禁欲主义的理念文化和主动的理念文化。(2)感性文化:认为我们用感官体验到的这个物质世界是唯一存在的现实,具体又分为主动的感性文化、被动的感性文化和玩世不恭的感性文化。(3)混合文化:介于理念型和感性文化之间,认为终极现实乃多样性的综合,具理性、感性、超验性多种特征,具体又分为唯心主义文化和假理念文化。索罗金以这些基本文化类型去审视考察西方历史,认为,整个西方历史就是这三种文化类型循环变化的过程。

实际上,历史究竟是一个不断退化的过程,还是不断进化的过程,抑或是一

---

① 参见 D. P. 约翰逊:《社会学理论》,南开大学社会学系译,国际文化公司 1988 年版,第 115—131 页。

个不断循环的过程,从根本上讲,取决于研究者观察的视角。你是从一种特定的道德伦理观去观察,还是从人类社会与自然环境之间的关系去考察,还是从人类社会关系的形态去考察,在不同观察视角下,你会得出不同的结论。实际上,有时,即使同一个人,也往往蕴含几种不同的观察角度。比如圣西门,当他着眼于人类精神(理性)状态的变化时,他是进化、进步论者,而当他着眼于人类社会向前进化的形式或途径时,他又认为,人类历史呈现为在有机时期和批判时期不断交替轮回的过程。

关于历史是进化的还是循环的这个问题,还有需要说明的一点是,如上所述,严格地说,进化(evolution)与进步(progress)是有区别的,前者是一种对历史变迁的客观的、"科学"的表述分析,而后者则包含着更多地主观价值评价,其间的区别,有点类似于"变迁"(change)与"发展"(development)的不同。不过,从社会思想史上看,社会进化论者,特别是早期的社会进化论者,基本上都对这种"进化"持一种或隐晦或明确的肯定的"进步论"价值取向或者说论调。实际上,关于"进化"是不是"进步",取决于论者自身的价值观,价值观不同,结论也就不同。如果你认为人类具备更大的能力来大规模地开发利用自然资源是好的、值得追求的,那么,这种能力的发展自然就是一种进步,但是,如果你对这种价值取向并不认同,那么,这种能力的增长也就未必能称得上是进步。当然,这里一个更为关键的问题是,究竟存不存在人类共同认可的价值,也即普世价值,如果存在,那么对于某种"进化"是不是"进步"还是可以得出一致的评价的。

18. 在什么意义上中国社会(及文化)是特殊的?

正如前面在阐述"如何理解社会学与社会的关系"时所指出的那样,自从社会学在中国引入和诞生以来,对于中国社会特殊性的关注和强调一直是中国社会学研究的一个显著特征。中国社会学对于中国社会特殊性的这种关注和强调,一方面与我们在追求富强、追求现代化的过程中由于向西方学习没有成功于是转而寻求现代化的"中国路径",以及在民族尊严受挫面前渴望重建民族认同、民族尊严的心理分不开,另一方面,也得到了存在于韦伯、施宾格勒、汤恩比等人著作中的、在 20 世纪获得广泛传播的"文化类型史观"和文化人类学中的"文化相对主义"观念——这种观念"否定统一的人类历史发展而代之以共时态的各种'文化'(或'文明')大陈列,强调各种文化价值的不可通约性而淡化了普世人文价值的信念"①——的学理支持；近来，更进一步与政府或官方为了应对西方国家人权外交（人权被看作是一种普遍人类价值）的攻势而强调文化特殊性的取向发生了共鸣，具有"政治上的正确性"，从而获得了官方或隐或显的支持。在近日中国学界，中国特殊论是一种具有压倒性影响的主流声音。

但是，一种观念的影响广泛并不意味着这种观念本身的清晰无歧义，有时，观念本身的模糊恰恰会助长它的流传。就中国特殊论而言，如果它仅仅只是肯定中国社会和文化有其不同于其他社会和文化的特殊性，那么，绝大多数不缺乏基本常识的人都会承认；但是，如果中国特殊论的意思是说中国社会和文化在一切方面都不同于且亦不可能相通于其他社会和文化，从而从根本上否定普遍性的存在，则这种中国特殊论就堕入了例外于人类社会的"中国例外论"，从而不可避免地沦为背离事实的教条。

像任何在具体的自然和历史环境中形成发展的特定社会一样，中国社会无疑具有其特殊的性格特征。对于任何一个社会的存在和发展来说，一个无可置疑的客观前提或事实是，它须解决人的生存、发展的各种需求，而解决这种需求之技术的、社会政治的、文化的方式是受到它置身于其中的自然、历史等客观环境条件制约的，并且之前解决需求问题的方式会约束随后解决这种问题的方式（即所谓社会历史发展进程中的"路径依赖"），由此必然形成特定社会之特殊性。用马克思的话来说，人们在特定的自然和社会历史环境条件下从事生产活动，在这种活动中形成特定的生产关系，"生产关系总合起来就构成所谓社会关系，构成所谓社会，并且是构成一个处于一定历史发展阶段上的社会，具有独特的特征的社会"②。中国社会就是这样一个"具有独特的特征的社会"。

但特殊性只是一个方面，另一个方面是，作为马克思所说的"类存在物"，人类这个物种有这个物种的共通的普遍的基本需求，由此必然衍生出一些共同共通的、普遍地存在于不同社会、不同文化中的价值追求，包括物质性的、社会性的、精神性的追求。一般通常都能理解的对于生命、健康、安全、亲和、爱情、慈善等等追求的普遍性自可不论，实际上，一些相对更为抽象的价值，比如自由，同样也是一种普遍性的追求，否则，为什么自古以来所有的社会都以限制自由作为惩罚罪犯的方式呢？而且，在马克思看来，自由还是人这一类存在物的类本质："一个种的整体特性、种的类特性就在于生命活动的性质，而自由的、有意识的活动

---

① 秦晖：《传统十论——本土社会的制度、文化及变革》，复旦大学出版社 2005 年版，第 276 页。
② 马克思：《雇佣劳动与资本》，载：《马克思恩格斯文集》（第 1 卷），人民出版社 2009 年版，第 724 页。

恰恰就是人的类特性。"①当然，马克思肯定，这种类本质是需要在历史发展进程中逐渐地展开和实现的，是需要在历史发展进程中不断趋近的目标。不同社会趋近这个目标的路径会各有不同，各有其特殊性，但发展路径上的特殊性并不否定发展方向上存在的共同性、普遍性。实际上，不仅在基本需求、价值追求、发展目标上存在全人类普遍、共通的一面，而且在满足需求、达成目标、实现价值的方式、路径上，也存在日益趋同的一面。因为，随着社会本身的发展，人类对于环境的依赖性日益降低，或者说，外界环境对于人类的威胁、制约会降低，由此导致一个结果是，随着外界环境对于人类行为之制约的降低，人们更有可能比较自由地借鉴、采择其他社会、文化中那些更有效地满足人们需求、解决人类问题的方式，也即更容易发生新进化论所说的一般进化，从而在人类不同社会的发展上愈益呈现趋同的情形，这在今天这个全球化的时代已经表现得非常明显了。

总之，必须看到、承认中国社会的特殊性，但这并不意味着：(1)在客观上否定普遍性；(2)在主观上拒绝普遍性。必须看到："对中国社会结构或文化'特殊性'的强调，是很有意义的，但在学术上也有陷阱，它有可能使人们把最终将汇入普遍性的特殊性，当作一种持久的特殊性。世界现代化的过程，尽管也是价值观走向多元化的过程，但从特殊性走向普遍性这一规律并没有因此而改变。"②中国特殊论不能滑向自外于人类社会的"中国例外论"。在今天这个全球化的时代，社会学者更须自觉地在关注中国社会之"中国性"的同时，强调中国社会之"人类性"。③当年毛泽东第一次与梁漱溟在延安会面时，就曾直截了当地对梁漱溟说："梁先生，你过分强调中国社会的特殊性，但是中国社会还是一个人类社会，还有它的一般性。"④

---

① 马克思：《1844 年经济学哲学手稿》，载《马克思恩格斯文集》(第 1 卷)，人民出版社 2009 年版，第 162 页。

② 李培林：《中国社会学的产生》，载：李培林、李强、马戎主编《社会学与中国社会》，社会科学文献出版社 2008 年版，第 54 页。

③ 参见王小章：《中国研究的价值归依：普遍主义抑或特殊主义》，《中国研究》2007 年春秋季合卷(总第 5～6 期)，社会科学文献出版社 2008 年版。

④ 参见钱理群：《岁月沧桑》，东方出版社 2016 年版，第 211 页。

三

自我的性质

19. 自我是先验的还是经验的？

自我摆脱宗教绝对权威的禁锢、脱离中世纪的蒙昧状态而觉醒,通常被认为是现代世界的一个重大成就。而这个觉醒了的自我如何在这个宗教式微、上帝引退的"除魅"的世界上展开自我实践,成就其充实、丰满、独特的"自我",则成为关乎在很大程度上已失去了彼岸世界想象的现代人之生命意义的根本性问题。① 因此,现代世界的许多思想家,从笛卡儿到康德,从尼采到弗洛伊德,从韦伯到米德,再到今天的许多后现代论者,都曾将这个问题作为一个重要的主题加以关注讨论。有人甚至认为,自笛卡儿以来四百年之久的西方思想史主要是由"对自我意识的启蒙"所组成的,自我意识构成了西方近代哲学的基本问题,是近代哲学问题的最小公分母。② 而纵观这些思想家们有关自我、自我意识或自我认知的论述,可以发现,自近代以来,人类自我概念的演变大体上经历了三个阶段,或者说,人类对自我的理解经过了两次大的变革,那就是:从先验论自我观到经验论自我观,从整合的自我观到离散的自我观。在此我们先来看自我观的第一次变革。

所谓"先验的自我",是将"自我"看作是一种绝对的被给予,是原始的奠基性的东西。它先于,也高于世界,并赋予世界以意义,为世界立法,世界因有了"自我"而才有效。如果说,古希腊哲学家普罗泰戈拉那句著名的格言"人是万物的尺度"是这种先验自我观的最初表达,那么,在近代哲学家中,奠定这种先验自我

---

① 参见王小章:《现代性自我是如何可能的:齐美尔与韦伯的比较》,《社会学研究》2004 年第 5 期。

② 倪梁康:《西方哲学一百年:人类自身认识方式的变迁》,《浙江学刊》2001 年第 1 期。

观的则是笛卡儿和康德。

笛卡儿以"我思故我在"肇始了近代唯理主义哲学,同时也开创了近代先验论自我观。在某种意义上,笛卡儿可以说为先验自我的存在补充了一种"先验演绎"的论证。所谓"先验演绎",按照康德的论述,其基本的论证模式是:如果 p 是 q 的必要先决条件,那么,q 就是因为 p 而成为如此这般的;事实上 q 确实是如此这般的,并且,不是如此这般的 q 是不可能想象出来的。由此可见,p 无疑是 q 的先决条件,因而 p 就当然是真的。① 笛卡儿"我思故我在"这一命题就体现了这种先验演绎的论证方式。我们知道,笛卡儿哲学的核心是认识论。而其认识论的目标是要寻求知识的确定性,是要为知识寻求一个可靠的基础。为了找到这一可靠的基础,笛卡儿使用了一种普遍怀疑的方法。他说,我们的感觉经常欺骗我们,那么,如何才能确定在某个特定情境下我们是正确地认识了事物呢? 有时我们会梦得非常逼真,以至我们以为自己是醒着的,那么,我如何才能确定此刻我是醒着而不是在梦中写作呢? 我们的推理也经常发生错误,那么,我们能依靠理性吗? 这种普遍怀疑的方法可以说非常可怕,但从这种普遍的怀疑论中,却导出了意识主体对于自身存在的确证。怀疑、弄错、被骗等等都是意识的某种状态,它们证明存在一个正在怀疑或被骗的意识主体,一个在思维的东西,这个东西就被合乎语法地用"我"来表达出来。我的"所思"不一定是真理,但是不能否认"我思"是确实可靠的。因此,笛卡儿"我思故我在"这一命题实际上表达的是:我能怀疑一切,但不能怀疑"我怀疑"这件事本身。既然怀疑是思维的一种形式,我就不能怀疑我在思维;既然思维需要一个思维者,我就不能怀疑作为思维者的我的存在。我的存在是"我思"被给定的先决条件。

在笛卡儿的基础上,康德赋予了"自我"以新的内容和意义。在《纯粹理性批判》一书中,他将自我分为"经验的自我"和"先验的自我"两种。经验的自我是经验认识的对象。康德指出,当我谈到我自己是一个具有一定的自然属性、有自身的经历、姓名、职业的人时,当我假定认识所有这些东西有一个过程时,我就把自身当成了一个认识的对象,这构成了"经验的自我"。当然,我们也可以将注意力集中在认识的主体上,但是,此时,这个被注意的"主体"已变成了另一个客体,而真正认识的主体则又后置了。因此,我们所了解的认识主体,作为认识主体必然是先验演绎的结果,而不是观察的结果。换言之,如同笛卡儿通过先验演绎的

---

① 参见赵汀阳:《先验论证》,《世界哲学》2005 年第 3 期;H. P. 里克曼:《理性的探险》,姚休等译,北京:商务印书馆 1996 年版,第 107—109 页。

方法从经验性的"我思"推演出先验性的"我"的存在,康德则借助于先验演绎方法从经验自我推演出"先验自我"的存在。不过,他比笛卡儿赋予了这个先验自我以更丰富的内涵和更高的意义。正如有人指出的那样,在康德这里,"先验自我是一个真善美有机统一的完整自我"①。在认识领域,先验自我逻辑地先于任何确定的思维,它不是认识的对象,而是认识对象所以成立的理由或先决条件。作为认识活动的一种主观心理结构,它在所有直观、表象和概念的综合活动中始终保持同一;它为经验认识提供了先验图式,从而确保了认识的统一性(包括确保了经验性的自我认识的同一性),确保了求"真"的可能性。在道德实践领域,先验自我以善良意志这一先验主体的形式,制订出先验道德律来引导经验主体依照先验道德律不断地实施道德行为,以期达到绝对的善。在审美领域,先验自我以反思判断力这种先验能力来对人与自然关系予以反思,在彻底地依据先验道德律的前提下,实现人与自然之对立的完全消失,从而最终在达到最高的善与最彻底的自由的同时,产生真正的美感。"康德的先验自我意识以审美之我为桥梁,把认知之我与实践之我联系起来,从而构成一个真、善、美完整统一的自我意识。"②

由笛卡儿肇始,至康德而真正确立的先验自我观在近代思想史上具有划时代的里程碑意义。它表现出了一种要在自身之中找到一切知识的最终基础的意向。在很大程度上,它改变了当时欧洲知识界的状况,也给后来的思想家留下了无法躲避的影响。甚至可以说,它在一定程度上奠定了、形塑了此后一个多世纪的哲学思维中占据主导地位的主—客体思维模式和认识中心主义的基本路数。但是,至19、20世纪之交,这种一直占据着主导地位的先验论自我观开始式微,而为经验论的自我观所取代。当然,这并不是说,先验自我观自此便完全销声匿迹,完全不再有人论及,而只是说,进入20世纪之后,在学术思想界,当人们讨论关于自我的问题时,自我的经验性质越来越吸引人们的注意力,或者说,人们越来越倾向于将它看作是一个经验问题,自我的起源越来越多被人从外部社会世界去追寻,而不是以内省的方式向内求索。与此相应,自我,作为一个思考的主题,也越来越由哲学思辨的对象,而成为经验性科学(如心理学、社会学、社会心理学等)进行经验考察和分析的对象。

在由先验自我观向经验自我观转变的进程中,乔治·赫伯特·米德和弗洛伊德是不能不提到的两位关键人物。自我理论是米德思想的一个核心内容。作为出身于哲学的社会心理学家、符号互动论的奠基者,米德的自我理论的一个突出特征,就是认为"自我"源于互动过程,是在使用符号而进行的互动中产生、发展和形成的:"自我不是某种首先存在,然后再与他人建立联系的东西,它是社会激流中的一个漩涡,并因此是激流的一部分。它是个体不断地实现调整自己以适应他所属的情境,并反过来对它作出反应的过程。"①米德继承实用主义哲学家威廉·詹姆士将自我分为"主我"(I)和"客我"(Me)的观点以及社会学家查尔斯·库利关于"镜中我"的观点,也将自我划分为"主我"和"客我"两个方面:"'主我'是机体对(通过互动而接受的)他人态度的反应;'客我'是一个自己采取的有组织的一系列他人的态度。他人的态度构成了有组织的'客我',然后一个人作为'主我'对其作出反应。"②"客我"的经验性是不言而喻的。至于"主我",米德指出,它"给人以自由和创新的感觉",是"某种完全不能预测的东西",尽管此刻的"主我"会在另一时刻的"客我"中出现,但当其作为"主我"出现的当时,我们是无法迅速转变过来抓住自己的:"我们以自觉的方式在存在于那里的情境中行动,但只有在行动发生之后,我们怎样行动才会进入经验之中。"③米德对于"主我"的这种说明很容易让人联想到上述康德关于"先验自我"和"经验自我"的区分。但实际上,两者是完全不同的。第一,主我所具有的将自身当作客体的能力是在学习、掌握、使用符号的经验过程中形成的能力,而不是先验性的能力(康德的所谓先验想象力)。第二,康德尽管是从经验自我借助于先验演绎方法推演出"先验自我"的存在,但是他的根本性的观点是,正是因为有先验自我的存在,经验自我才有可能,因此,在他这里,经验自我单向地依赖于先验自我;而在米德这里,"主我"与"客我"是相互依赖的关系:"假如没有'客我'的话,将不存在我们所说的'主我',而如果没有以'主我'的形式作出的反应的话,将没有'客我'。就像它们在我们的经验中出现一样,这两者构成了人格。"④这个由"主我"和"客我"共同构成的人格(personality)或者说自我(self)——经验论的自我在心理学中常常被等同于"人格"——是个体在其社会生活过程中,即与其他人的各种形式的互动中产生形成的。因此,与笛卡儿和康德认为"先验自我"为世界立法而自身则保持静态自足的观点不同,米德强调:社会过程在时间和逻辑上均"先于从

---

① 米德:《心灵、自我与社会》,胡荣、王小章译,桂冠图书公司1995年版,第178—179页。
② 米德:《心灵、自我与社会》,胡荣、王小章译,桂冠图书公司1995年版,第172页。
③ 米德:《心灵、自我与社会》,胡荣、王小章译,桂冠图书公司1995年版,第172—175页。
④ 米德:《心灵、自我与社会》,胡荣、王小章译,桂冠图书公司1995年版,第178页。

中产生的具有自我意识的个体的存在"，自我"是一种能够发展的东西；它并不是在一生下来就已存在的，而是在社会经验和活动的过程中产生的"，因此，它"从本质上是一种社会结构，……要在社会经验的范围之外设想自我的产生是不可能的"。① 在米德这里，是社会为自我赋形。

米德的经验论自我观给其后的社会学、社会心理学有关自我的思想、观念留下了广泛而深刻的影响，从戈夫曼、加芬克尔到哈贝马斯，从角色理论到参照群体理论，都可以看到米德留下的印记。除了米德，在确立经验论的自我观的统治地位并扩展其影响方面还必须提到弗洛伊德。弗洛伊德的人格理论久已为人所知。在其晚期的表述中，人格被认为具有三个组成部分，即本我（Id）、自我（Ego）和超我（Super-ego）。② 其中，自我和超我的社会经验性是显而易见的。值得一提的是被弗洛伊德看作是人格之最原始部分的本我。按照弗洛伊德的描述，本我主要由被压抑的本能、欲望和冲动所构成，一般处于潜意识之中，是个体生而具有的。正因为本我是本能性的、与生俱来的，因而也就比较容易和"先验的"相混淆。事实上，本能的（先天的）和先验的根本上是两码事。本能的与习得的相对，而先验的则与经验的相对。先验的特征是可知但不可感、不可观察，而经验的特征则恰恰是可感、可观察。弗洛伊德的本我作为潜意识虽然通常不为主体所知，但却是可感的，在特定情形和条件下（如在梦中、在训练有素的精神分析师的干预分析下等）是可以观察到、认识到的。也就是说，其成分是经验性的。不过，这里要特别指出的是，在先验论的自我观向经验论的自我观转变的过程中，之所以必须提到弗洛伊德，不仅仅是因为按照他的观点，自我（指包括"本我"、"自我"、"超我"在内的整体人格）在本质上是经验性的，更是因为，作为精神分析学派的创始人，作为现代心理治疗的奠基人，他确立了这样一种观念，即自我不仅是经验性的，而且还可以通过经验性的技术和手段来进行干预、治疗和矫正。自我再也不像在先验论者那里仿佛一位高高在上俯视世界的王者，而是辗转于俗世社会之中的世俗之物。而精神分析理论的广泛影响，心理治疗技术的普遍采用，则使这种观念超越学术界而在一般大众中扎下根来，以至社会学家吉登斯在讨论现代性"自我的轨道"时，也要借助于一本讨论心理治疗的著作来展开。③

① 米德：《心灵、自我与社会》，胡荣、王小章译，桂冠图书公司1995年版，第182、141、145页。
② 王小章、郭本禹：《潜意识的诠释》，中国社会科学出版社1998年版，第20—21页。
③ 安东尼·吉登斯：《现代性与自我认同》，赵旭东、方文译，生活·读书·新知三联书店1998年版，第三章。

20. "自我与社会是孪生兄弟"?

如上所述,米德关于"主我"(I)和"客我"(Me)的观点有着查尔斯·霍顿·库利的影响,库利和米德所持的都是经验论的自我观。不过,在关于自我与社会的关系上,库利与米德有所不同的是,米德认为,社会过程在时间和逻辑上均"先于从中产生的具有自我意识的个体的存在",在米德这里,是社会为自我赋形。但库利则认为:"自我与社会是孪生兄弟。"①库利的观点与他在分析自我与社会时所取的内省的、心理主义的方法有关。

库利认为,个体的自我产生于与他人的交流互动,自我并非表现为先是个人的,然后是社会的,而是通过交往辩证地呈现出来的。一个人的自我意识是他人对自己所作判断的反映,因此,不可能有孤立的自我。他那著名的"镜中我"(a looking-glass self)的概念就鲜明地体现了他的这一观点。他说:"我们在镜中看到我们的脸、身材和衣服,因为我们的兴趣在于这些形象是属于我们的。我们根据这些形象是否符合我们的愿望而产生满意或不满意的心情。同样,我们在想象中得知别人对我们的外表、风度、目的、行动、性格、朋友等等的想法,并受这些想法的影响。"②自我,正是在我们对他人对我们的看法、评价的想象中产生形成的,是由"对别人眼里我们的形象的想象,对他对这一形象的判断的想象;某种自我感觉,如骄傲或屈辱"③所构成的。"想象"一词,鲜明地反映出了库利所取的内省、心理主义的方法取向。在这种内省的、心理主义的取向下,库利进一步将社会看作是"众多精神自我的相互交织和相互作用"④。由此,"没有你、你们、他、他们这些相关的概念,就不存在'我'这个概念"⑤。反过来,没有参与相互作用的"精神自我",也就没有社会。自我与社会是孪生子。

针对库利内省的、心理主义的取向,米德曾经这样评价:"在像库利的理论这样一种社会心理学中……,所有的社会互动都是依赖于互动中的那些个体的想象,并且根据他们直接意识到的社会经验过程中的相互影响而进行。库利的社会心理学,就像他的《人类本性与社会秩序》所体现的,因而必然是内省的,而他

① Cooley, C. H., *Social organization*, New York, Schocken, 1962, p. 5.
② 库利:《人类本性与社会秩序》,包凡一、王湲译,华夏出版社 2015 年版,第 129 页。
③ 库利:《人类本性与社会秩序》,包凡一、王湲译,华夏出版社 2015 年版,第 129 页。
④ 库利:《人类本性与社会秩序》,包凡一、王湲译,华夏出版社 2015 年版,第 129 页。
⑤ 库利:《人类本性与社会秩序》,包凡一、王湲译,华夏出版社 2015 年版,第 129 页。

的心理学方法则带来彻底的唯我论：社会只存在于个体的心灵之中，自我的概念，无论它怎样地在本质上是社会的，都只能是想象的一种产物。但即使对于库利，自我也以经验为先决条件，而经验则是自我得以在其中萌生的一个过程；不过，由于这个过程对他来说主要是内隐的和个体的，而不是外显的、社会的，因而在形而上学的立场上，他和他的心理学只能属于主观主义和唯心主义的，而不是客观主义和自然主义的。"①

21. "Id、Ego、Super-ego"还是"I、Self、Me"？

前面指出，在由先验自我观向经验自我观转变的进程中，米德和弗洛伊德是两位关键人物。两人都持经验自我观，而且在说明整体人格时都采用了三个概念，米德是 I、Self 和 Me，弗洛伊德是 Id、Ego 和 Super-ego。于是有人将他们关于人格心理结构的思想进行类比。苏联社会心理学者安德列耶娃说："交互作用论者的冲动的我（I）和弗洛伊德的下意识的它（即 Id，本我）、规范的我（Me）和弗洛伊德的超我（Super-ego），以及个性概念（Self）和弗洛伊德的自我（Ego）之间都有某种类似性。"②但在这种形式上的类似性之下，有着实质性的区别。在米德这里，是 I 和 Me 共同构成了作为整体人格的 Self，整体人格实际上是由 I 和 Me 两部分构成的，而且，I 更多地只能在逻辑推理上作为主动的力量而存在（因为你一旦想去经验地观察、审视时，I 便已经成为 Me 了）。而在弗洛伊德这里，Id、Ego 和 Super-ego 都是具体经验性的存在，整体人格因而是由三个部分共同构成的。本我（Id）是心理结构之最原始的部分，完全处在潜意识中，其中充满被压抑的本能、欲望和冲动，它们千方百计寻求发泄的机会；本我遵循唯乐原则。自我（Ego）源自本我，是本我因接近现实的危险而被改造的部分，它接受外界的刺激，也感受本我的兴奋；自我"为了伊底（即本我——引者）的利益，控制它的运动的通路，并于欲望和动作之间插入思想的缓和因素，并利用记忆中储存的经验，从而推翻唯乐原则，而代之以唯实原则。唯乐原则对伊底历程发挥巨大的影响，唯实原则则保证较满意的安全和成功"③。自我在本我和现实之间周旋，此外还要接受来自超我（Super-ego）的压力。超我是人格道德的维护者，近似于良心，

---

① 米德：《心灵、自我与社会》，胡荣、王小章译，桂冠图书公司 1995 年版，第 221—222 页。

② 安德列耶娃：《西方现代社会心理学》，李翼鹏译，人民教育出版社 1987 年版，第 161 页。

③ 弗洛伊德：《精神分析引论新编》，高觉敷译，商务印书馆 1987 年版，第 59 页。

是社会文化价值内化的结果,是从儿童早期从父母师长那里体验到的奖赏和惩罚的内化模式中产生的。充分发展的超我有两个构成部分,一是良知,代表惩罚或什么是恶的内化,一是自我理想,代表奖赏或什么是善的内化,超我遵循道德原则。概括地说,本我是"要不要",自我是"能不能",超我是"该不该"。弗洛伊德由此提供了一个人格结构的深度模式,而米德提供的基本上是一个平面模式。米德与弗洛伊德的另一个区别是,在弗洛伊德这里,人格结构的三部分之间,特别是本我和超我之间(实际上也就是个体和社会文化之间),处于无穷无尽的冲突之中,而在米德这里,主我和客我之间则更多的是一种彼此调适的关系。对此,安德列耶娃也指出,弗洛伊德和米德关于人格(自我)结构的观点"尽管表面上相似,但是在个性结构的内容解释上也有很大的区别。这首先表现在对实现内部社会监督的个性成分的作用的理解上。如果弗洛伊德的超我的作用在于压制本能的、下意识的根源,那么,交互作用论者的规范我的作用则不在于压制而是指导个人的行为,以便达到有效的社会交互作用。如果说,弗洛伊德的个性、自我是下意识的它和超我经常交战的领域,那么,交互作用论者的个性仿佛是合作的领域。弗洛伊德主义者主要研究个性的内部紧张性、冲突状态。交互作用论者主要研究个人与他人的顺利合作过程持有的个性状态和行为"①。事实上,"主我"和"客我"或"本我"与"超我"的关系,从一种角度看是人格内部不同组成部分之间的关系,从另一方面看,体现的是个体和社会之间的关系。弗洛伊德看到了个体与社会之间的分裂对峙冲突(所以他才会有《文明及其不满》),米德则看到了两者之间的协调一致。

22. 如何看待角色与自我的关系?

按照经验论的自我观,个体的自我源于个体的社会互动;尽管在弗洛伊德这里,本我主要是被压抑的本能、欲望和冲动,但其整体人格也是在与社会环境的互动中发展形成的。而社会互动是一种角色间的互动,因此,个体的自我与他所扮演的角色之间必然存在一种交互的关系。一方面,同特定的角色地位联系在一起的规范、期望、价值等会通过角色扮演者的社会行为而整合入他的自我概念。如社会学家罗伯特·默顿在分析科层制社会结构时就曾指出:科层社会结构给个体施加持续不断的压力,迫使他在行为举止上必须井井有条,谨慎细致,

---

① 安德列耶娃:《西方现代社会心理学》,李翼鹏译,人民教育出版社 1987 年版,第 161-162 页。

循规蹈矩。这些压力作用的一个结果是,规章纪律逐渐地不再被看作是达到某一特定目的的手段,而本身成为科层生活组织中的一种直接的目的、价值。这样作为特定角色的组成部分的规章纪律、要求倾向也慢慢地成为角色扮演者的自我概念的有机组成部分。彼得·伯格则用一个假设的例子说明了角色要求如何被整合入个体的自我概念或者说人格的过程。他假设:"新近晋升的军官,尤其是从新兵开始逐级晋升的军官,当他在路上遇见新兵向他敬礼时,起初至少会有一点难为情。也许,他会以友好或几乎带有一丝抱歉的方式作为回应。军服上的新徽章此刻仍然是刚刚戴上的标记而已,宛若一种伪装。事实上,新军官甚至会对自己和他人说,在新军服之下,他还是原来那个大兵,他只不过是承担了新的责任(其中之一是接受新兵的敬礼)而已。但这种态度不可能维持很长时间。为了扮演这个新的角色,这位军官必须维持军官的风度。这种风度中隐含的命题是十分明确的。在所谓的民主军队比如美国军队里,有许多习惯性的含糊其辞的说法。尽管如此,一个基本的隐含命题是,军官的地位高,有资格享受按照军阶应该得到的服从和尊敬。下级的军礼是服从的行为,上级接受军礼并回礼是天经地义的事情。于是,随着每一次你来我往的敬礼、回礼(当然同时还有很多其他强化他的新地位的仪礼),这位军官的风度就得到了加强,正如其本体论预设得到了加强一样。他不仅言谈举止像军官,他的自我感觉也是军官了。起初不自在的感觉、抱歉的态度一去不复返,我'只不过是像你一样的大兵'那种腼腆的笑容也消失得无影无踪了。此后,倘若有一个新兵的敬礼不够热情,倘若他鬼使神差地忘了给长官敬礼,我们的军官就不仅要整肃军纪了,他的每一个细胞、每一根神经都要驱使他去矫正大兵对他被委任的军阶的冒犯。"[①]

角色和角色扮演者的自我的交互关系的另一方面是,角色扮演者的既有自我概念也反过来影响和制约他对角色和扮演行为的选择、调适。首先,与特定地位相联系的某些角色可能成为满足某些具有特定的自我认知、自我评估的个人的重要需要的工具或手段。其次,角色扮演者既有的自我概念会影响和制约他的角色行为。过程角色论者拉尔夫·特纳在谈及角色和自我概念的关系时,除了在一般意义上同意自我概念形成发展于互动之中外,更重视自我在角色互动中的存在。他指出,在角色互动中,行动者总是以一种能够加强自己既有的自我概念的方式来表现自己。由于他人总是注意决定行动者的角色,所以行动者就

---

① 彼得·伯格:《与社会学同游导引——人文主义的视角》,何道宽译,北京大学出版社 2014 年版,第 111 页。

有必要通过暗示告诉他人自己的自我附着于角色的程度。这样行动者就可以把自己的自我认知和角色与自我概念的一致程度通知对方。例如,如果某个角色和个体的自我概念不相符,那么他就可以以一种疏远的态度甚至蔑视的态度来扮演它,以此暗示别人:现在在做出这种行为的我不是真正的我,那只不过是逢场作戏。而如果个体扮演的是一个与自我概念完全相符的角色,那么,他就可以投入极大的热情来扮演。除了特纳之外,戈夫曼的"角色距离"的概念也有助于我们理解角色扮演者既有的自我概念在角色扮演中的作用。角色距离指的是角色扮演者在扮演某个角色时并不是出于真诚,并没有意识真正这样做,他的角色行为只是"口是心非",只是"貌合神离",或者说是"小和尚念经,有口无心"。装模作样地扮演某个角色而内心并不认同,演员在他的意识和角色扮演行为之间建立了一个内在的心理距离,并立意要其他人感觉到这个距离,由此,角色扮演就转变为"自我呈现"了。

23. 自我是"社会变色龙"吗?

如前所述,近代以来,人类对自我的理解经过了两次大的变革(参见"自我是先验的还是经验的?")。从作为世界立法者的先验论自我到作为世俗构成物的经验论自我的转变,是近代以来自我观的第一次转变或者说下滑。自我观的第二次下滑是从具有同一性的、整合的自我到没有核心认同的、消散解体的自我的转变。

在宗教式微、上帝引退的"除魅"了的现代世界中,如何通过自我实践而成就充实、丰满、独特的"自我"或者说"人格",是关乎现代个体之生命意义的根本性问题。长久以来,这个须待成就、实现的自我或者说人格一直被不言而喻地认为是有着核心认同(identification)的、整合的、基本稳定的范畴。即使在经验论的自我观取代了先验论的自我观之后,这一点也没有改变。事实上,绝大多数关注探讨自我或人格问题的现代学者都努力想揭示这样一种整合的、稳定的自我或人格是怎样形成的。从米德的由"玩耍"阶段一直通向"概化他人"(generalized other)阶段的自我发展理论,到弗洛伊德的心理性欲发展阶段论,从艾里克森的强调"自我同一性"的心理社会发展阶段论,到马斯洛的自我实现理论,从阿德勒的"生活风格"到罗杰斯的"真实的自我",等等,尽管学者们的具体理论立场各有不同,但在上述这一点上,其基本意旨却都没什么不同。实际上,一直到20世纪末,跟哈贝马斯一样坚持现代性尚未终结的社会学家吉登斯也依然在讨论"现代性与自我认同"或者说自我同一性（self-identity）的问题。总而言之，在现代时期的学者们看来，"自我"和"同一性"是必然地联系在一起的，没有"同一性"的"自我"是不可思议的，至少，有同一性是正常、常态，没有同一性是反常、变态。

但是，自 20 世纪七八十年代以来，随着所谓后现代性和后现代主义话语的兴起，上述这种关注自我同一性的整合论自我观也已开始受到挑战和冲击，从而开始动摇。当然，同样必须指出，就如同上面说 19 世纪、20 世纪之交先验论的自我观开始为经验论的自我观所取代，并不意味着此后就没有人再论及先验论的自我观一样，此处说那种强调自我同一性的整合论自我观在 20 世纪晚期开始受到挑战和冲击，也不是说此后就没有人再坚持这种观念，再追求自我同一性了。关于后现代性、后现代主义的话语众说纷纭，与此相联系，关于在当代社会语境下自我整合或者说自我同一性是否依旧可能的观点也并不一致。许多认为现代性尚未终结甚至尚未充分展开的学者，如上面提到的哈贝马斯、吉登斯等，都依然关注自我同一性的问题，并都认为这种同一性是应该追求，并也是可以确立的。但是，有一点可以肯定，在今天这个资信极度发达、交往极度便利、社会极度异质、价值极端多元的世界中，个体的自我同一性已再也不像以前那样被认为是不言而喻、理所当然的了。

在心理学、社会心理学的思想传统中，在理论上最早为非整合的、多元异质的自我提供了一个正式描述的或许可以追溯到威廉·詹姆士。在其于 1890 年出版的《心理学原理》中谈到作为"客我"（Me）的一个组成方面的"社会我"（Social Me）时，他遵循经验论而认为，"社会我"来源于个体与他人交往过程中别人对他的期待、评价，而由于他与之交往的人不止一个，因此，他的"社会我"也必然是多元的，异质的："一般地说，一个人认识多少个在他们心目中具有该人之印象的人，他就有多少个社会自我。"不过，在当时的文化思想氛围下，詹姆士尽管提出了多元异质的自我的观念，但其总体思路则是指向这些多元异质的自我是如何整合的，因此，他紧接着就指出："不过，具有此印象的这些人可以自然地分作几种类别，所以实际上我们可以说，他关心多少个群体成员的观点，他就有多少个社会自我。"[①]詹姆士虽然没能为自我的最终整合为一提供理论的说明，但显然，其运思方向是朝着这个目标的。

除了詹姆士，戈夫曼关于自我的论述也容易使人想到自我的非整合性、非同

---

①　转引自胡荣：《符号互动理论》，载：周晓虹主编：《现代西方社会心理学流派》，南京：南京大学出版社 1991 年版，第 192 页。

一性。在其出版于 1959 年的《日常生活中的自我呈现》一书中,戈夫曼将个体的"自我呈现"看作是一系列的"逢场作戏",看作是个体在一系列各不相同的具体情境、场合中因时、因地、因人而异的策略性、操纵性行为,从而使人觉得,这些个体关于自我并没有什么需要持守的、基本恒定的东西。但需要指出的是,戈夫曼在着重分析"自我呈现"之逢场作戏的一面的同时,实际上并没有否认基本恒定的自我认同的存在。其"角色距离"(即个体在角色扮演中有意识地保持的,并且希望他人知道的,其"自我"概念与所扮演的"角色"之间的差距)这一概念就集中地反映了他认为角色扮演过程有自我概念的存在。

因此,尽管在心理学、社会心理学的传统中,包含着自我的非整合性、非同一性观念的思想因素可以追溯到很早,但是,自我同一性观念的真正动摇则是到了 20 世纪晚期,在社会和文化领域中后现代性话语、后现代主义思潮纷纷兴起以后的事。而最早比较系统、充分地论证表述了这样一种非整合性、非同一性的自我观的,则可以数美国著名社会心理学家 K.J. 格根了。

K.J. 格根在美国,甚至整个西方心理学界,特别是社会心理学界都是卓有影响的人物。在对 20 世纪 60 年代末 70 年代初美国社会心理学的危机进行反思时,他曾提出社会心理学是一种历史性研究的主张。1988 年,他又在澳大利亚悉尼举行的世界心理学大会上作了"迈向后现代的心理学"的报告,率先提出了心理学,特别是社会心理学的后现代转向问题。1991 年,他又推出了题为《饱和的自我:当代生活中的认同困境》(*The Saturated Self: Dilemmas of Identity in Contemporary Life*)的专著,对自我概念自浪漫时代以来的演变,尤其是它在今日所谓"后现代"社会和文化中的遭际和命运作了深入系统的考察分析。

格根对于当代即所谓后现代社会中自我概念、自我认同之状况的分析建基在对当代技术,特别是交往和传播技术的发展所带来的后果的考察上。他指出,当代社会的技术革命导致了他所谓的"社会交往饱和"(social saturation)状态,即个人置身于其中的各种关系的迅速增生。在既往的时代,人们的交往和联系主要限于面对面的互动者之间(这可能也是米德的分析主要集中于面对面互动的群体的一个可以理解的原因),但在今日的社会中,交通、电信、大众传媒等技术已经打破了以往的隔绝状态而将个人投入了比以前远为异质的人群、观念和文化中,来自各种各样社会和文化生活领域的各种各样的话语(意见、呼声、价值观、行为方式等)包围了个人,不断地冲撞激荡着他的自我概念、自我认同。这些异质的话语向个体之自我渗透的结果,带来了个人人格的分裂离解,造成了个人自我投入(self-investment)的多重性。由此,过去那种必然的、"可靠的自我"

（authentic self）开始瓦解而让位于"饱和的自我"，一种"后现代"的身份认同——更正确地说是没有身份认同——就这样出现在个体面前。

值得指出的是，格根在考察后现代自我概念的出现时，将自我同一性概念的瓦解同真理概念的瓦解联系了起来。如上所述，由于导致交往饱和的技术，自我被各种各样的，甚至相互矛盾的言论所包围，任何声称是真理（无论是关于"是什么"的事实真理，还是关于"应该怎样"的价值真理）的言论意见都会立即受到其他与之相左的言论意见的冲击，由此就导致了这样一种情形：没有任何一种意见能够声称自己是至高无上、毋庸置疑的，即通常所说的相对主义的情形。格根由此进一步援引社会建构论的观点，认为，事实上并不存在所谓的真理必须与之符合的客观现实，至少谁也无法确证这样的现实，因此，所谓真理无非只是不同情境中服务于不同的人们的需要、目的的对于现实的社会建构。与此相应，也不存在所谓"真实的自我"，至少谁也不能确证"真实的自我"的存在。所谓"自我"同样是社会建构的产物，个人只有借助于他置身于其中的社会关系才能成为一个具体的"自我"，也只有在具体的社会关系中才能呈现出自我。而在今天的社会状态下，具有内在统一性、连续性的自我身份认同的观念如同真理的观念一样已经不必要，同时也不可能了，因为"后现代"的社会和文化状况已使个体随着他置身于其中的环境和言论意见的变化而不断地进出于各种不同的"身份认同"之中。个体已没有了连续的、一贯的、稳定的认同对象，于是，所谓自我也就成为调合于各种背景、情境的"社会变色龙"，所谓"人格"只是一种"拼盘式的人格"。自我完全降格为仅仅为了达到某种即时的目标而"对某个角色的扮演、对某种印象的操纵，或对某种功能的承担"[①]。在这些"角色"、"印象"、"功能"背后再没有更核心、更本质、更恒定的东西了。

"自我"已由一种具有同一性的人格演变为"社会变色龙"。对于这样一种"拼盘式的"、"无中心的"、"零散化的"、"即时性的"后现代自我的来临，格根的叙述隐隐地表露着一种交织着希望和惋惜的矛盾心情。他指出，由于不再相信存在客观的现实、真理，不存在个体需要对其信守的世界观，不存在具有内在一贯性和统一性的"核心自我"，后现代世界中的个体遂得以随心所欲地进出于各种各样的关系，而不作任何特定的承诺，从而避免了过度地局限于某种单一的声音。个体没有义务一定要去获得什么意义或力求什么"操行一致性"。在某种意

---

① Gergen, K. J. , *The Saturated self : dilemmas of identity in contemporary life*，Basic Book，1991，p. 148.

义上，这种状况可以说是一种"解放"。格根认为：推动和维持现代性的力量主要在于它对"进步"的承诺，但是进步并不是在真空中产生的，而是以特定的代价换取的，这种代价就是心灵的桎梏、精神的僵化、自由的丧失（在此我们可以看出，格根将"现代性自我"或"现代性人格"完全看作是顺应社会文化的现代性逻辑的产物，而不是像韦伯、齐美尔等那样看作是既顺应、又抗拒社会文化的现代性逻辑的产物①）。格根欣赏他所说的"存在的自由游戏"（the free play of being）。而后现代的自我认同状况将使我们对自我、对生活、对世界的理解方式变得更加开放和多元：由于不存在明确无误或客观正确的观点，"科学的"态度应该是接纳、容忍、包容和共处。不过，在对后现代自我认同所蕴含的解放意涵表示出期待的同时，格根另一方面也对诸如连贯性、统一性、道德心、责任心等等在后现代世界中的消退、失落隐隐流露出一种无奈和惋惜。事实上，这种隐隐的矛盾心理，也是当代许多思想家在面对所谓后现代文化时的共同心态。

在先验论的自我观下，人们被告知要认识自我，在现代经验论的整合自我观下，人们被告知要成就自我，而在后现代的消散解体的自我观下，如果再被问及自我，他或她可能就会问："自我？哪个自我？何时、何地、何种情景下的自我？"

---

① 参见王小章：《现代性自我是如何可能的：齐美尔与韦伯的比较》，《社会学研究》2004 年第 5 期；《齐美尔的现代性：现代文化形态下的心性体验》，《浙江学刊》2005 年第 4 期。

四

现代社会的起源、发展、扩张与后果

24. 现代资本主义是如何产生的？

现代资本主义是一种生产资料私人占有、资本高度集中并用以通过自由市场追求、创造、积累利润，而雇佣工人则为以工资为生的自由劳动者的制度。英国诺丁汉大学政治学教授克里斯多夫·皮尔森曾向安东尼·吉登斯提问：在经典社会学家中，是否唯有韦伯最接近对现代性的正确理解？吉登斯这样回答："尽管也许不再时髦，但是我仍看重马克思，因为在更广阔的视野下，现代性是以资本主义为中心的。在现代社会中，经济影响比以前的任何社会类型更突出、更深远，而这些都是围绕着资本主义的诸种制度而被结构化的。"而"马克思是一位对资本主义经济有着深刻洞察力的分析家"①。吉登斯的话提醒了两点：其一，理解认识资本主义是理解认识现代性或现代社会的核心维度；其二，在理解认识资本主义方面，马克思是最杰出的思想家，他既深刻地揭示了现代资本主义的基本特征、运行法则，也对这种资本主义的起源发生做出了富有洞察力的考察分析。当然，就现代资本主义的起源发生而言，除了马克思，在经典社会学家中，还有两位也是不能绕过的，一位就是韦伯，另一位是桑巴特。

在现代资本主义的发生问题上，马克思的分析考察实际上包含着两个方面，一是作为一种制度或社会形态的资本主义的历史起源，二是"资本"的历史起源。关于资本主义制度的历史起源，马克思把它追溯到远早于产业革命，并且使产业革命成为可能的、发生于中世纪晚期的一个社会—政治变革，即作为不受政治权

---

① 吉登斯：《第三条道路：社会民主主义的复兴》，郑戈译，北京大学出版社 2000 年版，第 166－167 页。

力限制的经济活动之自治领域的"市民社会"（资产阶级社会，bürgerliche gesell-schaft）的出现。马克思将市民社会的出现与中世纪末期工商业城市中的公会运动联系起来，城市公会运动将城市中的社团、盟会、公社从它们对封建体制的依赖依附中解放了出来，从而创造了一个自治的经济活动领域，不再受经济自由的政治和宗教监护的制约。① 城市市民以公会运动展开的斗争，使财产从各种伦理的与政治的束缚中摆脱了出来，进而将政治领域和经济领域分离开来，产生了各种使资本积累成为可能并获得社会承认的法律性和制度性安排。政治领域和经济领域的分离，意味着所有制的形式抛弃了共同体（gemeinwesen）的外观并消除了政治权力对所有制发展之影响的资本主义的"纯粹私有制"。随着后来资产阶级革命彻底完成国家和市民社会的分离，这种最早发端于中世纪晚期自治工商业城市的资本主义"纯粹私有制"得到了全面的确立。需要说明的是，在这一最早发端于中世纪晚期自治城市，并最终导致资本主义制度确立的工商业市民（资产阶级）与封建政治权力之斗争的展开发展过程中，有一个因素必须注意，那就是在近代民族国家形成的过程中，政治统治者由于战争费用的需要变得越来越依赖于资产阶级的钱袋子——一个有趣的实际情况是："当时战争的胜利者并不是最会打仗的一方，而是能够替士兵提供最长时间薪水的一方。"②——资产阶级于是不失时机地利用这一点壮大了自己的实力，并进而控制了政治国家，使其服务于自身的利益，适应于资本主义的生产方式："现代国家是与这种现代私有制相适应的。现代国家由于税收而逐渐被私有者所操纵，由于国债而完全归他们掌握；现代国家的存在既然受到交易所内国家证券行市涨落的调节，所以它完全依赖于私有者即资产者提供给它的商业信贷。……由于私有制摆脱了共同体，国家获得了和市民社会并列并且在市民社会之外的独立存在；实际上国家不外是资产者为了在国内外相互保障各自的财产和利益所必然要采取的一种组织形式。"③

资本主义当然离不开"资本"。关于"资本"的历史起源，马克思主要通过"原始积累"这一概念来揭示。借助于"原始积累"这一过程，资本主义既获得了它的"第一桶金"，也实现了使劳动力转化为商品这一资本主义运行最关键的因

---

① 马克思：《马克思致恩格斯（1854年7月27日）》，载：《马克思恩格斯全集》（第28卷上），人民出版社1972年版，第379—384页。

② 郎咸平、杨瑞辉：《资本主义精神和社会主义改革》，东方出版社2012年版，第93页。

③ 马克思、恩格斯：《德意志意识形态》，载：《马克思恩格斯文集》（第1卷），人民出版社2009年版，第583—584页。

素。所谓资本的原始积累,指的是"在资本主义积累之前"的积累,即"亚当·斯密所说的预先积累"①。具体说,在马克思的笔下这是个通过与具有"形式上的公正"的市场机制无关的、纯粹赤裸裸的抢劫行为,如强迫劳动、圈地运动、猎奴与海盗行为、海外殖民、凭权势强占公产、抢劫黄金、征服、杀戮等,而进行的资本积累:"美洲金银产地的发现,土著居民的被剿灭、被奴役和被埋葬于矿井,对东印度开始的征服和掠夺,非洲变成商业性的猎获黑人的场所——这一切标志着资本主义生产时代的曙光。这些田野诗式的过程是原始积累的主要因素。接踵而来的是欧洲各国以地球为战场而进行的商业战争。这场战争以尼德兰脱离西班牙开始,在英国的反雅各宾战争中具有巨大的规模,并且在对中国的鸦片战争中继续进行下去,等等。"②因此,马克思才说:"资本来到世间,从头到脚,每个毛孔都滴着血和肮脏的东西。"③而就其本质而言,"资本原始积累,即资本的历史起源……意味着直接生产者的被剥夺,即以自己劳动为基础的私有制的解体"④。它是"劳动者和他的劳动条件的所有权分离的过程,这个过程一方面使社会的生活资料和生产资料转化为资本,另一方面使直接生产者转化为雇佣工人。因此所谓原始积累只不过是生产者和生产资料分离的历史过程"⑤。在这个从资本和一无所有但"自由"的劳动力两方面都为资本主义生产方式作了准备的过程中,暴力起着巨大的、决定性的作用:"对直接生产者的剥夺,是用最残酷无情的野蛮手段,在最下流、最龌龊、最卑鄙和最可恶的贪欲的驱使下完成的。"⑥在这个过程中,国家权力是资产者的扈从,是暴力的组织者、行使者:"原始积累的不同因素,多少是按时间顺序特别分配在西班牙、葡萄牙、荷兰、法国和英国。在英国,这些因素在 17 世纪末系统地综合为殖民制度、国债制度、现代税收制度和保护关税制度。这些方法一部分是以残酷的暴力为基础,例如殖民制度就是这样。但所有这些方法都利用国家权力,也就是利用集中的有组织的社会暴力,来大力促进从封建生产方式向资本主义生产方式的转变过程,缩短过渡时间。"⑦

就马克思将资本主义制度的历史起源追溯到中世纪晚期的工商业自治城市

①　马克思:《资本论》,《马克思恩格斯文集》(第 5 卷),人民出版社 2009 年版,第 820 页。
②　马克思:《资本论》,《马克思恩格斯文集》(第 5 卷),人民出版社 2009 年版,第 860—861 页。
③　马克思:《资本论》,《马克思恩格斯文集》(第 5 卷),人民出版社 2009 年版,第 871 页。
④　马克思:《资本论》,《马克思恩格斯文集》(第 5 卷),人民出版社 2009 年版,第 872 页。
⑤　马克思:《资本论》,《马克思恩格斯文集》(第 5 卷),人民出版社 2009 年版,第 822 页。
⑥　马克思:《资本论》,《马克思恩格斯文集》(第 5 卷),人民出版社 2009 年版,第 873 页。
⑦　马克思:《资本论》,《马克思恩格斯文集》(第 5 卷),人民出版社 2009 年版,第 896 页。

而言,马克思与韦伯的观点相差其实并不很远,那种"认为马克思将任何东西都归结为物质生产条件,而韦伯主张社会意识决定社会变革的看法(正如人们经常做的)肯定是错误的"①。在"城市的类型学"中,韦伯明确指出:"近代资本主义与近代国家都不是在古代城市的基础上成长起来的;而中古城市的发展……却是这两者之所以成立的最具决定性的一个因素。尽管古代城市与中古城市的发展有种种的相似性,但我们必须要分别出其间相当深刻的差异。"②这种"深刻差异"中最突出的一点,是古代城市之政治军事性格与中古城市之经济性格之间的区别。中世纪的城市大多是从王公或庄园领主领地上的聚落发展起来。而领主对城市有兴趣,主要并不是出于军事或政治的动机,而是出于经济动机:他希望从城市中收取地租、市厘、关税、法律规费等。对于领主(即对城市的权力拥有者)而言,建设城市主要是一项经济事业,而非政治军事设施。由此,中古城市一开始便充分地发展了其经济性格,特别是和平追求市场利益的倾向。正是"这个显著的'经济'特色,将中古工业城市与古代城邦……截然划分了开来"③。如同军事活动影响了古代城邦生活的各个方面一样,经济特征也影响了中世纪城市的各个方面,包括职业共同体即行会和手工业市民在城市生活中的支配地位、城市政策的经济利益取向等。而最值得注意的应该是这种经济性格对于中世纪城市之"自由"的推动促进。这包括两个方面,首先是,既然领主对于城市的利害关心主要在于经济利益,兼之这些权力拥有者没有掌握能够适应城市实务管理需求的训练有素的官职机构,那么,"只要市民能满足这些利害关心,便很有可能使城市外的权力拥有者不再插手干预市民的事务;特别是因为此种干预可能会使他自己建立起来的城市所具有的魅力,在与其他权力拥有者建立的城市相竞争时,受到损害,因而也损害到自己的收入"④。实际上,所谓"城市的空气使人自由"的原则(根据这个这个原则,一个农奴逃亡只要超过一年零一天,其领主即无权将其领回),在很大程度上也是由于城市的"经济"特征才成立。第二,也是更为重要的,中古城市的经济性格造就了城市市民的"经济人"性格。韦伯多处强调,中古城市一开始就显示出资产阶级的特质,而且越来越倾向于和平追求市场

---

① 阿维纳瑞:《马克思的社会与政治思想》,张东辉译,知识产权出版社 2016 年版,第 177 页。

② 韦伯:《韦伯作品集·非正当性的支配——城市的类型学》,康乐、简惠美译,广西师范大学出版社 2005 年版,第 158 页。

③ 韦伯:《韦伯作品集 II:经济与历史·支配的类型》,康乐等译,广西师范大学出版社 2004 年版,第 238 页。

④ 韦伯:《韦伯作品集·非正当性的支配——城市的类型学》,康乐、简惠美译,广西师范大学出版社 2005 年版,第 196 页。

利益。从一开始中古的市民阶级就比古代城邦的市民更像一个"经济人"："中世纪的城市市民与日俱增的经济取向,在于透过工商业的和平经营……中世纪市民的政治状态使他们走上经济人的道路,反之……古代市民是政治人。"①作为"战士行会"之成员的"政治人",其基本的义务是政治参与,其最重要的品德是纪律;而作为行会支配下的经济(职业)共同体之成员的"经济人",其基本义务是纳税,而其最基本的性格则是自由。当然,中古城市的市民无疑也受到某些约束,特别是来自行会的约束。但是行会约束市民的基本目的是维持城市作为"一个透过合理的经济为其营利取向的构成体"②,是要维持"经济人"们"和平追求市场利益"的基本格局。在这一基本宗旨下,掌握了中世纪城市支配权的行会跟领主一样,不可能像古代城邦那样对市民拥有绝对的主权,可以在任何方面都自由地处置个别市民。这是因为,对市场的适应需要工商业市民必须摆脱任何专横任意权力之不可预测的决定,而保有能够核算自己商业活动的人身自由。可以说,保护市民的基本自由,特别是其个人财产权利,是维持城市作为一个通过市场来和平追求利益的构成体的前提条件。也正因此,尽管开始时自由主要是为商人在事实上所拥有,但最终,它成了全体市民依法享有的共同权利,③市民获得了"其法定的自由"④。正是基于这一前提条件,韦伯一再说,"特殊的现代形式的资本主义制度……所奠基的法律形式是由中古工业城市所创制出来的","即使还远在现代资本主义制度出现之前,中古城市比起古代城邦而言,已更接近于我们今日的资本主义制度"⑤。

如果说,就将资本主义制度的历史起源追溯到中世纪工商业自治城市而言,马克思与韦伯的观点相差其实并不很远,那么,在推动资本主义的精神动力方面,马克思的看法与韦伯有着明显的差别,反而接近于桑巴特。在马克思看来,这种动力主要源自"最下流、最龌龊、最卑鄙和最可恶的贪欲"。而韦伯,则通过一系列宗教社会学的比较研究(横向上比较了印度教、佛教、儒教、道教以及犹太

①　韦伯:《韦伯作品集·非正当性的支配——城市的类型学》,康乐、简惠美译,广西师范大学出版社 2005 年版,第 199 页。

②　韦伯:《韦伯作品集·非正当性的支配——城市的类型学》,康乐、简惠美译,广西师范大学出版社 2005 年版,第 213 页。

③　亨利·皮雷纳:《中世纪的城市》,陈国樑译,商务印书馆 2006 年版,第 122 页。

④　韦伯:《韦伯作品集Ⅱ:经济与历史·支配的类型》,康乐等译,广西师范大学出版社 2004 年版,第 232 页。

⑤　韦伯:《韦伯作品集Ⅱ:经济与历史·支配的类型》,康乐等译,广西师范大学出版社 2004 年版,第 233、235 页。

教、基督教等各大宗教，特别是指出了包含在各宗教中的"拒斥现世的"、"适应现世的"及"支配现世的"等各种不同的现世态度；纵向上比较了天主教、路德派以及其后的加尔文派的基督教，特别指出了宗教性"支配现世"态度的不同取向①），而将这种精神动力与基督新教，特别是加尔文教的所谓"入世禁欲主义"联系起来："在构成近代资本主义精神乃至整个近代文化精神的诸基本要素中，以职业概念为基础的理性行为这一要素，正是从基督教禁欲主义中产生出来的。"②大体上，我们可以这样概括韦伯对于新教伦理与近代西方理性资本主义精神之间亲和关系的分析③：按照加尔文教的得救"预定论"，上帝将选定一部分人作为他的恩宠的受众，其余的人将被罚入地狱；由于在超验的上帝和不幸的罪人之间横亘着万丈深渊，这种不可改变的可怕原则（decretum horrible）是人的理解力最终无法理解的，从人的正义观角度也是难以领悟的，将世俗的公正准则用来衡量上帝的至高无上的判决，不啻对上帝尊严的亵渎，人类的所谓美德或罪孽在上帝决定人的命运时丝毫不起作用，也无助于改变这种预定的命运。在决定信徒的命运时，这种教义的"极端非人性"把他置于一种"空前的精神孤独"状态，他只能被迫孤独地沿着那条道路去迎接那早已被永久地决定了的归宿；而在这走向归宿的生命途中，他的内心必然地时刻充满了深刻的焦虑，他希望自己的归宿是天堂，又深恐脚下的道路正通向地狱，而上帝绝不给他是否获得恩宠以任何外在的标志。如何才能摆脱这种焦虑呢？答案是，靠你自己的信仰。按照加尔文教的教义，信徒有无条件的义务自认为自己得到了上帝的选召，一切对于自身得救的疑虑都是缺乏信仰的表现，因而也是恩宠状态残缺的表现；消除疑虑、实现对自己恩宠状态的确信，也即体现信仰的有效性或真实性的途径就是恪尽"天职"以荣耀上帝，就是在世俗职业活动中的紧张活动。从事世俗职业的体系化行为是信徒确证自己恩宠状态（确切地说是缓解被罚入地狱的恐惧）的唯一手段："因为只有彻底改变体现在每一时刻、每一行动中的全部生活的意义，才能确保恩宠的效果；把人从'自然状态'转变为'恩宠状态'。圣徒的生活完全是为了一个超验的结局，即获得拯救。也正是因为这个原因他在现世的生活是彻底理

① 参见施路赫特：《理性化与官僚化——对韦伯之研究与诠释》，顾忠华译，联经出版事业公司，1987年版，第7—9页。

② 韦伯：《新教伦理与资本主义精神》，于晓等译，生活·读书·新知三联书店1987年版，第141页。

③ 参见盖伊·奥克斯：《不朽的话题：驳难录》，载：哈特穆特·莱曼等编：《韦伯的新教伦理：由来、根据和背景》，阎克文译，辽宁教育出版社2001年版，第307—309页；冯钢：《非西方社会发展理论与马克思》，浙江人民出版社1992年版，第64—66页。

性化的，完全受增添上帝的荣耀这个目的支配。'一切都为上帝的荣耀'这句格言从来没有这样严格地奉行过。只有一种靠永恒的思想所指引的生活，才能达到对自然状态的克服。笛卡儿的'我思故我在'被同时代的清教徒接了过来，从伦理角度重新加以解释。"①由此产生的就是"入世禁欲主义"。作为一种对日常生活进行条理化控制的原则，入世禁欲主义有着积极约束和消极约束两方面的规范：积极约束就是支持信徒系统地从事世俗职业，消极约束则禁止一切形式的自发性、禁止放松自律。积极约束从道德上鼓励支持缜密地经营和不断地赢利，消极约束则绝对禁止挥霍这些利润或者把它们从企业转移出去，作为上帝的忠实管家，信徒应当视此为天职。"资本主义精神"中以天职观为基础的理性行为就这样产生了："最初逃避尘世，与世隔绝的基督教禁欲主义已经统治了这个它在修道院里通过教会早已宣布弃绝了的世界（但总的说来，它还没有影响到尘世的日常生活中自然而发的特点）。现在，它走出修道院，将修道院的大门'砰'地关上，大步跨入生活的集市，开始把自己的规矩条理渗透到生活的常规之中，把它塑造成一种尘世中的生活，但这种生活既不是属于尘世的，也不是为尘世的。"②

与韦伯将推动资本主义的精神动力追索至新教的"入世禁欲主义"不同，桑巴特——如前所述，在这方面，他的看法更接近于马克思，事实上，他虽然常常批判马克思，但又不止一次地认为自己的工作是马克思工作的继续——对资本主义的精神动力起源，做了消费主义的论述，简言之，"奢侈"诞生了资本主义，或者说，资本主义是奢侈的产物。在《奢侈与资本主义》中，桑巴特着重解释 13 到 18世纪奢侈的情欲动力。在此期间，意大利、法国、德国和英国发展了一种几乎完全以铺张浪费原则为基础的高度世俗化的文化。新兴的城市市民阶级为了获得社会尊重而效仿贵族的消费方式，在服饰、家具、食品、住房等方面毫不吝惜的炫耀和过分的开销，对歌剧之类花销很大的艺术形式的赞助，连同性习俗方面剧烈的变化，促成了一种以城市为基础的享乐主义文化。桑巴特特别强调了妇女在这个过程中的重要作用：高级妓女作为一种重要人物出现在极其豪华的宫廷生活中，进而导致了一种摆脱了封建戒律观念的享乐主义爱情观，爱情和性行为的世俗化、自由化推动奢侈之风蔓延到整个社会。奢侈是一个有意义的社会行动

① 韦伯：《新教伦理与资本主义精神》，于晓等译，生活·读书·新知三联书店 1987 年版，第 90 页。
② 韦伯：《新教伦理与资本主义精神》，于晓等译，生活·读书·新知三联书店 1987 年版，第 119—120 页。

系统,正是这种奢侈行为,对农业、贸易和工业都产生了广泛的影响,正是奢侈品消费的增长和满足这种消费欲望的生产促成了资本主义组织形式。"是什么因素比技术更能促进各种资本主义行业的发展?为什么手工业在某种情况下维持原状,而在另一种情况下又为资本主义所代替呢?……我认为,决定性因素在于奢侈品消费的增长。换言之,我所列举的这些行业之所以接受资本主义规则的制约,正因为它们是奢侈品工业。""奢侈,它本身是非法情爱的一个嫡出的孩子,是它生出了资本主义。"①

值得一提的是,桑巴特和韦伯对于资本主义精神动力之起源的大相径庭的诊断,后来被丹尼尔·贝尔概括综合为推动资本主义诞生和上升的两种冲动力,即禁欲苦行主义的"宗教冲动力"和贪婪攫取性的"经济冲动力":"从一开始,禁欲苦行和贪婪攫取这一对冲动力就被锁合在一起。前者代表了资产阶级精打细算的谨慎持家精神;后者是体现在经济和技术领域的那种浮士德式骚动激情,它声称'边疆没有边际',以彻底改造自然为己任。这两种原始冲动的交织混合形成了现代理性概念。而这两者的紧张关系又产生出一种道德约束,它导致早期征服过程中对奢华风气严加镇压的传统。"②

25. 如何理解资本主义与现代性的关系?

理解资本主义和现代性的关系,必然涉及如何理解现代性或现代世界之本质特征。对于这一问题,社会学家中大体上有着两条进路。一条主要从经济—技术方面来认识现代社会的特征,另一条则主要从社会制度—文化方面来认识现代社会的本质。吉登斯将它们分别概括为"工业社会理论"和"资本主义社会理论"。所谓"工业社会理论",并不是指有哪个特定的思想家流派共享这样一套特定的主张,"相反,我指的是一系列大体上能够聚集在一起的概念和解释"。这些基本概念和解释包括:(1)当代世界最重大的变迁在于从主要以农业为基础的"传统社会"向以机械化生产和商品生产为基础的"工业社会"过渡。(2)从传统社会向工业社会过渡代表了历史的进步。(3)对于19世纪和20世纪早期发生在西欧的阶级冲突,是从传统农业秩序向工业社会转变过程中形成的张力的结

① 维尔纳·桑巴特:《奢侈与资本主义》,王燕平、侯小河译,上海人民出版社 2000 年版,第 212—213、215 页。
② 丹尼尔·贝尔:《资本主义文化矛盾》,赵一凡等译,生活·读书·新知三联书店 1989 年版,第 29 页。

果,但是,随着冲突双方彼此能够接受的工业谈判模式的确立,以及"政治公民权"扩展到大多数人口,这些紧张关系很大程度上被化解了。(4)从传统向现代过渡的一个基本环节是自由民主国家的兴起。(5)工业秩序一旦出现,就存在其基本的一致性,即存在着一种"工业主义的逻辑",使工业社会的其他制度越来越趋于一致,不管它们最初存在多大的差异。(6)那些没有实现工业化的"不发达社会"之所以不发达是因为深陷于传统制度之中,如果它们想要获得西方社会的经济繁荣的话,就必须向西方学习,从传统制度中解放出来。① 吉登斯认为,"工业社会理论"在当代的一个典型是达伦多夫在《工业社会中的阶级与阶级冲突》中所作的阐述。达伦多夫明确认为,工业社会是影响当代社会发展的主要现象,而资本主义仅仅是工业社会的一种组织形式,一种仅仅局限于 19 世纪和 20 世纪早期的形式。与工业主义相比,资本主义是人类历史中的匆匆过客,不过是工业社会发展的一个阶段。

与"工业社会理论"相反,"资本主义社会理论"则认为"资本主义"才是现代社会的本质。实际上,在关于什么是资本主义的看法上,"工业社会理论"和"资本主义社会理论"并没有本质的不同,都认为现代资本主义是一种生产资料私人占有、资本高度集中并用以通过自由市场追求、创造、积累利润,而雇佣工人则为以工资为生的自由劳动者的经济制度。这种经济制度决定了资本方对生产过程的控制,也决定了资本主义社会本质上是一个阶级社会,阶级关系本质上是一种冲突或斗争的关系。但与"工业社会理论"不同的是,"资本主义社会理论"不认为这些资本主义现象只是现代社会的匆匆过客,而是现代社会的本质特性。吉登斯认为,"资本主义社会"理论在当代颇具代表性的人物是密里本德。在密里本德看来,达伦多夫所指出的股份制的发展、所有权和支配权的分离、"普遍公民权"的获得,以及教育的发展等等,都既没有改变资本主义本身的根本性质,也没有动摇资本主义在现代社会中的核心支配地位。②

实际上,达伦多夫和密里本德都受惠于马克思。吉登斯认为,达伦多夫对马克思进行了"批判性的检视",而密里本德则更多地继承和表达了马克思的思想。确实,在关于资本主义的本质特征及其发展走势等方面,马克思为密里本德提供了分析当代西方社会的基本理论背景。但是,关于资本主义与现代性的关系,马克思的观点其实不像密里本德那样单纯。一方面,在经验性的意义上,马克思肯

---

① 安东尼·吉登斯:《批判的社会学导论》,郭忠华译,上海世纪出版集团 2007 年版,第 20—22 页。
② 安东尼·吉登斯:《批判的社会学导论》,郭忠华译,上海世纪出版集团 2007 年版,第 29—32 页。

定资本主义是现代社会的基本特征,因此,可以认为,他的资本主义分析和批判,基本上就是他的现代性分析和批判,但是另一方面,在规范性的意义上,他实际上又拒绝将现代性等同于资本主义。毋宁说,在马克思看来,资本主义是现代性的一种狭隘的、病态的表现。在实际上是《资本论》基础的《经济学手稿(1857—1858)》中,马克思明确将"现代时期"或"现代世界"与它"狭隘的资产阶级形式"作了区分。他指出:"古代的观点和现代世界相比,显得崇高得多,根据古代的观点,人,不管是处在怎样狭隘的民族的、宗教的、政治的规定上,毕竟始终表现为生产的目的,在现代世界,生产表现为人的目的,而财富则表现为生产的目的。"但马克思接着说:"事实上,如果抛掉狭隘的资产阶级形式,那么,财富岂不正是在普遍的交换中造成的个人的需要、才能、享用、生产力等等的普遍性吗? 财富岂不正是人对自然力——既是通常所谓的'自然'力,又是人本身的自然力——统治的充分发展吗? 财富岂不正是人的创造天赋的绝对发挥吗? 这种发挥,除了先前的历史发展之外没有任何其他前提,而先前的历史发展使这种全面的发展,即不以旧有的尺度来衡量的人类全部力量的全面发展成为目的本身。在这里,人不是在某一种规定性上再生产自己,而是生产出他的全面性;不是力求停留在某种已经变成的东西上,而是处在变易的绝对运动之中。"[①]就此处马克思指出要"抛掉狭隘的资产阶级形式",关注"财富"、关注"人对自然力的统治"而言,他显然强调的是现代社会或现代性的经济—技术方面的特征。而这一方面的现代性在马克思看来显然包含着巨大的解放潜能,因此,为了人类解放,资本主义必须卷铺盖,但是,现代性却不必、也不可为之殉葬。它需要的是在一种剥除了"狭隘的资产阶级形式"的更开放的新形态下的进一步发展和生长,需要的是充分地释放出自身蕴涵着的解放潜能。也就是说,马克思希望的是"通过一种更加充分并且更加深刻的现代性来医疗现代性的创伤"[②]。就此而言,马克思一方面没有将资本主义与现代性或现代世界完全等同起来,另一方面,他对于资本主义狭隘形式下的现代性的反思和批判与当代那些站在"后现代主义"或"保守主义"立场上的反思批判显然不同,是对现代性的重构,而不是终结。而重构现代性的根本目标,就是要将"狭隘的资产阶级形式"下的现代性转变为,借用沃勒

---

① 马克思:《经济学手稿(1857—1858)》,《马克思恩格斯全集》(第46卷上),人民出版社1979年版,第486页。

② 马歇尔·伯曼:《一切坚固的东西都烟消云散了》,徐大建、张辑译,商务印书馆2003年版,第126页。

斯坦的话说,"解放的现代性"①,就是继承和发展了现代性的成就并以这种成就为基础的"人类解放"。

关于资本主义和现代性的关系,最后自然还应该介绍一下吉登斯自己的观点。如前所说,吉登斯认为:"现代性是以资本主义为中心的。"但中心毕竟不等于全部。要真正完整地认识和把握现代性的特征,吉登斯认为,必须从多维的角度才有可能。具体地说,现代性包含着四个基本的制度性维度:(1)资本主义,即在竞争性的劳动与商品市场条件下的资本积累,可以用商品生产、资本私有、无产者的雇佣劳动以及从这些特征中产生出来的阶级体系来描述它的特征。(2)工业主义,即人类主体通过劳动分工、技术发展与应用等对自然以及人类的主体行动所创造的环境的改变,它包含着非动物性能源的应用和使用机器来生产商品;工业主义的影响并不仅仅限于工作场所,也及于其他方面,如交通、通信和家庭生活。吉登斯认为民族国家为资本主义和工业主义提供了全面运行的平台。(3)监督机制,即对信息的控制和对社会成员的社会性监督制度。监督集中表现于政治领域,但绝不仅仅限于政治;监督可以是直接的,但更多的是间接的。(4)军事力量,即在现代战争本身高度工业化、技术化的条件下,国家对暴力工具的控制。② 现代性的这四个制度性的维度相互联系,彼此依赖,共同造就了现代社会的基本架构,体现了现代性的基本特征。③

26. 现代社会只有一个来源吗？现代化只有一条道路吗？

现代是否只有一个来源、现代化是否只有一条道路的问题,在很大程度上还联系着后发国家是否需要以及是否能够重走发达国家之现代化或发展道路的问题,以及是否只有一种类型的现代社会或现代性的问题,当然,在一定程度上,也与前面"在什么意义上中国社会(及文化)是特殊的"的问题有关。

狭义的(或者说"经典"的)现代化理论以建立在对韦伯的误解之上的所谓"韦伯命题"——即认为只有西方才能产生资本主义,而非西方社会,由于缺乏像"新教伦理"之类内在因素,因而不可能产生资本主义——为基础,进一步推论:非西方不发达社会之所以落后,原因就在于这些地区和国家缺乏西方社会特有

① 沃勒斯坦:《何种现代性的终结?》,成伯清译,载:张一兵等主编:《社会理论论丛》(第2辑),南京大学出版社2004年版。
② 吉登斯:《现代性的后果》,田禾译,译林出版社2000年版,第49—52页。
③ 吉登斯:《现代性的后果》,田禾译,译林出版社2000年版,第52—56页。

的社会发展的"内因",因而,"发展"就意味着把从西方社会的历史事实中概括出来的各种"现代因素"运用于无法自发现代化的非西方不发达社会,即从外部输入现代化。① 结构功能主义者帕森斯可以说奠定了这种理论的基础,也是这种观点最有影响的代表。帕森斯认为,人类社会的发展不是随机的,而是有方向的,这个方向就是向上进步,这个进步的过程可以分为三个阶段,即初等社会、中等社会和高等社会;现代社会只有一个来源,那就是西方社会体系;而将工业革命和民主革命两者紧密结合在一起综合地完成了的美国,是人类社会最进化的社会:"在对现代社会的发展极为关键的一些结构发明上,美国成为其他社会的楷模。"②

这种认为现代社会只有一个来源,非西方不发达国家若想现代化,就只能向西方学习,走西方走过的现代化之路的观点,在二战结束后的一段时间里产生了广泛的影响。这是因为,一方面,在冷战氛围导致的焦虑情绪不断加剧的环境下,这种"现代化"理论对于希望遏止社会主义或共产主义扩张的西方发达资本主义国家的政策制定者具有特别的吸引力:"(现代化)理论家们将西方的、工业化的、资本主义的民主国家,特别是美国,作为历史发展序列中的最高阶段,然后以此为出发点,标示出现代性较弱的社会与这个最高点之间的距离。他们相信美国以往的历史经验展现了通往真正的现代性的道路,故而强调美国能够推动'停滞的'社会步入变迁的进程。""对罗斯托来说,对他的知识分子助手班子以及他们为之献计献策的决策者来说,现代化的概念远不仅仅是一个学术上的模式。它也是一种理解全球变迁的进程的手段,还是一种用以帮助美国确定推进、引导和指导全球变迁的办法。"③就此而言,狭义现代化理论的出笼和受西方政治势力的青睐是冷战的一个组成部分,是代表西方资本主义阵营的一种"意识形态"。另一方面,对于在二战以后纷纷获得独立的大量所谓"第三世界"——即资本主义和社会主义两大阵营之外的国家和地区——"新兴"国家而言,这种"现代化"理论同样具有莫大的吸引力。这是因为,在经过了漫长的殖民统治而今获得了民族独立之后,这些国家现在最迫切的要求和任务就是迅速改变自身社会的贫弱、"落后"状态,拉近与以前的宗主国即西方发达资本主义国家的距离,或者说,

---

① 冯钢:《非西方社会发展理论与马克思》,浙江人民出版社 1992 年版,第 54 页。
② T. 帕森斯:《社会的演化》,章英华译,远流出版事业股份有限公司 1991 年版,第 263 页;另参见宋林飞:《西方社会学理论》,南京大学出版社 1997 年版,第 107—108 页。
③ 雷迅马:《作为意识形态的现代化:社会科学与美国对第三世界政策》,牛可译,中央编译出版社 2003 年版,第 6—7、2 页。

迫切希望能够共享西方国家所展示的现代化。在民族独立之后，现代化已成为它们首屈一指的价值目标。而上述这种来自西方发达国家（特别是美国）的现代化理论，正是以一种科学学理论证的方式向它们正式作出了进入现代性的承诺，因此，可以想见这种理论对他们的诱惑力（当然西方发达国家自身之"发达"的"示范"作用以及西方国家政府对于经济"援助"的许诺在一定程度上也诱使了"第三世界"国家对于"现代化"理论的接受）。

　　但不幸的是，相比于西方发达国家当初现代化启动时所具有的世界政治、经济条件，现在包括所谓"第三世界"国家在内的所有非西方不发达国家所面临的条件已经大大地不同了，用弗兰克的话说，作为西方发达国家当初现代化启动之前阶段的"未发展"（undevelopment）状态和作为在一种不平等的世界经济格局中处于劣势的、受控制的地位的"第三世界"国家的"不发达"（underdevelopment）状态是完全不同的。因此，西方发达资本主义国家所走过的现代化道路及其经验在今天那些已置身于完全不同的世界政治经济格局中、面临着全然不同的政治经济文化条件的"第三世界"国家里并没有可复制性。一些接受了上述这种现代化理论并将其付诸实践的"第三世界"国家所遭遇的结果不仅令人大失所望，有些国家的社会经济还陷入了近乎悲惨的境地。这种恶果不能不引起人们对于当初带来无限希望的现代化理论的反思、质疑，以及对于非西方不发达国家现代化道路的重新探索。而属于广义现代化理论的依附理论和世界体系理论就是这种反思、质疑和探索的产物。尽管依附理论和世界体系论关于不发达国家之所以不发达的原因的观点不尽相同，前者持"外因论"（即认为不发达的原因是外部力量的剥削、压制和掠夺），后者倾向于"结构决定论"（即世界体系整体结构的发展规律决定体系中特定国家的具体发展状况），但两者一致的是，在发达国家不同的世界历史条件下走上现代化的那些不发达国家和地区，不可能亦步亦趋重复发达国家曾经走过的现代化之路，每个国家、每个社会都必须、也必然有自己的现代化之路。

　　每个国家、每个社会都必须、也必然有自己的现代化之路，不仅因为不同的国家、社会在其开始现代化时以及在现代化的征途中所处的世界历史条件互不相同，而且也因为每一个国家、每一个社会都有自身特殊的文化传统和其他内部因素，这些特殊的因素同样必然会影响制约其现代化的一些具体目标选择、现代化的具体路径、现代化的实际成果及其体验。由此必然带来现代社会的多种类型或者说现代性的多元化、复数化。当然，正如我们在阐述"在什么意义上中国社会（及文化）是特殊的"时指出的，现代社会的多种类型或者多元的现代性并不表示,不同的现代社会没有可以共享的普遍适用的技术、价值乃至制度,而只是说,在共享这些东西的同时,各个同处在现代世界中的国家或社会可以,也必然会保留各自的性格特征。

27. 政府在现代化进程中该发挥什么作用?

新古典经济学通常意识到政府的存在对经济增长至关重要,但是他们理解的政府却是很小的政府,虽然不需要完全但要在很大程度上限制政府以保护个人权利、生命和财产,让自主签订的私人合约得以施行①。新古典意义上的最小政府,最好视之为外在的黑箱,而其内部是如何运作的则不应该是经济学去分析的。而对新实用主义(neoutilitarian)学者来说,政府所带来的消极经济后果使得他们有理由相信政府的行为非常重要,而不能当作黑箱置之不理。他们更进一步尝试着通过个人最优化的标准工具来分析政府自身②。

新实用主义关于政府最有影响力的解释理论是公共选择理论。公共选择理论对于政府没有任何贬义的假设,比如政府机构的愚蠢、传统、不够专业等。相反,他们只是假定政府的现任官员,和其他社会成员一样,都是理性地谋取最大利益的人。现任官员需要政治支持者才可以生存,因此他们必须有足够的激励机制去获得这些支持。政府的实质就是现任官员与支持者的交换。现任官员可能会直接将资源分配给支持者,这些资源包括补贴、廉价贷款、工作机会、合同、水等。或者以替代方式,他们可以利用决策的权力来限制市场的运作以获取租金,例如进口配额、给有限的生产厂商许可证、禁止新产品的引进等等。现任官员也可能从中攫取部分租金。实际上,有学者甚至提出为进入政府服务的竞争部分也是为了寻租的竞争③。

寻租过程的共生关系会自我强化。通过生产活动获得经济权力的寻租支持者,有可能越来越依赖寻租方式,因此会更加致力于寻租避风港的扩大。反过来,由于寻租经济的收益对那些寻租者严重倾斜,那么,对该领域的资源分配指

---

① Buchanan, J., Tollison, D., and Tullock, G. eds. *Toward a theory of the rent-seeking society*. College Station, TX: Texas A & M University Press, 1980.

② Srinivasan, T. "Neoclassical political economy, the state and economic development." *Asian Development Review*, 1985(3), 38—58.

③ Krueger, A. "The political economy of the rent-seeking society." *American Economic Review*, 1974(64), 291—303.

令以及卷入的政治力量,相比其他领域会有所增长。

这个理论所蕴含的发展含义不言而喻。依循这个理念,埃文斯指出:随着政府规模、功能范围、控制资源的扩大,纳入寻租避风港的经济活动比例也会相应增加,经济效率和活力则会下降。反过来说,政府经济力量和特权的削弱,会有利于增长、效率和福利提高。因此,政府活动领域应尽可能地限制;只要有可能,官僚控制应该由市场机制取代。

不可否认,新实用主义观点的确抓住了政府的很多重要方面。寻租,或者更原始地说腐败,在很多国家中已经臭名昭著。实际上,根据新实用主义理论的假设,政府政策反映了社会既得利益集团的利益,部分上是对马克思原有观点的重述。马克思认为,政府政策可能存在偏见。

怀特、魏德指出,一些后发国家的成功现象可以这样理解:政府战略性地驯服了国内和国际市场的力量,将之引导服务于国家的经济利益。① 斯密认为物物交换的天性催生了英国市场的兴起,而波兰尼认为这个假设不充分。他指出,自由市场被打开,而且能保持开放,是通过大量的、不断持续的、有组织有控制的干预实现的。根据波兰尼,从一开始,市场不只是和其他社会联系相互交织,而且也和政府的形式和政策密不可分。

韦伯也持同样的看法。他指出资本主义大企业的运行依赖于秩序,而这种秩序只有现代科层政府可以提供。正如他所说的,资本主义和科层制紧密相连。格申克朗关于后发国家的研究对韦伯的观点提供了补充。格申克朗关注政府机构在克服经济活动规模和社会网络范围之间脱节所造成的问题方面的贡献,即发展所需要的经济活动规模和现有的社会网络有效范围之间的脱节。后工业化国家所需的生产技术,需要大量资本,然而仅靠私有市场是无法积累的,因此,不得不通过政府的力量来动员资源。② 从这个意义上,政府并不是单单如韦伯说的那样提供合适的环境,政府需要积极地组织市场的一些关键环节。赫希曼指出政府以企业家的冒险精神促进后发国家的发展也很重要,即政府要甘愿冒险,将剩余资本和资源投资到有效率的经济活动中。③

---

① White, G. & Wade, R. "Developmental states and markets in East Asia: an introduction." In G. White eds. *Developmental states in East Asia*. London: Macmillan, 1988.

② Gerschenkron, A. *Economic backwardness in historical perspective*. Cambridge, MA: Belknap, 1962.

③ Hirschman, A. *The strategy of economic development*. New Haven, CT: Yale University Press, 1958.

值得指出的是，对于后发外源型的现代化国家（或地区）来说，一般认为，政府在其中起的作用要更为引人注目："如果说在'早发'国家的现代化过程中，其主要推动力量来自于'市民社会'，在现代化水平达到一定阶段以后，国家（政府）才开始发挥越来越重要的作用的话，那么，'后发'国家现代化进程的起始时期，国家（政府）就发挥了重要和广泛的作用。"这种作用主要表现在：第一，政府是国家政治、经济独立的捍卫者、维护者；第二，推动并且控制社会现代化过程；第三，政府往往成为"后发"国家现代化的组织者和计划制定者；第四，直接参与经济活动。[①]

28. 面对现代性的危机，是选择终结现代性还是拓展现代性？

近代以还的社会思想中，将现代性当作可欲的价值目标来追求，由此而形成的思想或理论可称之为最宽泛意义上的现代化理论或发展理论；将现代性作为经验性的问题，由此而产生的理论或研究则形成对现代性的诊断以及由诊断而来的对现代社会、文化的反思乃至批判、质疑。哈贝马斯指出，现代性作为自觉的"规划"或"方案"在18世纪首次进入启蒙思想家的聚焦点。包含在启蒙思想中的现代性方案代表的是以对人类自身理性力量的信仰为核心、以对历史之全面的、必然的"进步"的坚定信念为基础的一种价值理想，寄托着对于自由、平等、富裕、幸福的未来社会的希望和憧憬，在此意义上，它是近代以来出现的第一个系统的"现代化理论"。但是，这个寄托着启蒙人士对于未来社会之希望与憧憬的现代性方案在借助文化的（理性）、经济的（市场资本主义）、政治的（革命）等手段来展开实现自身的过程中，却经历了一系列自我否定的辩证过程，[②]因此，当作为政治、经济、文化、社会诸领域中之经验现实的现代性浮出地平面时，已不复是原先蓝图中的现代性了。对于马克思、韦伯、涂尔干、齐美尔这些经典社会理论家们而言，现代性首先已不再代表一种要追求的价值，而是需要客观、冷静地加以考察分析的现实经验性问题。而经典社会理论家们对于作为经验现实的现代性问题的冷静考察所引发的，与其说是对于现代社会文化现实，进而对于启蒙哲学的现代性方案的肯定和继承，不如说更多地注意到的是它内在地具有的两面性和矛盾性，从一开始，现代性的分析家所表达的就是对它，进而对启蒙哲学

---

① 郑杭生主编：《社会学概论新修（第三版）》，中国人民大学出版社 2003 年版，第 348—349 页。

② 王小章：《现代性的辩证法：从现代性方案到现代性问题》，《中国社会科学文摘》2004 年第 5 期。

的现代性方案的警惕、忧虑和反思。如果没有两次世界大战,这种对现代性的冷静反思或许会更好地继续,尽管这种反思至多只能在一定程度上影响现代化(发展)的速度、方向或手段,而不可能完全改变现代化(发展)的实际进程。热战中断了,至少是干扰了静思(当然不否定在两次世界大战期间也有不少思想家在继续思索现代社会和现代人的命运),二战以后的冷战以及在冷战中隐隐显示出来的两种现代化道路或模式之争①,也压倒了对于现代性问题的反思。但是,自从20世纪七八十年代以来,社会理论家们围绕作为政治、经济、文化、社会生活诸领域中的经验现象的现代性问题的讨论在很大程度上再度压倒了将“现代性”作为价值目标的现代化探讨(当然,这绝不是说现代化的探讨彻底偃旗息鼓了)。这种变化得益于20世纪六七十年代以来西方社会,同时又波及全球的一系列深刻的变化和危机。尽管以前已经有过这样那样的反思、质疑,但毋庸置疑,启蒙思想所肇始的文化始终是以西方社会为表率的现代文明的核心。关于人类本质的一致性,个人是社会和历史的创造力量,西方之优越性,科学即真理的观念的假定以及对社会进步的信仰,对欧洲和美国来说一直是至关重要的。但是,自20世纪六七十年代以来,这种文明呈现出了越来越严重的危机症状。在政治、经济、文化各个领域中,到处都出现挑战和动乱的迹象。新社会运动风起云涌,犬儒主义先后被越南战争和水门事件搅得如火如荼,重要的社会机构正在丧失威信,西方的政治思想和党派日渐变得软弱无力;与此同时,东欧社会的民主运动开始萌芽,并在官僚社会主义体系解体时蓬勃发展。1789—1989年,从法国大革命到世界上最早成立也是最大的官僚社会主义国家的崩溃解体,表征了两个世纪的历史中政治现代性的危机。此外,各种宗教原教旨主义的复兴,“表现主义革命”②的大放异彩,围绕知识的范式及其标准所发生的论战,表明知识或文化的普遍主义理念比以往任何时候都遭到更强烈的质疑。而环境的恶化、不可再生资源的枯竭、臭氧层的退化,以及核战的阴云等则表明通过技术进步和经济增长而实现的所谓“进步”至多只是一件好坏参半之事,“理性”带给我们的噩梦与美梦一样多。正是源自在现代化理论中被自觉不自觉地作为参照目标的西方社会的一系列危机及其带给人们的痛切感受,促使当代社会理论家们不得不掉过头来再度全面地重新审视和反思现代性以及当初孕育它的方案,从而接续

---

① 罗荣渠:《20世纪回顾和21世纪前瞻:世界现代化进程视角透视》,载:《大国方略》,红旗出版社1996年版。

② To see:Martin,B. *A sociology of contemporary cultural change*,Oxford:Blackwell,1981.

上并推进经典社会理论家们的思路和言路。

任何反思和质疑都有其所由出发的基本立场,或者说基于思考、判断的参照,否则,反思就无法展开,更不会有结论。而落实到当代西方社会理论对现代性的反思,如果容许做稍稍笼统一点的分梳,则在看似混乱、毫无头绪的话语交锋中,我们也可以看到,理论家们所取的基本立场大体不外乎三种。

第一种是基于后现代立场的反思。概括地说,从后现代立场出发对现代性进行的反思和批判主要集中在文化和社会政治两个层面上。在文化层面上,后现代论者围绕理性这一现代性方案所凭借的主要武器或者说支柱的可靠性展开了对现代性的质疑,指出,理性并不像现代性的最初设计者和后来的捍卫者们所想象的那样正确和牢靠,可以为现代性工程提供一种坚实的基础。建立在理性主义基础上的现代性工程只不过是一幢坐落在沙滩上的建筑,随时都有坍塌崩陷的可能。① 现代科学可以说是"理性"的集中体现,对科学可靠性(客观性)的信念就是对理性可靠性的信念,也即对现代性工程之可靠性的信念,但是,后现代论者却运用维特根斯坦、库恩、拉卡托斯、伽达默尔、德里达、罗蒂等等多种思想资源而发起了对它的责疑、挑战和颠覆,认为科学对于周围世界的论述,事实上都只是在特定的社会脉络中于特定的社会规则下运作的结果,根本不是什么客观的、普遍的真理。② 而如果被认为是"理性"的最基本的体现和写照的科学也没有可靠的基础,那么,理性,进而整个现代性工程,还有什么真正可恃的基础呢? 后现代论者在社会政治层面上对现代性展开的反思质疑同样与"理性"有关,但在此他们主要聚焦于理性所具有的统治和控制性质。 如果说,后现代论者在文化层面上对科学理性之"可靠性"的质疑将审视的目光同时也指向了像韦伯这些相信科学的认知功能的经典社会理论家的话,那么,在此,他们则在精神气质上较多地承续了从经典社会理论一直到法兰克福学派的意绪。后现代论者指出:现代性的倡导和捍卫者们曾经自诩为人类的解放者,认为只要借助于理性的力量,人类就能够摆脱来自传统的神权、父权、王权等一切专制权威的束缚,建立一个以自由、平等、博爱为原则的理想社会。然而,实际情况却与此大相径庭。在借助于理性力量而建立起来的现代社会中,对人类的统治和控制不仅没有消

---

① 谢立中、阮新邦主编:《现代性、后现代性社会理论:诠释与评论》,北京大学出版社 2004 年版,第4—7 页。

② 王小章:《社会的客观知识是否有效及如何可能》,《社会学研究》2002 年第 3 期。

失,而且还变本加厉,比以往任何时候都更严密、更加难以逃脱。①

第二种是基于坚持和拓展现代性立场的反思。如果说从后现代立场出发的理论家们处于主动出击的态势,则包括哈贝马斯、吉登斯、贝克等在内的理论家们就处于一种坚守或坚持的态势。坚持包含两个层面:其一是认知判断或者说经验诊断上的坚持,其二是价值取向或者说规范立场上的坚持。当然,任何坚持都是在反思前提下的坚持。在认知判断的层面上,这些理论家认为,当代社会文化虽然出现了一系列重大的变化,但这些变化并没有终结或走出现代性,也即新出现的社会文化现象并不是什么在根本性质上与现代性截然不同的后现代性,而是一种新的现代性。如吉登斯认为,现代性包含四个基本的制度性维度,即资本主义、工业主义、监督机制和军事力量,在这四个相互关联的制度性维度后面,是现代性扩张的三个动力来源,“时—空伸延、脱域机制和自反特性”②。正是在这三个动力来源构成的动力机制推动牵引下,现代性得以在其四个核心制度性维度上不断扩张。吉登斯自然也看到当代世界所出现的一系列新的变化,如新科技的飞速发展及其对社会生活越来越深广的渗透、全球化的进程,以及这两者的结合所造成的风险的激增等。但是,这并不意味着现代性已经走到了尽头。在他看来,科技的崛起及其普遍应用本是现代性的一个特征;全球化是现代性的结果,或者说,是现代性本身的全球化;而风险本身即是与现代性的动力机制特别是脱域机制和自反特性如影随形。除了吉登斯,像贝克、拉什等虽然关注的侧重点有所不同,但在对当代社会基本性质的认定上则都持类似的观点。③ 至于哈贝马斯,当他说现代性是一个“未完成的工程”时,其对当代社会性质之判断也就不言而喻了。

不过,哈贝马斯说现代性是一个“未完成的工程”事实上还隐含着现代性是一个“有待实现的方案”的意思,这就延伸到了第二个层面上的坚持,即价值取向或者说规范立场上的坚持。上述理论家们认为,现代性尽管暴露了各种各样的必须反思的弊病,导致了许许多多必须正视的恶果,但是启蒙理性或现代性方案的基本价值还值得坚持,现代性还没有穷尽它的所有可能性,或者说,现代性的问题可以在现代性内部得到解决。如吉登斯一方面指出,不断扩张的现代性就

---

① 谢立中、阮新邦主编:《现代性、后现代性社会理论:诠释与评论》,北京大学出版社 2004 年版,第7—9 页。

② 吉登斯:《现代性的后果》,田禾译,译林出版社 2000 年版,第 56 页(“reflexivity”原译“反思性”,此处改为“自反性”,以区别于“reflection”)。

③ 贝克、吉登斯、拉什:《自反性现代化》,赵文书译,商务印书馆 2001 年版。

像一头猛兽，在现代性的各个制度性维度上都引发严重的风险后果，包括经济增长机制的崩溃、生态破坏、极权政治的兴起以及核冲突和大规模战争等。① 但另一方面，吉登斯——还有贝克——并不认同后现代主义者的主张，认为应该通过终结现代性来消除现代性的风险后果。他们认为，从根本上讲，我们不可能完全摆脱风险，我们注定只能在风险和应对风险的努力中生存。而为了应对风险，就要建设一种将"解放的政治"和"生活的政治"结合起来的"生产性的政治"，也是在最广泛的意义上鼓励各种力量积极参与（没有什么置身局外的"他人"存在）的政治。这种努力显然在"现代性工程"之内，或者说，是对"现代性工程"的扬弃与拓展。② 同样，哈贝马斯一方面跟韦伯一样看到现代性条件下工具理性（科技理性）的恶性膨胀，看到"系统"逻辑对"生活世界"殖民化的现实，但另一方面，他既不认同韦伯的悲观主义，也拒绝后现代主义者以非理性来终结理性。现代性是一个"未完成的工程"，现实的出路就在于要完成这项工程，而完成这项工程的关键恰恰在于要坚持并拓展理性。理性不能仅仅在"主体—客体"这种"笛卡儿范式"下以"单向理解"（monological understanding）的模式来理解，不能仅仅在"目的性（策略性）行动"中来理解，更应在人类社会存在之基础和起点的交往行动中，以"主体—主体"的"双向理解"（dialogical understanding）模式来理解。理性不仅仅只有工具理性，还有交往理性，而且，对于社会存在来说，后者才是更根本的。现代性的出路就在于要确立交往理性对生活世界的支配，并重建系统和生活世界之间的平衡和积极互动。哈贝马斯认为，这不仅是应该的，而且是可能的。③ 而只要交往理性获得了生机，"理性"的解放性力量也就能重新得以显示。"在通过理性来促成一个良好社会这种启蒙信仰似乎已成为一种逐渐消失的希望和被弃绝的谬见的社会背景下，哈贝马斯依然保持一个启蒙思想坚强捍卫者的形象。"④

第三种是保守主义立场的反思。作为一种平衡颉颃，反思甚或反弹，保守主义无论作为一种不自觉的情感意识，还是作为自觉的思潮，始终与现代性方案及其展开如影随形。不过，在现代性于现实中由"前现代性"（传统）、"现代性"，进

---

① 郭馨天：《吉登斯：激进的现代性》，载：谢立中、阮新邦主编：《现代性、后现代性社会理论：诠释与评论》，北京大学出版社 2004 年版，第 591 页。

② 多德：《社会理论与现代性》，淘传进译，社会科学文献出版社 2002 年版，第 251—255 页。

③ 阮新邦：《哈贝马斯的〈沟通行动论〉》，载：阮新邦、林端：《解读〈沟通行动论〉》，上海人民出版社 2003 年版。

④ Seidman, S. "Introduction", In：S. Seidman（ed.），*Jurgen haberms on society and politics：a reader*. Bosdon：Beacon Press, p. 2.

而所谓"后现代性"这步步开展的进程中,保守主义则呈现为步步退缩的历史。今天,保守主义的影响力主要在文化领域。鉴于丹尼尔·贝尔明确声称自己在经济上是"社会主义者",在政治上是"自由主义者",在文化上是"保守主义者",因此,可以将他看作从保守主义立场出发对现代性进行反思的代表。贝尔的反思起步于对现代资本主义精神起源的讨论。如前所述,他认为,现代资本主义有着双重的精神起源:一是韦伯所揭示的"宗教冲动力"——禁欲苦行主义;二是桑巴特所揭示的"经济冲动力"——贪婪攫取性。"从一开始,禁欲苦行和贪婪攫取这一对冲动力就被锁合在一起。……这两种原始冲动的交织混合形成了现代理性观念。而这两者之间的紧张关系又产生了一种道德约束……。"①但问题是,在资本主义的发展过程中,"宗教冲动力"很快被科技和经济的迅猛发展耗尽了能量。而西方资本主义制度一旦失去了宗教的束缚,它在经济和文化两方面的发展就必然会畸形冒进,相互冲突。从文化的角度看,问题的严峻性在于:"当工作与财富得到宗教的核准时,它们就拥有超验的正当意义。一旦此种伦理观念消失,它们的合法性也就随之而去。"②今天,"资产阶级社会的历史性肯定——在宗教和特性的领域——已经消逝。……物质福利只提供了短暂的满足或者高于享有福利少的人们的一种令人反感的优越。然而最深的人类冲动力之一是把他们的体制和信仰奉若神明,以便找到他们生命的有意义目的并否认死亡的无意义。后工业社会不能提供先验的道德学……。反对遵从道德法规的态度使人陷入根本的'我向主义',结果疏远了与社会的联系以及与他人的分享。这个社会的文化矛盾就是缺乏一个扎下根子的道德信仰体系,这是对这个社会生存的最深刻的挑战。"③这可以说是贝尔对现代性问题的最基本的诊断。如何应对这一"最深刻的挑战"? 贝尔认为,以一味渎神为能事的、作为"包蕴一切的否定词"④的现代主义文化根本不能担当这一使命。而所谓"后现代主义"只不过是将现代主义的逻辑推到了极端而已。假如现代主义文化(包括后现代主义)不能担当为人类生存提供终极意义的使命,不能应对这个社会面临的"最深刻的挑

---

① 丹尼尔·贝尔:《资本主义文化矛盾》,赵一凡等译,生活·读书·新知三联书店 1989 年版,第 29 页。

② 丹尼尔·贝尔:《资本主义文化矛盾》,赵一凡等译,生活·读书·新知三联书店 1989 年版,第 34 页。

③ 贝尔:《后工业社会的来临》,高銛、王宏周、魏章玲译,生活·读书·新知新华出版社 1997 年版,第 528 页

④ 丹尼尔·贝尔:《资本主义文化矛盾》,赵一凡等译,生活·读书·新知三联书店 1989 年版,第 93 页。

战"。那么,何处去寻求医治现代性问题的良药? 至此,贝尔亮出他文化保守主义的底牌:"假如世俗的意义系统已被证明是虚幻,那么人依靠什么来把握现实呢? 我在此提出一个冒险的答案——即西方社会将重新向着某种宗教观念回归。"①

我们究竟该怎样看待和对待现代性? 在粗略概览了当代社会理论对于现代性的三种不同立场的反思后,我们至少可以从反面得出一个结论:对现代性,我们不能单纯地从一个角度、一个层面来看待,相应地,我们也不能笼统地轻言终结现代性或坚持现代性。在表达对现代性的看法和态度前,首先必须明确:你说的是何种现代性? 而对此,沃勒斯坦的分析和考察或许会对我们有所启发。在《何种现代性的终结?》一文中,沃勒斯坦说,历史地看,现代性具有两种含义:一种是"技术的现代性",它假定永无休止的技术进步,"现代"象征最先进的技术,在形式上,这种现代性是非常物质的。另一种是"解放的现代性",它表征的不是人性对自然的胜利,而是人性对自身的胜利,或者对于那些特权者的胜利;其途径,亦非一种理智发现的途径,而是社会冲突的途径;这种解放的现代性是实质民主的现代性、人性实现的现代性,也是温和的现代性。两种现代性——技术现代性和解放现代性,其追求和实质非常不同,甚至互相反对,但是在历史上却又是深深地纠缠在一起,由此导致了极度的混淆、摇摆不定和诸多的失望与幻灭:从最初(即从现代世界体系发源的 15 世纪中叶至 18 世纪末——显然,沃勒斯坦将现代性的发端定得比哈贝马斯早得多)由于无论是捍卫技术现代性者还是捍卫解放现代性者都面对着同样的强大政治敌人,因此两种现代性被串联在一起;到后来(19 世纪和 20 世纪的大部分,或者说,1789 年至 1968 年)由于作为资本主义世界体系之意识形态象征的、完全投身于技术现代性的自由主义意识形态(笼络了民族主义)的霸权统治,从而掩盖了两种现代性的冲突,同时也压制了解放现代性;一直到今天(以学生造反为主要形式的 1968 年革命至今)两种现代性之间的紧张冲突才终于彻底彰显,同时,一直在事实上被压抑的解放现代性才重新浮出水面。那么,如今需要"终结"的究竟是何种现代性? 要坚持的又是什么? 沃勒斯坦的结论是:"让虚假的现代性(即自由主义意识形态所伪称的两种现代性同一而事实上压抑了解放现代性的现代性,也即人类解放在现代世界体系中

---

① 丹尼尔·贝尔:《资本主义文化矛盾》,赵一凡等译,生活·读书·新知三联书店 1989 年版,第75 页。

的虚假表达——引者)终结吧,而让一种真正的解放现代性扬帆起航!"①

沃勒斯坦的观点实际上接近于马克思的观点。前面我们曾指出,马克思曾明确将"现代时期"或"现代世界"与它"狭隘的资产阶级形式"作了区分,认为"抛掉狭隘的资产阶级形式"的现代性包含着巨大的解放潜能,因此,为了人类解放,资本主义必须卷铺盖,但是,现代性却不必,也不可为之殉葬。它需要的是在一种剥除了"狭隘的资产阶级形式"的更开放的新形态下的进一步发展和生长,需要的是充分地释放出自身蕴涵着的解放潜能。马克思对现代性的反思和批判与当代那些站在"后现代主义"或"保守主义"立场上的反思批判不同,是对现代性的重构,而不是终结。

29. 什么是后现代性,什么是后现代主义?

按照莱昂、吉登斯等人的观点,后现代主义的侧重点在文化方面,而后现代的侧重点则在社会方面。② "后现代主义"被看作是一种文化和知识现象,以及象征性物品的生产、消费和分配。知性上的一个例子就是放弃科学哲学中的"基础主义"诉求。而科学如果是主观推测的,其权威就被剥夺了。此外,后现代主义对启蒙运动所有的重要承诺都表示怀疑。在日常生活中,后现代主义可以在"雅"(high)、"俗"(low)文化之间界线的模糊中看到;可以在知识、趣味和舆论等级制的崩溃中看到,也可以在崇尚地方性而非普遍性的旨趣中看到。在多元的话语中,后现代主义还意味着对"罗格斯中心主义"的摒弃。至于"后现代性",则被认为与公认的社会变迁有关,意指社会发展的轨迹正在引导我们日益脱离现代性制度,并向一种新的不同的社会秩序转变。在这种转变中,两个因素特别重要:一是新的信息和通讯信技术的重要性日益突出,推动了社会关系的进一步扩展,如全球化;二是消费主义,它正在超越传统的以生产为中心的模式。如果从"后现代主义"(postmodernism)和"后现代性"(postmodernity)这两个概念的这种意义上的区别而言,那么,我们可以说,在上述基于后现代立场的对现代性的反思中,文化层面上展开的现代性反思是"后现代主义"者的反思,而在社会政治

---

① 沃勒斯坦:《何种现代性的终结?》,成伯清译,载:张一兵等主编:《社会理论论丛》(第二辑),南京大学出版社 2004 年版,第 66 页。

② 大卫·莱昂:《后现代性》,郭为桂译,吉林人民出版社 2004 年版,第 13—14 页;吉登斯:《现代性的后果》,田禾译,译林出版社 2000 年版,第 40—41 页。

层面上的反思则是"后现代性"论者的反思。

不过,从莱昂、吉登斯等对于"后现代性"和"后现代主义"所作的这种区分中,我们事实上还可以隐约看出,被认为主要"侧重于社会方面"的"后现代性"主要是一个旨在揭示事实或现象的"分析性"范畴;对于对现代性的重新审视和反思来说,作为分析性范畴的后现代性概念的意义主要在于,它为从现代性之外、但又不是从"传统"的角度来提出、形成"问题"以启人之思、理解现代性,提供了可能,也即为从后现代性经验来定义揭示现代性提供了可能。正如英国社会学家齐格蒙·鲍曼所说的那样:在今天,现代性概念的内涵已经与"后现代性"话语出现之前完全不同,再去讨论它的对与错,再对"后现代性"争论中它被处理的方式提出异议是没有什么意义的。它置身于这场争论之中,从而获得意义;而且,只有当它与对立的另一方——后现代性概念共存时,并以后者作为它的否定时,它才是有意义的。①

换言之,作为分析性范畴的后现代性的提出使得"现代性"概念原先由于缺少"后现代性"概念与之对立而被遮蔽的事物性质得以彰显。而曾倡导"后现代性"社会学(不是"后现代"社会学,更不是"后现代主义"社会学)的鲍曼自己可以说正是从"后现代性"概念出发审视、反思现代性的代表。鲍曼明确声明自己要与那些"后现代主义者"区别开来:"当我求助于用后现代性来指涉当今社会现实一切新奇的东西的时候,我试图与被广泛使用的'后现代主义'的概念保持距离。"②对于鲍曼来说,引入作为"现代性"的对立体的"后现代性"概念的主要意义在于,可以由此出发反观现代性,可以对现代性进行回溯式的反思,从而揭示现代性的核心特征。③ 而在后现代性视阈下重新揭示现代性的核心特征的目的,并不是要肯定现代性,也不是要否定现代性,更不是要以后现代性来取代现代性。在鲍曼看来,如果现代性是个问题,那么,后现代性同样也是个问题,并且其严重性并不比现代性小。鲍曼之所以将后现代性与现代性作为"把握我们这个时代社会变化趋势所必须阐明的那些对立体中最根本的对立体"④而提出,其最主要的目的就是要始终保持一种反思性状态,就是要使人意识到"人可以用不

---

① Bauman, Z., *intimation of postmodernity*, London and New York: Routledge, 1992, p.103.

② Bauman, Z. and Keith Tester. *Conversation with Zygmunt Bauman*, Cambridge: Polity Press, 2001, p.96

③ 郑莉:《鲍曼论现代性与后现代性:一个概述》,载:谢立中、阮新邦主编《现代性、后现代性社会理论:诠释与评论》,北京大学出版社 2004 年版。

④ Bauman, Z., *intimation of postmodernity*, London and New York: Routledge, 1992, p.103.

同的方式来思考同一个问题",从而对现实保持永无止境的批判和质疑。而"一个自治的社会,一个真正民主的社会,是一个质疑前定(pre-given)的任何东西并同样地对新的意义创造加以解放的社会"①。而"后现代主义",则与"现代性"不同,它明显具有价值取向或宣称的涵义。当然,正如现代主义可以看作是现代性特性在文化和心理体验上的表征一样,作为价值取向范畴的"后现代主义"也可以看作是后现代特性在文化心理上的表征,但显而易见,当这种取向为社会理论家所接受认同,并以此为出发点或参照来审视、反思现代性时,则这种反思的结果就可能不仅仅限于揭示现代性之原先被遮蔽的性质,或者停留于从一个不同的角度来思考同一个现实,而更要把"后现代性"视作一种价值上的应然而把走出现代性的方向寄寓其中。后现代主义者批判科学理性虽然承诺解放,但却偏偏建立起自己的话语霸权,而只要有霸权存在,就不是解放,解放意味着各种话语的狂欢,意味着多样性、差异性的迸发。而在已然出现的后现代情境中,他们看到了解放的希望与机会。戴维·哈维指出,后现代主义"完全承认短暂、分裂、不连续性和混乱构成了波德莱尔的现代性概念的一半。然而后现代主义对这一事实的回应却采用了一种非常特殊的方式。它并不试图超越它、抵制它甚或去界定包含在其中的'永恒与不变的'各种要素。后现代主义在分裂和混乱的变化潮流中游泳,甚至颠簸,似乎那就是存在的一切"②。后现代主义承诺狂喜、激情,承诺解放:

> 福柯建议我们"选择积极多样的东西,差异胜于同一,流动胜于一致,机动胜于系统"。他暗示,前进之路要经由新型社会运动开拓,这种运动由六十年代的女权主义者、同性恋者等等发动。"异托邦"(heterotopia)……是我们的境遇。利奥塔提出,我们都卷入了不同的语言记

---

① 鲍曼:《流动的现代性》,欧阳景根译,上海三联书店 2002 年版,第 331 页。

② 戴维·哈维:《后现代状况——对文化变迁之缘起的探究》,阎嘉译,商务印书馆 2003 年版,第 63 页。引文中提到波德莱尔的"现代性概念"。波德莱尔说过:"现代性是短暂的、易逝的、偶然的,它是艺术的一半,艺术的另一半是永恒不变的。"(转引自马泰·卡林内斯库:《现代性的五副面孔》,顾爱彬等译,商务印书馆 2002 年版,第 55 页。)波德莱尔对现代性的理解与时下所谓的后现代性概念甚为接近(经典社会学家齐美尔也是如此),不过波德莱尔所着眼的是文化的现代性,而当他说"艺术的另一半是永恒不变",即要用永恒来抗拒短暂与偶然时,就表明他是一个现代主义者。笔者以为:当下所谓的"后现代性"事实上只是早已浮现的(至少不迟于尼采之宣布"上帝死了")文化体验上的现代性向社会领域的漫溢进流;而如果说现代主义是对现实的现代性的挑战和抗拒(即贝尔所谓现代主义对抗现代性),那么,后现代主义代表的是与现实的现代性的妥协与合流。等待"戈多"、期待"意义"重临的是现代主义者,而不再苦苦等待转而寻求并沉湎于当下的体验中的是后现代主义者。从现代主义者到后现代主义者,见弃于上帝的人类已由"怨妇"变为"荡妇"了。

录器,我们全都在玩自己的地方性游戏……我们所知道的只有地方(局部)正当性。如果某种机构仍然把它们对现实的界定强加给我们,那么,我们有种种办法对付它们。在利奥塔看来,一个适当的策略就是,向所有的人开放"数据库"!……瓦蒂莫……认为,对现实的重新界定,"透明性"是关键。殖民主义的终结,释放了多种种族的声音;大众媒介的出现,强化了文化相对性;它们已经创造了一种不可逆转的多元主义境况。旧的现实,那个事物由科学技术衡量和操纵的世界,已经消失了。但是,这并不令人遗憾。反而,一种新的解放理想出现了,"它建立在游移不定的、多元的基础上,而且,从终极意义上来说,建立在'现实原则'本身遭到侵蚀的基础上"。巴别塔弥足珍贵;失去判断力也是一种德行。尼采的超人最终变为现实。对固定、稳当和永恒的怀旧情结早已烟消云散。后现代游移不定的体验是一个"机会,为人成为(或许是最终成为)人提供新的途径"①。

30. 如何理解现代资本主义的文化矛盾?

"资本主义文化矛盾"是丹尼尔·贝尔分析诊断当代资本主义社会病症的重要概念。需要说明的是,这一概念所主要揭示的,其实并不单纯是文化领域内部的矛盾,更主要的是社会结构(技术—经济)领域、政治领域和文化领域之间的价值冲突。在阐释"社会是围绕某一中心原理作为整体运行的,还是组成社会的不同部门或系统分别围绕各自的轴心法则运转的"这一问题时,我们曾提到,贝尔认为,社会不是围绕着一个中心组织起来的统一系统,而是分为三个相对独立的领域,即技术—经济系统、政治系统和文化系统,它们各自有自己的轴心结构,并服从不同的轴心法则。它们之间并不总是相互协调一致,变化的节奏也互不相同。而正因为每一个领域都有自己的变革节奏、变革途径,每一个领域也就拥有自身的历史。在某些特定的时期,呈现在各个领域中的形态结构、价值追求可能会趋于同步协调。贝尔认为12世纪的欧洲以及作为资产阶级社会鼎盛期的19世纪最后三分之一便属于这样的时期。但是,在大部分时间中,各个领域之间往往是分离断裂的,它们的标准规范往往彼此对立冲突,而在当代社会,这种分裂

---

① 大卫·莱昂:《后现代性》,郭为桂译,吉林人民出版社2004年版,第138—140页。

冲突则变本加厉。首先是各个领域之间的紧张冲突：[①]

（1）技术—经济体系（社会结构）强调的是讲等级、重权威的科层体制，而政治则强调平等的参与和被统治者的同意；

（2）技术—经济体系崇尚效率和节约的美德，而文化则纵容放逸挥霍；

（3）技术—经济体系重角色分割和专业分工，而文化强调作为整体的自我的满足和实现。

这些领域之间的冲突进一步又导致了各个领域内部的冲突：[②]

（1）技术—经济体系一方面竭力鼓励勤奋工作的伦理，据此，工人应该努力从事生产，但同时又存在着一种享乐主义的伦理，据此，工人又应致力于消费；

（2）文化一方面为传统资产阶级艺术的崩溃和先锋派的胜利而弹冠相庆，但同时又承认现代主义自身的内在冲动在大众化之下已经耗竭，先锋派已经寿终正寝；一方面驱动世俗化，同时又对世界的除魅忧心忡忡；

（3）政治一方面谋求为社会中不断扩大的非生产性成员提供物质权利的保障，但同时又试图保护公民拥有他们自己的所有生产性劳动成果的权益；一方面在 20 世纪的经济危机和政治运动的推动促进下迫使政府集中权力，扩充官僚机构，管以前不管之事，另一方面又因不断向纵深推进的平等呼声而逐步将传统政治代议制延展为宽大的直接参与制。

这些矛盾是怎样形成的？贝尔认为，用社会学的虚拟演绎方法，为三大领域分别勾勒出轴心结构和轴心原则，归纳并分析其结构和运行的差异，这只是认识这些矛盾之成因的一个焦点，单凭这种静态的抽象分析方法还无法揭示出矛盾演进的具体复杂过程。因此，还需要另一个认识的焦点，即历史的焦点，从历史的和经验的角度来考察上述矛盾的根源。[③]

正是在从历史的角度考察上述矛盾之根源时，贝尔涉及了前面所说的资本主义精神的双重起源：一是韦伯所揭示的"宗教冲动力"——禁欲苦行主义；二是桑巴特所揭示的"经济冲动力"。但在资本主义的发展过程中，"宗教冲动力"很快被科技和经济的迅猛发展耗尽了能量。问题的严峻性在于："当工作与财富得到宗教的核准时，它们就拥有超验的正当意义。一旦此种伦理观念消失，它们的

---

① 贝尔：《资本主义文化矛盾》，赵一凡等译，生活·读书·新知三联书店 1989 年版，第 60 页。

② Bell, D. *The winding passage*. New York：Transaction，1991，xi-xii.

③ 贝尔：《资本主义文化矛盾》，赵一凡等译，生活·读书·新知三联书店 1989 年版，第 25 页。

合法性也就随之而去。"①社会的世俗化使得"社会行为的核准权从宗教那里移交到现代主义文化手中",但是,以渎神为能事、"把冲动追求当成行为规范"的现代主义文化——所谓"后现代主义"在贝尔看来只不过是将现代主义的逻辑推到了极端——根本不能为人们的工作和生活提供终极的意义。不仅如此,代表着文化冲动力的现代主义艺术家们还在一再讲把人字大写的同时,展开了对资产阶级价值观的愤怒攻击,他们厌恶功利、理性和物质主义的枯燥乏味,抨击资产阶级既缺乏精神生活又少放纵,挞伐现代企业的楼房里充满了"残忍的、无法调换的正规"生产气氛。文化准则和社会结构准则由此彻底脱离并冲突。由此进一步,社会结构自身也陷于严重的矛盾之中。一方面,商业公司作为生产的领域希望并鼓励人们努力工作,树立职业忠诚,接受延期报偿的观念,希望人们称其为"组织人"。另一方面,公司的产品和广告却助长享乐、狂喜、放松和纵欲的风气。"人们白天'正派规矩',晚上却'放浪形骸',这就是自我完善和自我实现的实质。"②

个人主义也即自我中心的享乐主义价值观也给政治体系提出了难题。"政治从来都是利益和象征性表达(即意识形态,或者是对个人或组织的感情)的化合物。人们可以放弃利益而仍然坚持信仰;也可以放弃信仰而仍然和社会发生利益上的利害关系。但是,对社会及其组织机构的信任一旦遭到毁灭,一旦各种利益不能获得它们认为有权获得的承认,那么,炸药包已经备好,只等点燃起爆了。"③在当代社会(后工业社会)中,一个民主政治体系需要越来越多的社会公用事业来满足公民们的需求,但是个人主义的享乐主义却使资产阶级反对政府借助道德或税收对他们的欲望加以束缚。社会中的个人主义精神气质,其好的一面是维护个人自由的观念,其坏的一面则是逃避社会所规定的个人应负的责任和个人为社会应做出的牺牲。当代西方社会所面临的困境,就在于要将这些相互矛盾的东西联合成一体。

如何面对当代资本主义社会面临的这种矛盾?贝尔祭出的招数就是他所说的文化上的"保守主义",经济上的"社会主义",政治上的"自由主义"。文化上之

---

①　丹尼尔·贝尔:《资本主义文化矛盾》,赵一凡等译,生活·读书·新知三联书店 1989 年版,第34 页。

②　丹尼尔·贝尔:《资本主义文化矛盾》,赵一凡等译,生活·读书·新知三联书店 1989 年版,第119 页。

③　丹尼尔·贝尔:《资本主义文化矛盾》,赵一凡等译,生活·读书·新知三联书店 1989 年版,第307 页。

保守主义的底牌即前面所说那个"冒险的答案——即西方社会将重新向着某种宗教观念回归"。经济上的"社会主义",主要论及的是经济政策的优先权问题。贝尔认为,在这个领域中,群体价值优先于个体价值,社会资源应该优先用来建立"社会最低限度"的保障,以使每个人都能过上自尊的生活,成为社会共同体的一分子。这意味着应该有一套劳动者优先的雇佣制度,有对付市场危机的安全保障,以及足够的医疗条件和防范疾病的措施。贝尔对"需要"(need)和"欲求"(want)做了区分,前者是所有人作为统一"物种"的成员所应有的东西,后者代表着不同的个体因其趣味和癖性而产生的多种喜好。社会的首要义务是满足需要。贝尔自称在经济上是社会主义者,还在于他反对把财富转换成与之无关的领域内的过分特权。政治上的"自由主义"是指,政治领域中的主要行动者是个人而非集体,政治应当区别对待公众和私人。公众领域依照人人平等的法则运转,而私人领域——不管在道德上还是经济上——则属于人们愿干则干的自决领域,只要他们活动的"溢出效应"不直接妨碍公众领域。贝尔推崇个人成功原则,不赞成对社会地位实行世袭或规定的指派,社会的价值标准应该奖励个人成就。贝尔相信,他在经济、政治、文化三方面的价值取向具有内在的连贯性:"首先,它通过最低经济收入原则使人人获得自尊和公民身份。其次,它基于任人唯贤原则承认个人成就带来的社会地位。最后,它强调历史和现实的连续性,并以此作为维护文明秩序的必要条件,去创建未来。"①

31. 如何理解"风险社会"以及社会的"个体化"?

贝克、吉登斯等指出,现代化的持续发展已经导致当今社会进入了"风险社会",在现代性的这个阶段,工业化社会道路上所产生的威胁开始占据主导地位,社会、政治、经济和个人的风险越来越多地脱离工业社会中的监督制度和保护制度。"风险社会"有两个基本特征。其一是它的"自反性"(reflexivity),即风险社会中的那些风险,那些可能的不美好的甚或灾难性的事物,是现代化进程中那些企图给人类带来福祉的、理性设计的现代社会工程自身的产物:"风险社会格局的产生是由于工业社会的自信……主导着工业社会中人民和制度的思想和行动。……它出现在对其自身的影响和威胁视而不见、充耳不闻的自主性现代化

---

① 丹尼尔·贝尔:《资本主义文化矛盾》,赵一凡等译,生活·读书·新知三联书店1989年版,第24—25页。

过程的延续性中。后者暗中累积并产生威胁,对现代社会的根基产生异议并最终破坏现代社会的根基。"①一方面,"工业社会、民众的社会秩序,特别是福利国家和保险国家必须能够使人类的生存状况可由工具理性控制并使之可制造、可获取、(单个地、合法地)可解释。另一方面,风险社会中难以预见的一面以及控制的需求的滞后效应反过来又引出了原以为业已克服的不确定的领域、矛盾的领域——总而言之是异化的领域"②。"不确定性以自律的现代化之胜利的不可控制的(副)作用的形式回归了。"③"风险社会"的另一个基本特征是它的"全球性"。"风险社会"之风险,是现代化所带来的不可控制的意外后果或副作用。因此,现代性的全球扩张必然带来风险的全球弥散。如前所述,吉登斯曾经指出,现代性的扩张有三个动力机制或者说三个动力来源。即"时—空伸延、脱域机制和自反特性"。"时—空伸延"指的是由时间的标准化而导致的时间和空间的分离以及它们在形式上的重新组合,由此进而导致"场所完全被远离它们的社会影响所穿透并据其建构而成",造成不在场的东西日益决定在场的东西。"脱域机制"指的是"社会关系从彼此互动的地域性关联中,从通过对不确定的时间的无限穿越而被重构的关联中'脱离出来'。"④全面的自反性不可预测地改变着我们行动的环境,从而将我们置于一种普遍的不确定感中。正是在这三个动力来源构成的动力机制推动牵引下,现代性得以向全球扩张,同时也导致风险向全球弥散渗透。因此,"风险社会"必然是全球风险社会。在这种意义上,在当今"风险社会"中,没有哪个地方、哪个民族、哪个群体、哪个个体能确定地脱离于风险之外。

　　随着"不确定性以自律的现代化之胜利的不可控制的(副)作用的形式"而回归,未来日益有别于过去,由此,我们的思维决策"只能建立在'似乎'的基础上"。鲍曼分析指出:现代性已从"固体"向"流动"阶段过渡,社会形态(那些限制个体选择的结构,护卫社会规范的机构以及为社会接受的行为模式)不再能够长久保持不变,从而也不能成为人类行为和长期生活策略的参考框架,因为这些形态的预期寿命太短,短到人们来不及发展出一个有条理的、一贯的策略,遑论实现个

　　① 贝克:《再造政治:自反性现代化理论初探》,载:贝克、吉登斯、拉什:《自反省现代化——现代社会秩序中的政治、传统和美学》,赵文书译,商务印书馆2001年版,第9—10页。
　　② 贝克:《再造政治:自反性现代化理论初探》,贝克、吉登斯、拉什:《自反省现代化——现代社会秩序中的政治、传统和美学》,赵文书译,商务印书馆2001年版,第15页。
　　③ 贝克:《何谓工业社会的自我消解和自我威胁》,载:贝克、吉登斯、拉什:《自反省现代化——现代社会秩序中的政治、传统和美学》,赵文书译,商务印书馆2001年版,第232页。
　　④ 吉登斯:《现代性的后果》,田禾译,译林出版社2000年版,第56、16、18页。

体的"生命计划"。于是："长期性的思考、计划及行动日渐崩溃……个体生命历程断裂为一系列的短期计划和一段段小插曲。……生活中即将走出的每一步都必须是对不同的机遇、不同的成败概率做出的反应,这就要求个体掌握一套不同的技能,或者对其生命资产进行不同的安置。"①借用德国有关"生命历程"社会学研究的说法,今天,生命历程已由"标准生命史"转变为"选项生命史":在传统社会以及"第一现代社会",大多数的社会生活是早已"被给定的",在各个特定的时空点上,我们会进入学校、谋职就业、结婚成家、生儿育女、晋职加薪、退休养老等等。这种由社会所先行设定的、对个人社会行动加以强烈规范与限制的生命历程,即"标准生命史"。而与这种"标准生命史"相反,在"风险社会"中,个人的生命阶段与事件的发展不再是一个"给定"的、具有强烈规范性的集体标准历程,而是各人根据自我的性向、利益、资源、遭遇,在各种不同选择项目中选择自己的生活形式,此种生命历程,即为"选项生命史"。② 通常,选择权被认为意味着自主权,选择权的获得意味着"自由"的增长。但问题是,真正的自由选择是依赖于对于选择之结果的可预见性的,而选择之结果的可预见性取决于秩序的存在,取决于选择所依据和参照的规则、条件的明确性、稳定性:那些既定的"模式、规范和准则",是"享有自由的社会个体""能够选择并作为稳定的确定方向的依据,是人们能够接下来得到指引的准绳"。但今天,"正是这些模式、规范和准绳,现在正变得日益缺乏起来"③。如今,选择所依赖的参考模式和框架,不再是已知的、既定的,更不是不证自明的。于是,在今天这个时代,虽然我们可以、而且也必须,经常建构或者说选择"潜在的未来",但由于"我们的思维大多只能建立在'似乎'的基础上",因此,每一次选择,在某种程度上都成为对自身命运的一次赌博,结局如何,无从预知。在此意义上,弗洛姆所谓"逃避自由"在今天的实质乃是逃避"无凭的选择的焦虑"。

　　与风险社会的来临并行交织、一定意义上又可以构成一个相对独立的命题的,是贝克、鲍曼、吉登斯等所说社会的"个体化"。实际上,现代化的过程本身就伴随着一个个体从各种社会联系中"脱嵌"的过程。在传统世界,个体是"嵌入"于各种有序的关系中的:与他人的关系,与社会群体的关系,与自然世界和宇宙

---

① 鲍曼:《流动的时代——生活于充满不确定性的年代》,谷蕾、武媛媛译,江苏人民出版社 2012 年版,第 1—3 页。
② 刘维公:《布迪厄与生活风格社会学研究:兼论现代社会中的社会学危机》,香港理工大学应用社会科学学系:《社会理论学报》,1999 年秋季号。
③ 鲍曼:《流动的现代性》,欧阳景根译,上海三联书店 2002 年版,第 10 页。

整体的关系。在这样一种视域下，所谓自我，首先处在整体的关系结构中，个人"嵌入"在一个比自己更大的整体秩序中，并根据在其中占据的位置，来获得自我的认同、行为规范、价值感，以及生活的支持。现代社会的一系列重大变迁——强调个人与上帝的直接关系的新教教义，封建式人身依附的终结、对平等的无止境追求、资本主义生产方式的确立扩张等等——将个体从这一系列有机关系中连根拔离出来，成为一个个分离自在的漂浮孤立个体。而由此导致的一个结果是，脱离了共同体的个体变得孤立无援、软弱无力。为了一定程度上应对这种状况，现代国家建立起了对于直接针对个体的各种统一的保护体系。而贝克、鲍曼、吉登斯等所指出的"社会个体化"命题正与这种保护体系有关。

自 20 世纪七八十年代始，俗称"从摇篮到坟墓"的福利国家体制受到了来自左右两个方面的批评与诟病。来自左翼的批评把这种福利体制看作是资本主义国家招安工人、诱使工人放弃反抗既有秩序的一种手段。而来自右翼的批评则集中抨击这种福利体制的无效率：福利国家体制既伤害了市场效率，同时本身在提供福利服务、满足公民需求方面也低效不敏。以"撒切尔主义"、"里根经济学"的面目出现的新自由主义所推动的市场化、私有化正是右翼对福利国家体制作出的反应：国家从公共事业、福利服务领域撤退，公共事业、福利分配纷纷私有化、市场化。在鲍曼（也包括吉登斯）看来，社会个体化就是国家的这种撤退的直接结果。鲍曼指出：国家在过去建构并提供的用以抵御个体失败和厄运的防卫体系不断收缩，渐渐瓦解，同时，集体性的自我防御体系，如贸易联盟及其他用于集体谈判的工具也逐渐在市场竞争（这种竞争腐蚀了弱者的团体凝聚力）的压力下变得无力。由此，一方面，个体不得不自食其力来寻求、找到并实践社会性问题的个体化解决方法，还要尽力通过孤单个体的行为来验证这些措施是否有效，但每个个体所拥有的工具和资源远远不足完成此项工作；另一方面，由于每个个体都独立无依，"在这样一个世界里，海面上没有剩下几块礁石，那些挣扎求生的个体们不知该把他们获救的希望寄托于何处，也不知当他们失败时向何处寻求依靠。人与人之间的联系因为松散而令我们感到自在，但也正因为如此，它也十分不可靠。团结一体对于人们来说是件难以完成的任务，同样，它的好处以及它的道德意义也难以为人们所理解"①。

与鲍曼将个体化看做是国家从过去为个体提供防护保障这种职能上撤退的

———————

① 鲍曼：《流动的时代——生活于充满不确定性的年代》，谷蕾、武媛媛译，江苏人民出版社 2012 年版，第 2－3、18－19、30－31 页。

直接结果有所不同,贝克认为,"个体化"作为一种结构概念,发生在福利国家的总模式中,是作为福利国家的后果而出现的。现代社会存在着一种"个体化推动力",现代社会制度,特别是福利国家制度的设计大都以"个人"为执行单位,医疗保险、养老保险、失业救济等权益以及相应的工作要求、法律责任、社会道德、教育培训等各个方面,不论是制度设计还是意识形态层次,皆朝着"个人"为基本单位的方向发展。于是,"在西方福利国家,自反性现代化消解了工业社会的传统参数:阶级文化意识、性别和家庭角色。它消解了这些工业社会中的社会和政治的组织和制度所依赖和参照的集体意识的形式。……在一个相对较高的物质生活标准和发达的社会保障体系的基础上,人们已经被解除了阶级义务,而不得不求助于他们自己对个人劳动市场生涯的规划"①。也就是说,通过各种直接针对个体的权益,同时又相应地激励和要求个体必须为自己做出努力、必须不断地规划自己、设计自己,福利国家体制强制性地将个体的生涯从阶级、阶层以及家庭、邻里、性别等等之中抽离了出来,强制性地要求个体将自己建构成个体。由此,个体化意味着个体不仅从诸如家庭、血缘、地缘关系等传统共同体中脱离出来,而且也从阶级阶层结构、性别结构、就业体系等等的关系中摆脱出来,这是一种"制度化的个人主义",它"迫使人们为了自身物质生存的目的而将自己作为生活规划和指导的核心。人们逐渐开始在不同主张间——包括有关人们要认同于哪一个群体或亚文化的问题——作出选择。事实上,我们也要选择并改变自己的社会认同,并接受由此而来的风险"②。

一方面是四处弥散、无孔不入的风险,一方面是孤立无援的个体。"环境总是如此变化多端,没有定势。但解决由此而产生的各种困境之责却落到了个体头上——个体被期望成为'自由选择者',而且应该为自己的选择负全责。个体抉择所面对的风险是由一些超出个体理解及行为能力的力量所致,但是个体却要为任何的风险失误买单。"③这就是个体化的风险社会呈现的图像。会不会有新的转机、新的力量产生?贝克认为,随着"阶级社会"向个体化的风险社会转变,"不平等"的社会价值体系相应地被"不安全"的社会价值体系所取代。阶级社会的驱动力可以概括为这样一句话:我饿!风险社会的驱动力则可以表达为

---

① 贝克:《风险社会》,何博闻译,译林出版社 2004 年版,第 106 页(引文中"自反性"(reflexive)原译"反思性")。

② 贝克:《风险社会》,何博闻译,译林出版社 2004 年版,第 107 页。

③ 鲍曼:《流动的时代——生活于充满不确定性的年代》,谷蕾、武媛媛译,江苏人民出版社 2012 年版,第 4 页。

我害怕！"焦虑的共同性代替了需求的共同性。在这个意义上,风险社会的形式标示着一个社会时代,在其中产生了由焦虑得来的团结并且这种团结形成了一种政治力量。"但是,贝克紧接着指出:"焦虑的约束力量如何起作用甚至它是否在起作用,仍是完全不明确的。在什么程度上,焦虑社群可以对抗压力?它们使什么样的行动动机和推动力产生作用?焦虑的社会力量真的会打破个体的功利评判吗?产生焦虑的危险社群是如何构成的?它们以什么样的行动模式来组织?焦虑将会使人们投入非理性主义、过激行为和狂热吗? ……焦虑——不像物质需要——或许是一种政治运动不牢固的基础?焦虑社群甚至可能因为相反信息的细微气流而被吹垮吗?"[1]跟个体化风险社会的其他事物一样,所有这些,也都在巨大的不确定之中。

32. 全球化的机制和矛盾包括哪些?

全球化包括了政策在全球的扩散、全球文化互动的同质化与异质化矛盾。

如今,各种公共政策的创新,从女权保护、关税削减,到私有化,在 20 世纪后半期传遍全球。这些新的政策很多都是以政治和经济自由化运动为名,但是政策的扩散并不是什么新鲜的事情。自 1648 年签订了威斯特伐利亚条约,民主国家的领土扩张由此开启。既法国和美国革命之后,参与式民主也日益盛行。重商主义、正统的宏观经济政策、凯恩斯主义,作为经济政策,在全球都曾经有过一段辉煌。而 20 世纪晚期的新自由化浪潮,其突出之处,在于它扩散快速,在全球范围触及很广,并建立政治和经济改革的联盟。

这一波政治经济改革的自由特征源自各种历史因素:经济扩张的美国世纪,盟军在二战中的胜利,德国、日本的干预经济模式衰退,社会主义运动的挫折,美国作为自由政府的典型,在 20 世纪 90 年代取得意料之外的增长,等等。

社会学提出了政策在全球扩散的几种机制。梅耶的世界政体(world polity)理论揭示,全球政治文化越来越形成一种广泛的共识。这些共识涵括:合适的社会行动者,即以个人、组织和民族国家代替宗族、城邦和封地;合适的社会目标,即以经济增长、社会正义取代领土征服和永恒拯救;合适的实现目标的手段,

---

① 贝克:《风险社会》,何博闻译,译林出版社 2004 年版,第 56—57 页。

即以关税削减、利率操纵替代掠夺和诅咒。① 合法性目标和恰当的方式在不同时期会有差异。对于这类建构主义理论来说，理解公共政策如何被社会所接受，是理解他们为何扩散的关键。

另外一个解释政策扩散的理论完全从反自由的视角出发，即强制机制。强制的实施可以是政府、国际组织、非政府组织通过武力、经济成本收益的操纵，甚至是信息或专业知识的垄断来实现。因此，美国政府、欧盟、国际货币基金组织和世界银行可以影响对他们在贸易、投资、资助、贷款、安全等方面有依赖的国家的政策。强制通常会引起一些国家的激励机制的改变，例如，世界银行会对接受资助的国家提出缩减财政开支的条件，美国对贸易的一方施行减税，但是得以服从美国的利益为条件。

第三个解释全球化机制的理论为竞争理论。该理论认为国家改变政策，以至于政策与全球趋势趋同，并不是因为受外部强力干预所致，而是因为直接的竞争对手。例如，有些政策的扩散是因为国家之间为了资本和出口市场的竞争而引起的。当其他竞争国家已经采取了市场友好型的政策吸引全球投资、让出口更具有竞争力，政府除了采取类似措施，别无他法。

第四种理论指出学习机制乃公共政策全球化的机制。在公共政策领域，行动者可以是既在简单战略性层次上学习，即如何更好地实现某个特定目标，同时也可以在更深层次上学习，即应该追求什么样的目标。学习并不是因为政策制定者要简单适应他国政策的调整，而只有当政策制定者相信要学习的政策与可能的结构具有因果关系时，学习机制才会发生。

在政策尤其是发达国家的政策向全球扩散的同时，也会遇到一种相反的力量的抵制，埃文斯称之为反霸权的全球化（counter-hegemonic globalization）。这种反霸权的全球化指的是全球组织的运动，旨在推翻当下霸权体制，而代之以最广泛的民主政治控制，并希望同等优先考虑人类能力的发展和环境保护。这种理论建立在波兰尼的双向运动理论基础之上。波兰尼认为任由市场自我调整的社会政治体制是不可持续的。反霸权的全球化理论认为，新自由主义的全球化，虽然在实践上有很多违背自由市场原则的行为，但仍然符合波兰尼理论。因此，就当前的全球化趋势而言，尽管看起来似乎很强大，但它是不可持续的。它一方面不能够保护社会和自然，另一方面也不能让资本免受其自身市场带来的混乱。

---

① Meyer, J. Boli, J., Thomas, G., Ramirez, F. "World society and the nation-state." *American Journal of Sociology*. 1997(103), 144—81.

全球化的研究中,还有一些理论关注文化的互动。阿帕都来认为当今全球文化互动的核心问题是文化同质化(cultural homogenization)与文化异质化(cultural heterogenization)的矛盾。大量实证例子偏向同质化的论点,这些大部分来自于媒体研究。而同质化论点很多时候被等同于美国化或商业化论点,这两个论点又经常紧密相连。而这些观点忽略了眼下正发生的事实:随着各地大都市的力量在新的社会快速崛起,文化出现不同方式的本土化倾向,包括音乐、房屋样式、科学、恐怖主义、景观以及宪法。学界对本土化已经开始有了系统研究。同样值得注意的是,相比美国化,印尼的伊里安查亚(Irian Jaya)岛民的印尼化,韩国人的日本化,斯里兰卡的印度化,柬埔寨的越南化,亚美尼亚人、波罗的海人的俄罗斯化,同样令人值得注意。这只是一部分因担心美国化而转向其他的例子,但是对于小国来说,通常担心被大国的文化同化,尤其是邻国。一方想象的共同体正是另一方的政治监狱。①

同质化通过强加的全球商品化从而威胁民族国家自身的霸权战略。对同质化这些力量的担心,只要通过考察民族—国家与他们的少数群体关系就可以看出。因此,必须认识到新的全球文化经济是一种复杂、交叉和离析的秩序,而不能再以原有的中心—边缘模型去理解,同样也不能以推拉模型(移民理论)、顺差逆差(传统贸易平衡理论)以及消费者/生产者模型(新马克思主义发展理论)解释。即使源自马克思主义传统的最复杂多变的全球发展理论也不足以解释斯科特和乌瑞所称的无组织的资本主义(disorganized capitalism)②。当下全球经济的复杂性实际上与经济、文化和政治的根本离析有关。阿帕都来从考察全球文化流的 5 个维度关系的角度提出了探索这种离析的基本框架。这 5 个维度是,族群—图景、媒体—图景、技术—图景、金融—图景以及意识形态—图景。这些图景后缀指的是国际资本流动不规则的景象,正如国际服装一样。这 5 个概念连同图景后缀表示它们具有很深的观念构造,受不同行动者的历史、语言和政治浸泡的影响,这些行动者包括国家、跨国公司、侨民群体,以及国内各民族群体,各种宗教、政治或经济的运动,甚至更亲密的群体比如村庄、邻里和家族等。实际上,个体只是这些图景的最后一个中心(locus),而这些图景最终是由那些在

① Appadurai, A. "Disjuncture and difference in the global cultural economy," in *Media and cultural studies*, eds. by Durham and Kellner, MA: Malden, Blackwell Publishing, 2001, pp. 584—603.

② Scott, L., and Urry, J. *The end of organized capitalism*. Madison: University of Wisconsin Press, 1987.

经历和组成上更大的群体引导①。这些图景因此构成了想象的世界的支柱，也就是，分散到全球的人们和群体载着历史的想象构成了这个多样的世界。对于我们今天所处的这个世界，一个重要的事实是很多人有着这样的想象世界。

33."社区的销蚀"是必然的趋势吗？

众所周知，作为社会学的专门术语，"社区"这个概念最早源于德国社会学家滕尼斯出版于 1887 年的"Gemeinschaft und Gesellschaft"一书。该书后来由美国学者查尔斯•罗密斯翻译成英文，书名为"Community and Society"。而中文的"社区"一词就是在 20 世纪 30 年代由英文"community"转译而来。而事实上，把德文"Gemeinschaft"译成英文"community"，把英文"community"译成中文"社区"都不是十分确切的。但是，在这个词的两次不十分确切的转译中，却可以使我们获得怎样去把握和理解社区的本质特性的启发。

滕尼斯的社会学研究所关注的焦点是社会联系或社会结合的纽带的性质及其变迁的问题。他提出"Gemeinschaft"这个概念，并将其与"Gesellschaft"相对应，目的是要说明在当时欧洲社会从传统向现代的转型中人们的社会联结方式的变化。"Gemeinschaft"在德文中的原意是共同生活，滕尼斯用它来表示由"本质的意志"所导致的、建立在自然情感的一致的基础上的、联系紧密的、排他性的社会联系或共同生活方式，这种社会联系或共同生活方式产生关系亲密、守望相助、富有人情味的生活共同体。滕尼斯本人非常欣赏这种社会共同生活形态，但他同时看到，这种形态在社会迈向工业化、城市化的进程中正在为那种由"选择的意志"所导致的、建立在外在的利益合理的基础上的、以契约、交换与计算为形式的社会联系或共同生活形态即"Gesellschaft"所取代。当"Gemeinschaft"被翻译成"community"并通行于美国社会学界以后，意义和滕尼斯的原意就有了一定的差别。如上所述，在滕尼斯对"Gemeinschaft"这一概念的使用中，主要强调的是它作为人们社会联结一种形态的含义，而并不突出"地域性"内涵。但是，由于"community"作为专门的社会学术语通行于美国社会学界之时正是芝加哥学派对于城市区位的人文生态学研究的影响如日中天的时候，受该学派的影响，对于"community"这个概念的理解也就和具有一定边界的地域性紧密地联系在了

① Appadurai, A. "Disjuncture and difference in the global cultural economy," in *Media and cultural studies*, eds. by Durham and Kellner, MA: Malden, Blackwell Publishing, 2001, pp. 584－603.

一起。如芝加哥学派的著名代表帕克在《人文生态学》一文中就把"community"看作是：（1）以区域组织起来的人群；（2）他们程度不同地深深扎根于居住的地盘；（3）生活在多种多样的依赖关系之中，这种相互依存关系与其说是社会的，不如说是共生的。值得指出的是，芝加哥学派的城市人文生态学研究不仅决定性地影响了美国社会学界对于"community"的理解，也决定性地影响了中国社会学界对于"community"的理解与翻译。据费孝通先生回忆，在1933年帕克访华之前，我国学界把"community"和"society"都翻译成"社会"，正是由于帕克的影响，特别是由于他的"community is not society"这句话的逼迫，才把"community"翻译成新创的"社区"一词，从而突出了具体的地域性特征。① 而原先吴文藻先生认为应该译作"自然社会和人为社会"的滕尼斯的名作也就成了"社区与社会"。

从"Gemeinschaft"到"community"再到"社区"的转换演变表明了人们对于所谓"社区"之涵义的理解的变化过程，而追溯回顾这个变化过程则启示我们至少应该从两个方面来理解社区的本质属性：一是它的地域性，即具有一定边界——通常以居民能经常地进行直接互动从而能相互熟识为限——的时空坐落（中共中央办公厅、国务院办公厅转发的《民政部关于在全国推进城市社区建设的意见》更明确地规定我国目前城市社区的范围"一般是指经过社区体制改革后做了规模调整的居民委员会辖区"）；二是它的共同体属性，即人们在共同生活中存在和形成的功能上的、组织上的、社会的和心理情感上的联系。即社区是一个地域性的人类生活共同体。地域性，也即共同体成员在地理空间上的接近是其相互联系的纽带，是共同体存在和维系的基本因素。

在传统社会，人们安土重迁，极少流动，特别是，由于经济的市场化程度低，以及交通、通信等的不发达，人们很难与外界联系，很难从外部得到所需的服务和商品，于是，各种生活中的必需都依赖于社区内部。所谓"远亲不如近邻"，实际上跟"远水解不了近渴"是一个意思。在这种情况下，作为地域性共同体的社区在人们生活中的重要性是不言而喻的，人们依赖于生活于其中的社区，相应地，也认同于社区，在心理上归属于社区。

但是，现代化已经根本性地改变了这种状况。由于通信技术、大众传播、交通手段、标准化的公共教育的发展，由于市场的不断拓展和无孔不入的渗透，现代社会已经迈向社会一体化，在今天更表现为全球化。在这种一体化、全球化的背景之下，无论是在现实利益关联方面，还是在情感认同方面，现代城市居民与

---

① 费孝通：《学术自述与反思》，生活·读书·新知三联书店1996年版，第212页。

外部世界的联系都是越来越丰富、越来越紧密,通常都要大大超过其与社区内部的联系。相应地,地域性的社区在利益和情感两个方面对于居民而言虽然不能说已完全没有任何意义,但显然都已失去了传统的相对封闭的社区在居民生活及心理上的重要性。而问题就在于,一个在居民心目中失去了重要性的社区还是个真正的作为共同体的社区吗? 换言之,在社会走向一体化、全球化的进程中,作为地域性生活共同体的社区的命运如何? 对此,从社会学的经典时代起,一直到今天,许多理论的和经验的研究都不同程度地提示我们:作为地域性的社区将无可挽回地走向式微。早一些的,如滕尼斯,他指出,随着社会联结由"Gemeinschaft"向"Gesellschaft"的转变,交往的"本地网络"必将为"异地网络"替代,地方性的小共同体必将走向跨地区的,甚至世界性的大共同体。涂尔干也指出,随着历史的不断伸展,那些"建立在地方集团基础上的组织",将一步步走向穷途末路。"地理上的划分纯粹是人为的,根本无法唤起我们内心中的深厚感情,那种所谓的地方精神已经烟消云散,无影无踪。……我们的行动已经远远超出了(地方)群体范围,我们对(地方)群体范围所发生的事也反应冷淡,一切都因为群体的范围太狭窄了。"[①]稍近一些的,如帕克通过对城市社区深入细致的实证研究指出,除了某些种族聚居区,"在城市环境中,邻里关系正在失去其在更简单更原始的社会形态中所具有的重要性"。"在那里,成千上万的人虽然居住生活近在咫尺,却连见面点头之交都没有,初级群体中的那种亲密关系弱化了,依赖于这种关系的道德秩序慢慢地解体了。"居民与地方的联系变得越来越松弛,他们虽住在同一地方,却互不相干,甚至互不相识。[②] 再如城市社会学"亚文化学派"的代表菲雪尔。尽管菲雪尔关于城市社会生活的观点在许多方面与芝加哥学派不同,但是在认为邻里社区的重要性在现代城市生活中日益趋于没落这一点上却异曲同工。菲雪尔认为,居处相近的邻里社区对于人们生活的意义取决于三方面的条件:一是"功能必要性",即居住于同一地方的人们需要共同行动来满足某些地方性的需求;二是居住于同一地方的人们除了居处相近之外互相之间还存在着其他的关系,如亲戚关系、同事关系、同族关系等等;三是与外界联系的困难。但是,在现代都市中,随着满足社区内部的各种功能需求的责任越来

---

　　① 埃米尔·涂尔干:《社会分工论》,渠东译,生活·读书·新知三联书店 2000 年版,"第二版前言",第 40 页。

　　② Park, R. E. "The City: suggestion for investigation of human behavior in the urban environment." in R. Sennet(ed.) *Classic essays on the culture of cities*. New York: Appleton-Century-Crofts, 1969, pp. 91—130.

越多地由更高层次的市政当局来统一承担,随着住房市场的扩大,人们选择居住地方的自由越来越大,随着人们与超越于狭隘社区的外界的联系越来越方便,上述这些条件都越来越趋于弱化甚至不复存在了。于是,地方性的邻里社区在居民生活中也就越来越无足轻重。① 而最近的、在全球化的背景下以更极端的语言表达与上述同样的观点的则可能就是英国社会学家马丁·阿尔布劳了。他指出,资本主义所带来的必然结果,早已使作为社会经济生活的一种原则的地域性成为昨日黄花,家与工作的分离在现代早期就已发生,如今,社会生活已经完全非领土化(deterritorialization)了。从社会性的意义上讲,地域性已不再具有任何明确无误的重要意义。在全球时代,共同体(community)是没有地方性的中心的,它已和地点脱钩。如果想表明在全球化条件下居住在同一区域中的人们之间的关系的特点,最好是把他们叫做"互不相关的邻里"。②

可以说,从社会学开始关注现代城市社区起,一直到今天,贯穿其间的一个主调,就是认为社区作为地域性人类生活共同体在人们的生活中已越来越失去它的重要性,因而将不可避免无可挽回地走向衰落和终结。当然,有主调,就有副歌。如果说,认为在现代城市社会中地域性社区由于其在居民生活中之重要性的消失而无可挽回地走向没落是社会学之城市社会生活研究的主调的话,那么,与这一主调相伴随,特别是自 20 世纪 50 年代以来,也一直有一些研究者——如霍加特、古斯菲尔德、萨特尔斯、帕乔恩等——力图证明有意义的、有相对明确地域界限的、有凝聚力的邻里社区在现代都市中的继续存在。③ 近些年来,西方学者针对西方社区面临的问题作了大量调研。艾佐尼指出真正的社区是能响应所有成员的真正需要,反映秩序和自治的适当平衡。当秩序的向心力过大,需要强调自治,当自治的离心力过大,需要强调秩序。④ 麦斯、康宁汉认为要激发居民自我发展,刚开始可以有外界因素的协助,但是不能依赖。⑤ 罗格发现美国匹兹堡市的社区规划和发展过程中包括了政府、金融机构、社区组织和基

---

① Fisher, C. S. *The urban experience*, New York: Harcourt Brace Jovanovich. , 1984, pp. 131 — 137.

② 马丁·阿尔布劳:《全球时代:超越现代性之外的国家与社会》,高湘泽、冯玲译,商务印书馆 2001 年版,第 246—249 页。

③ 关于霍加特、古斯菲尔德、萨特尔斯、帕乔恩的研究,请参见高春燕主编:《社区人口与发展》,中国环境科学出版社 1999 年版,第 148—209 页。

④ Etzion, A. "The Responsive Community: A Communitarian Perspective", *American Sociological Review*, 1996, 61(1), pp. 1—11

⑤ Mathie and Cunningham, "From Clients to Citizens: Asset-Based Community development as a Strategy for Community-Driven Development". *Development in Practice*, 2003, 13(5), pp. 474—486.

金会等各个机构的参与。①

国内学者也作了大量的研究。大体上他们的研究有三个视角,即国家政府理论视角、社会的视角,以及国家和社会的结合。国家政府视角理论认为,社会转型和社区建设运动背景下的中国城市社区,是为了解决单位制解体后城市社会整合与社会控制问题的、自上而下建构起来的国家治理单元,而不是一个可以促进市民社会发育的地域社会生活共同体。②社会的视角顺着滕尼斯的共同体理论。例如,项军认为,社区问题的关键不在于共同体社区在当代城市是否存在,而在于存在什么样的共同体社区。在他看来,只要一个群体在一定地区共同生活一段时间,总会形成一定的"共同体"性质,即"社区性"。③ 不少学者认为社区是两种力量的结合。郑杭生、黄家亮指出社会管理和社区治理体制改革的核心问题是重构国家与社会的关系,其中基层的自治和治理是尤其重要的。④ 王颖认为,社区是中国公民社会崛起的重要组织方式。上下结合的两种力量推动了社区自治和城市共同治理:一方面是政府向社区让权、还权、授权,成为社区自治的第一推动力;另一方面,草根社区涌现追求自治的公民行动和政治参与。⑤王汉生、吴莹发现,中国的市民社会发育并不是一个可以独立于国家力量之外的"自然而然"的过程,在业委会换届、社区日常集体活动、反污染维权等活动中,虽然展现了民主自治的发育,但此过程一直是在政府的"参与"和"在场"下实现的。⑥

考虑到即使同在一个城市,不同的社区也各有不同的具体情形,更考虑到即使社会联系的一体化程度再高,人们与他们除了工作上班时间之外大部分时间都生活于其中的家所在的地方(包括同样生活于该地的其他人)总还有一些超乎于其他地方的特殊的联系、特殊的利益关联,因而,确实不能一概地、彻底地否定地域性社区在居民生活中还可能具有的意义。但是,这种意义,相比于传统农村社会中的状况,无疑是大大地减弱了,而且,社会越是迈向现代,这种意义就越是

① Roger, A. "Public-Private Partnerships for Neighborhood Renewal", *Annals of the American Academy of Political and Social Science*, 1986, pp. 120—134.

② 杨敏:《作为国家治理单元的社区——对城市社区建设运动过程中居民社区参与和社区认知的个案研究》,《社会学研究》2007 第 4 期。

③ 项军:《"社区性":对城市社区"共同体"性量表的构建——一项基于上海实证数据的类型学研究》,《社会》2011 年第 1 期。

④ 郑杭生、黄家亮:《当前我国社会管理和社区治理的新趋势》,《甘肃社会科学》2012 年第 6 期。

⑤ 王颖:《社区与公民社会》,李培林主编《社会学与中国社会》,社会科学文献出版社 2008 年版。

⑥ 王汉生、吴莹:《基层社会中"看得见"与"看不见"的国家——发生在一个商品房小区中的几个"故事"》,《社会学研究》2011 年第 1 期。

变得无足轻重，从而，社区作为地域性社会生活共同体也就越来越走向式微。对于这种总体的趋势，事实上，即使上述那些力图证明有凝聚力的邻里社区在现代都市中的继续存在的研究也不否认。

不过，社区的式微并不是共同体的终结。确实，现代社会是个体本位的社会，从工作到消费，从法律到道德，从教育机会、社会福利到社会流动，现代社会的各项正式与非正式的社会制度安排都以"个人"为执行单位，社会意识也不仅允许而且还在或明确或潜移默化地鼓励个体主动积极地组织安排各自的生活形式。但是，以个体为本位只意味着个体与所属的群体整体的关系发生了变化，并不意味着个体不再需要群体或不再存在群体。滕尼斯说从"Gemeinschaft"向"Gesellschaft"的转变也只是社会联结方式的转变，并不是说人们不再需要社会联结或不再存在社会联结。事实上，在某种意义上，正因为现代社会是个人本位的，故更需要在个体和国家之间形成各种中介团体，以免社会出现中空。对此，涂尔干就曾指出，与地域群体、地方观念的衰落同时并行的，是一种作为"替代物"的中介群体的形成。在现代世界，一方是（民族）国家，一方是从传统的身份制共同体中解放出来的个体，两者之间的距离"变得越来越远，两者之间的关系也越来越流于表面，越来越时断时续，国家已经无法切入到个人的意识深处，无法把他们结合在一起"。因此，如果在他们之间没有一系列次级群体的存在，那么，社会将"解体"，"国家也就不可能存在下去"，而"如果这些次级群体与个人的联系非常紧密，那么，它们就会强劲地把个人吸收进群体活动中，并以此把个人纳入到社会生活的主流之中"①。事实上，早在涂尔干之前半个多世纪，他的同胞前辈托克维尔就在《论美国的民主》中指出了"除了依法以乡、镇、市、县为名建立的常设社团以外"的那些"根据个人的自愿原则建立和发展的社团"在现代社会中无与伦比的重大作用。② 所不同的只是，涂尔干特别看好职业群体，托克维尔则更关注政治社团。而彼此共同的则是，无论是涂尔干的职业群体，还是托克维尔的政治社团，也即，无论社会联结的具体纽带或媒介是什么，地域性都已不再是什么重要的原则了。换言之，现代社会的"脱域机制"已经逐步地将人们的社会关系"从它们所处的特殊的地域'情境'中提取了出来"③。现代社会的团体或者说社会联结，主要都是些"脱域的共同体"（disembeded community）。正是

---

① 涂尔干：《社会分工论》，渠东译，生活·读书·新知三联书店，2000 年版，"第二版前言"，第40 页。

② 托克维尔：《论美国的民主》（上卷），董果良译，商务印书馆 1991 年版，第 213—221 页。

③ 安东尼·吉登斯：《现代性的后果》，田禾译，译林出版社 2000 年版，第 18—26 页。

这些"脱域的共同体",一方面支撑起了现代意义上的"社会"或者说"市民社会",另一方面对于个体而言则构成了他们的"个人切身社会环境"(personal milieu)。因此,正如阿尔布劳指出的那样,今天的社会科学家与其将注意力放在已经对人们的生活没有实质性意义的地域性的所谓社区("互不相关的邻里"),还不如来关注虽可能延伸到全球却依然与具体个人的日常生活紧密相连的"个人切身社会环境";而至于"那些为获得选票而大谈时代潮流的政客们则也许应当听从这么一种参谋意见会更好些,即:他们应当在增加人们对个人周围切身环境方面的满意感上做文章,而不是在增强人们已经丧失的社区感上做文章。因为,他们并不能消弭社区的丧失,但却能在提高人们对个人周围切身环境方面的满意感方面做出看得见的成绩来"①。

34. 如何理解民主全球化与自由的关系?

西方学者们包括熊彼特、达尔等,视民主为选举政府的过程。亨廷顿在第三次浪潮中解释,民主的本质是公开、自由、公平的选举。选举产生的政府可能会是低效率的、腐败的、短视的、不负责任的、被特殊利益集团所裹挟的,因此,他们无法采取满足公共利益的政策。这些品质使得这些政府并非所期望的,但是他们也符合民主定义的表面特征。民主不过是公共品质的一种,不是唯一的,只有弄清楚民主与其他公共品质是截然不同的才会理解他们之间的关系。

而另一方面,宪政自由主义并不是关于政府选举的程序,相反,它指的是政府的目标。它指的是西方旨在保护个人独立和尊严不受政府、教会、社会侵犯的悠久历史传统。这个概念是两个紧密相连思想的结合。其自由的一面,来自于古希腊所强调的个人自由的哲学传统,其宪政的一面来自依法治国的古罗马传统。西欧和美国发展起来的宪政自由主义是对个人生命、财产、宗教言论自由的保护。要确保这些权利,它强调政府权力的制约,法律面前人人平等,法庭和裁决公正无私,政教分离。在所有宪政自由主义的主张中,都承认天赋人权、政府必须以基本法律约束自身权力来保护这些人权。

在西方,民主意味着自由民主——不仅以自由公平选举为特征,还包括依法治国、权力分离和制约、对言论集会信仰财产等基本自由的保护。实际上,后面

---

① 马丁·阿尔布劳:《全球时代:超越现代性之外的国家与社会》,高湘泽、冯玲译,商务印书馆2001年版,第252页。

这一系列自由,也可以称之为宪法自由,在理论上和历史上均与民主有显著区别。正如有学者所说,自由主义,无论是政治自由的概念,还是经济政策纲要,都可能碰巧与民主同时兴起。但是,它从来都没有非常清晰地与民主实践相联系。现今,自由与民主的两股力量在西方的政治生活中,相对而言,结合的程度比较高,然而在世界其他地方却是分离的。即民主看似在兴盛,而宪法自由主义却没有。①

按照西方关于民主定义的表面特征来看,当今世界半数以上国家实现了民主,尤其在 20 世纪 70 年代至 90 年代。然而,在多党选举在中南欧洲、亚洲、非洲和拉美快速扩散的同时,各种不安也在与日俱增,或许是因为选举之后所发生的一些乱象。当然,这种非自由民主也有程度区别。在大多数非自由民主国家,选举很少是自由和公平的。但是,它们的确又展现了民众对政治的参与以及对当选者的支持。据一项国际调查显示,处于独裁与成熟民主之间的国家,50% 以上在政治自由方面要比公民自由做得好,换句话说,今天半数的民主国家是非自由民主。

戴尔芒德认为,在很多新兴民主国家,即亨廷顿所称的全球民主化的第三波浪潮,竞选并没有带来自由、政府的责任以及法治。在不同程度上,人权遭受践踏,少数族群不但受到歧视,还遭受各种暴力。权力依然集中,政党、议员、政府和司法体系完全是腐败的。在这些国家,民主并没有受到广泛地珍视,因此也没有得到巩固。而自由主义民主,是自由的、透明的和制度化的。统治精英必须彼此而且对人民负责,不只是在理论上,更要在行动上。需要建构或改革制度来确保这种目标的实现。即使在民主已经完全建立的社会,其品质也可能会恶化,也非常需要改变和重新注入活力。戴尔芒德指出,在美国、欧洲、日本,民主同样存在严重的问题,金钱在政治中产生腐蚀性影响,大多数民众对政治冷漠,政党有效传递和汇集利益的作用在减弱,民众开始疏远政党,仇视移民和外来者。在某种程度上,大众本身的期望和行为,有时也成为了问题的主要原因。同样,精英对民主是否能够稳定、有效并得以巩固也具有深远的影响。②

扎卡利亚认为,正如世界各国呈现出不同形式的资本主义一样,这些民主也可能发展出不同形式的民主。这或将证明西方民主可能并非民主道路上的最终

---

① Zakaria, F. "The rise of illiberal democracy," *Foreign Affairs*, 1997, 76(6), pp. 22—43.

② Diamond, L. "Civil society and the development of democracy", working paper, 1997.

目的,而不过是多种可能性之一。① 而且,虽然大多数西方国家实现了民主和宪政自由主义,然而在西方的历史上,民主和宪政自由主义的分离一直都有存在,一直持续到今天。扎卡利亚指出,西欧很多国家 20 世纪前都是自由式独裁,或者好听一点,半民主。选举权受到严格限制,当选的立法委员几乎没有权力。1830 年的英国,这个当时某种意义上最民主的国家,只允许 2％的人口投票选举其中一个议会,1867 年这个数字仅上升至 7％,而到了 19 世纪 80 年代才快速地升至 40％。直到 20 世纪 40 年代末,大部分西方国家才发展成为完全成熟的拥有普选权的民主。但是,比这早 100 年前,也就是在 19 世纪 40 年代,很多国家已经有了大部分宪政自由主义,包括法治精神,私有产权,权力日益分离,言论集会自由不断得到保护。因此,就现代历史而言,欧洲、北美政府区别于世界其他国家的特征不在于民主,而在于宪政自由主义。东亚最近的历史正跟随着西方的步伐。在二战后对民主进行过短暂的褒扬之后,很多东亚国家转向了权威主义。他们逐渐地从独裁转向了开明独裁,有些国家正朝半民主方向发展。这些国家已经赋予公民越来越广泛的经济、社会、宗教和有限的政治权利。如同西方,东亚的自由化包含了经济自由化,这对促进增长和自由民主至关重要。从历史角度来看,与成熟的自由民主最紧密相关的因素是资本主义、资产阶级和比较高的国民人均收入。今天的东亚政府是一个民主、自由主义、资本主义、寡头和腐败的混合体,非常像 1900 年左右的西方政府。扎卡利亚认为宪政自由主义会带来民主,但是民主似乎并不带来宪政自由主义。在 20 世纪 70 年代至 90 年代,拉美、非洲和部分亚洲国家,没有任何宪政自由主义的独裁已经让位于民主。然而结果并不令人满意。戴尔芒德的一个研究显示,在西半球所有举行过选举的国家,其中拉美主要的 22 个国家中,有 10 个存在严重的人权被践踏现象。② 非洲的民主化进程之快也令人惊讶。在 1990 年,半年内大多数法语非洲国家取消了多党政治的禁令。撒哈拉以南的 45 个国家,自 1991 年以来大部分实行了选举,然而很多国家的自由状况出现了困难。一位非洲观察者指出,非洲过度强调了多党选举,相应地,忽略了自由政府的理念。在中亚,即使在自由选举的情况下,其结果也走向强势政府、弱势立法/司法以及社会经济自由很弱的局面。

　　而另一方面,很多中欧国家已经转型。同其他 19 世纪的欧洲国家一样,他

---

① Zakaria, F. "The rise of illiberal democracy," Foreign Affairs, 1997,76(6), pp. 22—43.

② Diamond, L. "Democracy in Latin America," in Tom Farer, ed., *Beyond sovereignty: collectively defending democracy in a world of sovereign states*, Baltimore: Johns Hopkins University Press, 1996, p. 73.

们同样经历了没有民主的自由化阶段。实际上，这些国家过去大部分属于奥匈帝国，而奥匈帝国则是一个经典的自由式独裁。即使在欧洲之外，政治学家魏纳也发现过去的宪政历史与现在的自由主义民主存在惊人的联系。他指出，"直至1983 年，二战以后从殖民中独立出来的人口超过百万的国家/社会中，存在持续的民主历史的是英国以前的殖民地"①。英国统治并非意味着民主，殖民主义本身就意味着不民主，但英国统治带来宪政自由主义。英国法律和统治的遗产已被证明要比法国赋予殖民地部分人民选举权的政策要有益处。

扎卡利亚认为，宪政自由主义与民主的矛盾主要集中在政府权威的范围。宪政民主是关于权力的限制，民主是权力的积累和运用。正是这个原因，很多18、19 世纪的自由主义者视民主为削弱自由的力量。麦迪逊在联邦党人中揭示了民主镇压的危险来自于民众的大多数，托克维尔警告大多数暴政，因为民主政府的本质是大多数人的绝对权威。

认为民主政府享有绝对权力的信仰会导致权力的集中，这往往通过宪法之外的手段，其结果是可怕的。过去 10 年里，民选政府声称代表人民，却一直侵犯社会其他成员的权力和权利，既是横向的又是纵向的篡夺。这在拉美和苏联特别普遍，或许与这些地区很多是总统制有关。总统任命密友而不是党内资深人士出任内阁，他们自身权力缺乏制约。当他们的观点与议会或法院冲突时，总统倾向于绕过冗长的讨价还价、结盟，而诉诸人民。

欧当勒认为法治是民主品质中的其他维度的基础。他解释，在法治社会，所有公民在法律面前平等，法律是清楚的、为公众所知的、普遍的、稳定的，不溯及既往。欧当勒认为，让法治能民主的是法律体制维护政治权利和民主程序，支撑所有人的公民权利，让权力机构真正负起责任，政府官员的行为合法得当。②

在今天世界上很多非自由民主国家，竞选与民众参与，同大量的违法和滥权并存。这种体制的非自由主义严重损害其民主的品质。非常弱的法治，意味着穷人和社会边缘群体的参与受到压制，个人的自由得不到保障，很多市民群体不能够组织起来，那些资源丰富、联系广泛的成员被过度恩惠，权力的腐败和滥用非常普遍，政治竞争是不公平的，选举者很难让统治者负起责任。欧当勒指出，

---

① Weiner, M. "Empirical democratic theory," in Weiner, M. & Ozbudun, E. eds., *Competitive election in developing countries*. Durham: Duke University Press, 1987, p. 20.

② O'Donnell, G. "Horizontal accountability in new democracies," in A. Schedler, L. Diamond, and M. Plattner, eds. *The self-restraining state: power and accountability in new democracies*. Lynne Rienner Publishing House, 1999.

要发展法治需要很多条件。比如,在大众和精英的层面都要传播自由和民主的价值;官僚系统具有很强的能力和无私传统,足够的制度和经济手段。这些条件并非普遍,很难一蹴而就。

35. 如何看待全球化带来的"文化冲突"?

亨廷顿认为新的世界的冲突根源不再主要是意识形态的或经济的。人类的分歧以及冲突的主要因素是文化的。民族国家在国际事务中依然是最重要的力量,全球政治的主要冲突会发生在不同文明的民族和群体之间。文明的冲突会主导全球政治。文明之间的裂纹线将是今后的斗争线。[①]

亨廷顿指出,自从威斯特伐利亚条约建立起现代国际体系以来的一个半世纪里,西方世界的冲突大部分发生在那些力图扩展官僚体系、军队、经济以及领土的王子、国王之间以及君主们之间。在此过程中,他们建立了民族国家。自法国大革命伊始,冲突的主线不再是王子们之间而是国家之间。这个 19 世纪的模式一直持续到一战结束。然后,随着十月革命发生,以及各国对它的反应,国家间的冲突让位于意识形态的冲突,首先在共产主义、法西斯主义和自由民主主义之间,随后在共产主义和自由民主主义之间。冷战期间,后者的冲突发生在两大超级大国之间,两个大国都不是经典意义上的民族国家,而是以意识形态相区别。

这些发生在国王之间、民族国家之间以及意识形态之间的冲突都是属于西方文明的内部矛盾。冷战如此,世界大战如此,以及更早的 17、18、19 世纪的战争亦如此。随着冷战的结束,国际政治已不局限于西方范围,其中心已演变为西方与非西方文明之间以及非西方文明内部的冲突。在文明的政治过程里,非西方文明的人民和政府不再是西方殖民主义的目标,因此也不再是历史的客体,他们开始加入西方成为历史的推动和塑造者。

亨廷顿解释以下几个因素是导致文明冲突将主导全球政治的原因。首先,文明之间的差异不但是真实存在的,而且这些差异是根本的。文明因为语言、历史、文化、传统,最重要的是宗教而相互区别开来。不同文明的人们对于神与人、个人与群体、公民和国家、父母与孩子、丈夫与妻子的关系,以及权利与责任、自由与权威、平等与等级间孰轻孰重,都有着不同的看法。这些差异是很多世纪以

---

① Huntington, S. "The clash of civilizations?" *Foreign Affairs*, 1993, 72(3), 22—49.

来的产物。他们不会轻易消失。比起政治意识形态间和政治体制间的差异,要根深蒂固得多。差异不必然意味着冲突,冲突也不必然意味着暴力。然而,数个世纪以来,文明的差异带来了最持久同时也是最暴力的冲突。

其次,世界正变得越来越"小"。不同文明的人们间的互动越来越频繁,这些日益频繁的互动强化了文明的意识以及对于文明间差异和文明内部共同点的了解。北非人移民到法国,引起了法国人的仇视,与此同时法国人却表现出对好的波兰天主教徒移民非常热情。相比加拿大和欧洲国家的投资,美国人对日本人在美国的投资看法要负面得多。不同文明的人们的互动会提升人们对文明的意识,这样反过来会激活久远历史形成的差异和仇恨。

第三,整个世界的经济现代化过程和社会变迁正将人们分割成持久的地方身份认同。它们也弱化了民族国家作为身份认同的来源。在世界的很多地方,宗教正在填补这一空白,通常以原教旨主义运动的形式。这些在西方基督教、犹太教、佛教、印度教以及伊斯兰教都有发生。在很多国家和宗教里,那些原教旨主义的积极分子大都是受过大学教育的年轻人,包括中产技术人员、专业人士和商人。宗教的复兴,成了身份认同和信诺的基础,它超越了国界而统合了文明。

第四,文明意识的增长受西方双重角色的推动。一方面,西方处在权力的顶端。同时,或许正是基于此,在非西方文明里,正兴起回归根源的现象。人们越来越听到向内转的提法,日本的亚洲化,印度尼赫鲁遗产的终结和印度化,西方理念里的社会主义和民族主义的失败,中东的再伊斯兰化,俄罗斯关于西方化和俄罗斯化的争论。这造成了处在权力顶端的西方与日益渴望以非西方的方式来形塑世界并且越来越具有这种资源的非西方国家之间的冲突。过去,非西方社会的精英通常是那些有西方经历的,比如在牛津等地受过教育,吸收过西方的价值观的人。非西方国家的民众仍然保留着很深的本土文化。但是现在,这种现象出现了颠倒。在很多非西方国家里,精英的去西方化和本土化正在发生,而与此同时,西方尤其美国文化、生活方式和习惯在大众当中却越来越普遍。

第五,文化特征和差异不容易变化,因此相比政治和经济,不容易妥协与和解。在苏联,共产主义者可以成为民主派,富人会变穷,穷人会变富,但是俄罗斯人不会变成爱沙尼亚人,或亚美尼亚人。在阶级和意识形态冲突中,核心的问题是你选哪边,人们能够而且的确会选择其中的一边,还会变换选择。在文明的冲突中,问题就成为你是谁。这是一个给定的答案,而不是可以改变的选择。从波斯尼亚人、高加索人到苏丹人,对前述问题的错误回答可能意味着头上的子弹。宗教在区分大众方面,比族群更深刻和排他。一个人可以是半法国半阿拉伯人,甚至同时为两国的国民,但是要成为半天主教半穆斯林,则更为困难。

最后,经济上的区域主义正在上升。区域经济集团的重要性在未来可能会持续上升。一方面,成功的区域经济会强化文明意识,另一方面,区域经济或许只能在共同文明基础上才会成功。欧共体依赖于共同的欧洲文化和西方基督文化。北美自由贸易区的成功取决于墨西哥、美国和加拿大正在融合的文化。共同的文化正非常显然地促进中国与新加坡等亚洲其他国家的海外华人间的经济联系的快速扩展。随着冷战的结束,文化的共同性正在日益克服意识形态的差异,中国大陆和台湾地区两岸也走得越来越近。文化和宗教还成为经合组织的基础。这个组织将 10 个非阿拉伯的伊斯兰国家联合在一起。这个始于 20 世纪 60 年代的组织要复苏和扩展的一个重要原因是上述好几个国家领导人意识到他们没有机会加入欧盟。

因此,文明的冲突发生在两个层面。微观层面,文明间裂纹线两侧邻近群体通常非常暴力地为领地而争夺;宏观层面,不同文明下的国家在军事和经济上竞争,为控制国际组织和第三方而斗争,竞相提出他们特有的政治和宗教价值观。

然而,亨廷顿的理论也受到了很多学者的挑战。在亨廷顿的理论中,西方和穆斯林社会在文化价值观上存在着很深的分歧,因此,西方文明和穆斯林文明的冲突将会是全球政治中的一个重要部分。然而,英格哈特、罗里斯根据世界价值观的调查发现,西方和穆斯林在政治价值观上并没有多大分歧,而亨廷顿则错误地将政治价值观分歧假定为西方和穆斯林冲突的核心。当然,这个调查也揭示西方人与穆斯林在文化理念上的确有差异,而且差异不小,尤其是性别平等和性解放问题。但是在亨廷顿的核心假设上,即对民主的态度上,穆斯林以及整个调查地区的受访者大都很支持。①

亨德森、塔克尔也对亨廷顿的理论提出了批判。他们认为亨廷顿完全忽略了在国际冲突中,一个国家面对外部规则时基本的自主和独立权利。亨德森、塔克尔进一步指出,虽然在冲突中,文化因素变得越来越重要,但是具体的利益,比如领土利益会使领土争端不会因为文化因素而妥协。另外,通过历史数据的实证检验,发现冷战之前的年代(1816—1945),相同文化的国家,相比那些来自不同文化的国家,更容易相互争战,这和亨廷顿的理论不一致。而且,在冷战后的 1989—1992 年间的国际战争中,也就是亨廷顿提出的文明冲突主导时期,该数

---

① Inglehart, R. & P. Norris. "The true clash of civilizations", *Foreign Policy*, 2003(135), 62—70.

据却显示成员所属的文明与国家之间战争的并不显著相关,这也否定了亨廷顿的说法。只有在冷战期间,该数据的结果符合亨廷顿的理论,那个年代文明与国家之间的战争不相关。[①]

虽然提出的时间要比亨廷顿的文明冲突论更早一些,但就思想内容而言,费孝通先生的"文化自觉论"恰恰可以看作是对文明冲突论的一种中国式回应。1990年12月,费孝通先生在其八十寿辰聚会上,意味深长地讲了16字箴言:"各美其美,美人之美,美美与共,天下大同。"[②]"各美其美",是指各民族要在"文化自觉",即清楚地认识和把握自身文化之性格特征的基础上,培育和强化自身文化认同,尊重、守护并发展好自己的文化传统。"美人之美",是指要尊重其他民族文化,承认世界文化的多样性,并懂得欣赏不同民族的文化。"美美与共,天下大同"则意味着,只有维护世界的文化多元性,并加强不同文化之间的交流、互动、沟通和融合,才能推动人类文明的发展,实现世界文化的繁荣。16字箴言,以高度概括的方式体现了在全球化时代不同文化如何共处这一问题上的中国思维或者说中国智慧。

曾经,世界上的各个民族在几乎不知有其他不同文化存在的情况下按部就班过着自己的日子,品味着自己的生活,"各美其美",而不存在"美人之美"或"恶人之美"的问题,而在现代化、全球化已不可避免地将世界上各种不同文化拉到了一起的今天,人们不仅要懂得"各美其美",而且还要学会"美人之美",要努力去推动和促成"美美与共、天下大同"。在此意义上,从"各美其美"到"美美与共",所反映出的,正是现代性的推进在文化认知和文化认同上带给人们的影响。

---

① Henderson, E. & R. Tucker. "Clear and present strangers: the clash of civilizations and international conflict". *International Studies Quarterly*, 2001(45), 317－338.

② 2014年6月28日,习近平主席在和平共处五项原则发表60周年纪念大会的讲话中也引用了这16字箴言,指出:我们应该把本国利益同各国共同利益结合起来,努力扩大各方共同利益的汇合点,不能这边搭台、那边拆台,要相互补台、好戏连台。要积极树立双赢、多赢、共赢的新理念,摒弃你输我赢、赢者通吃的旧思维,"各美其美,美人之美,美美与共,天下大同"。

五

组织与制度

36. 各种形式的组织发展变迁的历史趋势是什么？影响其发展变迁的机制是什么？

组织是人们为了实现某种共同目标，将各自行为彼此协调、联合起来而形成的社会团体。

种群生态学（population ecology）认为新的组织形式在起初阶段因为数目少，合法性弱，会导致组织的死亡率高，存活率低；随着组织的增多，组织形式的合法性会增强，这将促进组织生存，降低组织的死亡；但当组织数目增加到一定程度时，组织的合法性机制将被竞争机制所取代，也就是组织不再担心合法性危机，相反，由于组织数目过多，在资源、市场等方面开始出现越来越激烈的竞争，组织的死亡率又开始上升，存活率开始下降。[1] 汉南和弗里曼发现美国工会在1836—1985 年期间的组建率呈倒 U 形，他们还发现同一期间工会的解散率呈 U 形。[2] 卡罗尔和德拉克诺克斯揭示阿根廷（1800－1900）和爱尔兰（1800－1970）的报业均出现 U 形的死亡率和倒 U 形生存率。[3] 种群生态学作为组织社会学的重要学派，贡献了大量富有洞见的研究，然而该学派也存在以下不足。首先，

① Hannan, M., and Freeman, J. "The population ecology of organizations." *American Journal of Sociology*：1977,929－964.

② Hannan, M., and Freeman, J. "The ecology of organizational founding：American labor unions，1836-1985." *American Journal of Sociology*，1987，910-943；Hannan, M., and Freeman, J., "The ecology of organizational mortality：American labor unions，1836-1985." *American Journal of Sociology*，1988,25－52.

③ Carroll, G. R., & Delacroix, J. "Organizational mortality in the newspaper industries of Argentina and Ireland：An ecological approach". *Administrative Science Quarterly*，1982,169－198.

种群生态学学者大多通过事件史分析方法研究组织的存活率、死亡率和组建率，而对组织的效益鲜有研究。唯一的例外是卡罗尔和霍[1]对制度变量如何影响报业发行量的研究。卡罗尔和霍对制度的测量包括了经济的巅峰、低谷年份、商业失败的数目、工业产业数目、总统选举年份和政治动荡与否。他们发现只有政治动荡对报纸的组建和死亡有很强的影响，而对报纸发行量影响比较弱，其他制度变量都没有任何影响。

其次，种群生态学多是研究某个组织形式在某一社会和制度环境里的长期发展规律，而较少考虑同一社会和制度环境中可能存在的区域性差异。汉南等学者认为组织的竞争环境是以国为界的，而朱克指出组织可能在更小的区域内进行更激烈的各种资源竞争[2]。虽然部分种群生态学者也意识到地方性的资源环境对组织有很复杂的影响[3]，合法性和竞争性机制可能会因地区有别[4]。比如，鲍姆和梅兹亚斯发现纽约曼哈顿地区的酒店在规模、价格和地理位置方面存在的本地竞争越强，越容易死亡[5]；罗密的研究将意大利分为 13 个区域，发现从1964 年至 1988 年不同区域的农村合作银行在应对合法性和竞争性机制方面有差异。这种跨地区的比较研究在种群生态学中寥寥无几，同时也局限于单一的行业。

用组织的个数来测量组织密度，并以此做事件史分析，是种群生态学的一个显著特点。[6] 也正是因为这个特点，种群生态学的研究在经历了 20 世纪 70 年代末至 90 年代的辉煌发展以后难以实现突破。朱克指出种群生态学的组织密

① Carroll, G. R., & Huo, Y. P. "Organizational task and institutional environments in ecological perspective: Findings from the local newspaper industry". *American Journal of Sociology*, 1986, 838-873.

② Zucker, L. "Combining institutional theory and population ecology: No legitimacy, no history." *American Sociological Review*, 1989, 542-545.

③ Carroll, G. "Concentration and specialization: Dynamics of niche width in populations of organizations". *American Journal of Sociology*, 1985, 1262-1283.

④ Lomi, A. "The population ecology of organizational founding: Location dependence and unobserved heterogeneity." *Administrative Science Quarterly*, 1995, 111-144; Carroll, G., & Wade, J. "Density dependence in the organizational evolution of the American brewing industry across different levels of analysis". *Social Science Research*, 1991, 20(3), 271-302.

⑤ Baum, J. A., & Mezias, S. J. "Localized competition and organizational failure in the Manhattan hotel industry, 1898-1990". *Administrative Science Quarterly*, 1992, 580-604.

⑥ Amburgey, T., & Rao, H. Organizational ecology: past, present, and future directions. *The Academy of Management Journal*, 1996, 39(5), 1265-1286; Hannan, M., Ecologies of Organizations: Diversity and Identity. The Journal of Economic Perspectives, 2005, 19(1), 51-70.

度仅仅测量种群内部的某种特征,将种群的生存和竞争过于狭隘地限于某个组织形式内部(很多实证研究以行业为研究对象),而忽视了种群间的竞争。

制度学派侧重规范、标准、认知和文化环境,而种群生态学侧重组织的技术环境。两者互有批判和借鉴,也有学者结合两派的概念和机制进行研究。合法性的概念和理论在种群生态学和制度学派中都得到广泛讨论,既有相通也有不同之处。合法性在制度学派中被视为制度性因素,在制度学派中显得尤为重要,多是静态研究不同合法性对不同组织的影响;而合法性在种群生态学中只是以组织密度彰显的技术因素,主要探索组织密度的高低对组织生存和死亡的影响。制度学派认为种群生态学的合法性概念只是认知合法性(cognitive legitimacy),忽略了外部环境的支持,即社会政治合法性(socio-political legitimacy)。朱克还指出种群生态学对合法性缺乏测量,简单地将组织的密度(组织的个数)等同于组织的合法性。鲍姆和鲍威尔进一步批判种群生态学的组织个数(密度)与合法性的关系模糊,前者既像后者的替代指标,又更像描述后者的过程。此外,制度学派认为组织生存的具体历史环境对合法性的影响很重要,并批判种群生态学的合法性概念缺乏历史和具体社会背景。

37. 组织是有效的还是有效率的?

经济学倾向认为根本无需质疑组织效率(efficiency)的假设。经济学的修正观点也仍然坚持效率的假设,然而社会学趋向于考察组织之间以及组织内部之间的权力关系,这和效率假设不同,有效性(effectiveness)恰恰是组织社会学最关心的。

理性适应模型(rational adaptation model)对新古典经济学基于完全信息的客观理性假设提出了质疑。理性适应模型主张实际行动受制于不完全的知识、非尽善尽美的价值以及有限的替代途径,这被称为有限理性(bounded rationality)。该模型进一步认为组织的决策是为了满足这些限制条件,它们并非都是组织的目标。然而,其背后的假设依然是为了追求效率和利润最大化,虽然不是那么严格意义上的。其方式是通过对环境的理性适应,虽然这种适应是有限理性,却不同于新古典经济学的自动和客观适应的假设。西蒙指出决策系统是松散相连的,利润制约因素只是众多制约因素之一,并通过间接方式进入很多次级系统。西蒙的理论暗示组织总体上是效率驱动,但是有时候并不是那么严格。[1]
马奇指出经理,就如政治掮客选择某个结盟,在那些和他结盟成员的诉求与结盟
可能带来的收益之间寻求最大的差异。根据马奇的观点,成员的诉求实质上就
是参与结盟所必需的价格。[2] 很明显,其背后的假设依然是效率。

权变模型(contingency model)在环境与组织关系的问题上,则是采取了决
定主义的立场。该模型主张组织形式完全依环境而变。这个模型隐含这样的假
设:即组织生存的核心问题是有效性。根据麦斯的观点,"核心问题是组织设计
的有效性在多大程度上依据其外在环境性质而权变","外部环境的性质决定或
者说至少设置了组织有效设计的选项约束条件"。[3] 然而,斯汀奇康则更强调组
织效率的一面,认为特定历史社会条件下形成的组织形式可以达到效率的目
的。[4] 战略适应过程模型认为环境是可以建构。当组织决策者面临各种选项
类型,建构的环境对他们的影响更为直接。环境建构过程也会在组织内部的不
同部门之间造成权力争斗,这可能会导致组织偏离效率的追求。因此,对于战略
适应模型,组织是有效性导向的。

交易成本理论(transation cost theory)探索交易模式如何将交易成本减少
到最低[5],这在根本上也是受效率驱动的。威廉姆森认为有限理性和机会主义
是交易成本理论的核心,并提出组织形式的差异是因为交易存在巨大差别,只有
当组织的治理结构与各种交易的特殊需求相符,效率才会有很大提升。因此,交易
成本理论是以效率来解释组织现象的。威廉姆森批判权力理论以及资源依赖理
论,他认为这些理论虽然有时强调效率,但是更多的是以权力来解释组织的结
果。

新古典经济学讨论组织等级的时候,认为这种等级必须是有技术效率的,这
样才可以持续,但是否认资本主义等级的优越性。马格林却认为等级权威是为
了积累并保证企业主有能够控制工人的地位,而不是为了技术效率。工厂的起
源和成功并不是技术上的,而是在于以资本主义方式控制工人。他对技术效率
有明确定义,即没有更优越的替代技术存在,那么现有的生产方式就是有技术效

① Simon, H. A. "On the conception of organizational goal", *Administrative Science Quarterly*, 1962, pp. 1—21

② March, J. "The firm as a political coalition". *Journal of Politics*, 1962(24), 662—678.

③ Miles, R. *Macro organizational behavior*, New York: Goodyear Press, 1984, pp. 248—295.

④ Stinchcombe, A. "Social structure and organizations" in J. G. March *Handbook of organizations*, Chicago: Rand McNally, 1965, pp. 142—193.

⑤ Williamson, O. "The economics of organization: the transaction cost approach" *American Journal of Sociology*, 1981, 548—575.

率的。但是他认为工厂所采取的纪律和监督与效率毫不相干,因为在资本主义管理下,更多的产出只是更多劳动投入的回报,并非是效率所要求的在同等投入下的更多产出。[①]

裴菲尔视环境与组织的联系为一种资源依赖关系,而且完全是权力关系。这种权力关系对效率假设提出了质疑。就组织结构的政治而言,裴菲尔指出组织结构的设计,首要的也是最重要的,是设计好组织得以管理的控制和权威系统。资源依赖理论更侧重组织的有效性。有效性是一个相对概念,利润和回报并不是看作以此来促进有效性的,而是被视为一种制约,这种制约限定了那些参与政治斗争设计组织者的能力,这与它们的经济效率毫不相干。[②] 裴菲尔、萨兰西克认为,有效性的意思是组织根据其所依赖的各个环境组成部分的要求而作出相应的反应。[③] 他们对有效性的测量是依据组织是否能够从其环境得到足够的支持以获得资源。他们认为要实质性考察组织,并不是从效率的角度,而是要从权力和政治的角度。

组织学的政治文化视角也对效率的假设表示怀疑,其对效率的定义与马格林相近。弗雷格斯坦指出市场的社会结构以及公司的内部结构最好被视为一种用来减少与其他公司竞争的努力。在某一特定市场里的行动均是要在公司内部及公司之间建立并维持能够让公司生存的稳定世界,即控制理念(conception of control)。控制理念的目标是要建立社会理解,公司可以借此避开直接的价格竞争,能够解决内部的政治斗争。他指出,很多关于各种影响国家内部以及跨国的市场结构的社会关系研究,对新古典经济学提出了挑战,后者认为是市场选择了有效的组织形式。根据弗雷格斯坦的理论,减少竞争可能并不会提升组织的效率。他进一步指出,一旦有了稳定,占有优势地位的公司就会厌恶那些削弱他们地位的行动……老牌公司很少有创新,因为他们忙于维持现状。[④] 因此根据弗雷格斯坦,有效性对于组织来说是至关重要的,而有效性几乎等同于生存。扎克尔曼关于公司资产剥离的研究对弗雷格斯坦的理论提供了支持,并质疑了效率驱动的研究方式。他发现影响公司剥离的要素包括经济绩效、部门相关性,以及

[①] Marglin, S. "What do bosses do?" *Journal of Radical Political Economics*, 1974, pp. 61-113.

[②] Pfeffer, J. *Power in organizations*, Marshfield, Ma. : Pittman, 1981.

[③] Pfeffer, J. and Salancik, G. *The external control of organizations*. New York: Harper and Row, 1982.

[④] Fligstein, Neil. "Markets as politics: A political-cultural approach to market institutions", *American Sociological Review*, 1996, 1(4), 656-673.

部门是否为公司核心等。他进一步指出公司在股票市场的产品所面临的合法性压力也会对公司产生外部的控制。① 梅耶、柔万认为同构是制度与环境之间非常重要的机制，组织与制度环境的同构具有重要的后果，这包括：组织更多吸纳外部合法性要素而不是效率，采用外部仪式评估标准。这个观点意味着组织为了生存和成功，合法性相比效率要重要得多，而合法性并不必然会提高组织的效率。

种群生态学对理性适应模型提出质疑，他们认为组织在适应环境时存在根本性的障碍，因为组织具有不同程度的结构性惰性。该学派进一步指出现代社会里的组织种群选择，会对那些结构上有高度惰性的组织更有利，因为社会环境更青睐责任和可靠性，而这些特征往往为结构上有高度惰性的组织所具备。这个论点表明结构性惰性会给组织带来效率麻烦，因此组织要理性适应环境是困难的。组织进化理论家批判了经济学关于利润最大化和均衡的假设，指出这些假设假定调整是同时的，忽略了反应是需要时间的，因此在解释创新和技术变迁上存在局限。他们进一步批判这些假设忽略了竞争过程，因此也无法回答均衡是如何形成的。他们认为，公司所追求的是提高利润，而不是利润最大化，公司的正常和可预测行为模式为惯例，包括技术、程序和政策的惯例。这些惯例起着生物进化论中基因般的作用。阿瑟关于锁定(lock-in)现象的理论对效率假设也提出了挑战。根据阿瑟的理论，经济有时会锁定在某些在发展潜力上较弱的技术上，而这可能仅仅因为历史上一些小的、偶然的事件。阿瑟指出低效率技术有时反倒占据优势的原因，即，虽然某个技术比其他技术要好，但是在争取早期的拥趸时运气不佳，以至于最终的结果并不是利益的最大化。②

38. 组织的环境是外在决定的还是可以建构的？

总体来说，新古典经济学对组织的环境兴趣不大。他们倾向认为组织环境是变化的，而组织会自动地适应环境变化。经济学的修正观点和社会学对这个

---

① Zuckerman, E. "Focusing the corporate product", *Administrative Science Quarterly*, 2000, 591 −619.

② Arthur, B. "Urban systems and historical path dependence", In *Cities and their vital systems*, eds. by Ausubel and Herman, Washington, D. C. : National Academy Press. , 1988; "Self reinforcing mechanism in economics", *In The economy as an evolving complex system*, eds. by Anderson, Arrow and Pines. Reading, Mass; Addison-Wesley. 1988; "Competing technologies; an overview", In *Technical change and economic theory*, eds. by Dosi, Freeman, Nelson, Silverberg & Soete, London. ; Pinter Publishers, 1987.

问题有不同的看法。

权变模式认为组织环境具有决定意义。该模型在组织与环境关系方面采用了决定主义的立场,认为组织形式完全取决于环境。他们认为外部环境的性质决定了或至少设置了能有效运作的组织设计而拟以选择的约束性条件。斯汀奇康将历史和技术引入环境分析,指出组织形式和种类均有历史,这种历史决定了某种类型组织现有结构的一些方面。历史上某个特定时间的组织创新取决于当时的社会技术。[①] 斯汀奇康的"新进入缺陷"(liability of newness)概念正说明了环境对于新组织的决定性作用,因为这些组织学习新的角色、建立社会关系有很高的时间成本,而且还有焦虑、冲突和暂时的低效。哈佛洛奇团队(Lorch/Morse/Laurence)的权变研究,也进一步证明环境与组织以及组织的内部单位之间的权变关系,即组织以细化的内部结构与复杂的环境相匹配,组织受环境驱动建立灵活的组织结构。

理性适应模型认为组织的行动或决策是为了满足约束条件。一方面,决策受制于知识的不足以及认知局限,这都意味着完全了解环境是不可能的。另一方面,西蒙指出组织在探索阶段会表现得很温顺,以此来适应环境。他进而指出组织在决策和社会化过程中会有意识地控制环境。这些意味着环境是可以操纵的。由此可见,理性适应理论倾向认为组织环境介于决定性与可操纵性之间。

战略适应过程模型(strategic adaptation process model)则完全认为环境是可以操纵的。麦斯指出经理只关注环境中相关的属性,而不在乎其精确性,从而建构一套不确定性,即组织决策往往依据不精确的环境特征作出。[②] 他进一步认为可以操纵的环境对于决策者来说,是更为直接的机会。维克提出人类建构了环境,然后系统适应这个环境。裴菲尔、萨兰西克在维克基础上详细地阐述了建构设定(enactment)这一概念。他们认为,建构过程的决定因素包括组织结构、组织内信息系统结构、组织活动等。他们进一步指出延迟反应的问题,因为环境的建构是组织在关注、应对环境过程中发展起来的,建构的环境也会带来其他问题,比如误读组织间的相互依赖、需求、承诺和冲突等。

种群生态学对理性适应模型提出了挑战。该学派坚称组织在适应环境时存在巨大的外部和内部障碍。该学派提出了环境选择逻辑,并认为组织环境对组

① Stinchcombe, A. "Social structure and organizations", in J. G. March *Handbook of organizations*, Chicago: Rand McNally, 1965, pp. 142—193.

② Miles, R. *Macro organizational behavior*, New York: Goodyear Press, 1984, pp. 248—295.

织形成具有决定性的意义。汉南和弗里曼指出组织适应能力存在很多明显的局限，即，存在很多产生结构性惰性的因素。压力越大，组织适应的灵活性越小，环境选择的逻辑就越可能适用。[①] 他们提出了造成结构惰性的内部因素，包括沉没成本、信息制约、政治因素和历史制约，还提出了造成结构性惰性的外部压力，包括市场进入/退出的法律和财务障碍，信息的获得渠道，合法性以及集体理性问题。因此，根据汉南和弗里曼的理论，环境对组织具有决定性的影响。

交易成本理论也属于环境外在决定论，因为该理论强调有限理性和机会主义。交易成本理论认为组织形式的差异是由于交易差别太大，只有当组织的治理结构与相应类型的交易特殊需求相符的时候才会提升效率，[②]这意味着环境对组织的生存起决定性的作用。根据威廉姆森的理论，交易维度包括了不确定性、交易频率，以及要实现最少供给成本所要求的交易投资的专属程度。他进一步详细阐述了不同市场运作下的人力资产和物质组合。

代理理论（agency theory）认为合约的签订和执行并非没有成本，也倾向认为外在环境对组织起决定性作用。根据代理理论，公司是委托者与代理者合同之间的纽带，经理的利益与股东利益存在冲突。由于组织生存的重要因素是对代理问题的控制，因此，如何监督、控制代理或者处理剩余求偿权成为代理理论非常核心的问题。费马和詹森认为剩余求偿权的特征对于区别组织以及解释组织的生存都很重要，尤其是剩余求偿权的特征在解释控制行动的代理问题方面具有比较优势。[③]

而社会运动理论不同于代理理论。戴维斯和斯道特认为，不同于代理理论所称的严格个人利益追逐，组织联结中各成员获取收益的能力取决于他们在社会结构中的位置以及他们所能够采取的策略。他们将阶级结构和阶级利益引入了分析，并阐释经理阶层的利益是通过市场收购体现的。他们进一步以交叉董事的凝聚力的事例来强调政治分析的价值。根据戴维斯和汤普森的理论，大公司的结构并非严格由资本市场压力所决定，而是源自经理、所有者以及超越公司之外的社会结构之间的斗争。因此，社会运动理论的视角与理性适应比较接近，

---

① Hannan，M. and Freeman，J. "The population ecology of organizations." *American Journal of Sociology*，1977（82），929－964；Hannan M. and Freeman J. "Structural inertia and organizational change." American Sociological Review，1984（49），149－164.

② Williamson，O. "The economics of organization：the transaction cost approach" *American Journal of Sociology*，1981，548－575.

③ Fama，E. and Jensen，M. "Separation of ownership and control"，"Agency problems and residual claims"，*Journal of Law and Economics*，1983，301－326；327－350.

尤其与马奇的公司联盟理念相似。两者的差别体现在前者相比后者包含了更多的政治操作。因此,对于社会运动理论来说,环境也是介于外在决定与建构之间的。

以政治文化视角研究组织的理论,相比社会运动理论,认为环境的建构性色彩更浓。弗雷格斯坦指出市场的社会结构以及公司的内部组织,最好被视为一种减少同其他公司竞争的努力。他进一步认为,控制理念的目标是要建立一种社会理解,公司可以借此避免直接的价格竞争,可以解决内部政治斗争。[1] 他强调在这一过程中社会技能非常重要。

制度学派理论视环境介于外在决定与建构之间。梅耶和柔万批判了韦伯将合法性视为既定的观点,也批判了那些认为协调、控制行动对于正式组织在现代社会中的成功至关重要的说法。他们认为很多实证研究显示在正式和非正式组织之间存在着鸿沟,而正式组织经常是松散地联结起来的。根据梅耶和柔万的观点,理性的规范并不是简单的一般价值,它们以更为特别和有力的方式存在于规则理解和意义诠释之中,这些规则和意义附属于制度化的社会结构。理性化形式的要素通过规则、法律和教育等方式制度化和扩散。制度主义试图解释组织形式的趋同,即同构。组织与制度环境的同构会产生重要后果,比如组织会更多吸纳外部合法性要素而不是效率要素,采用外部评估标准。[2] 迪马基奥和鲍威尔识别了三种同构机制,即规范性同构、强制性同构和模仿性同构。制度主义的理论意味着组织有理解和吸纳环境的能动性,同时他们也承认环境压力对于组织生存具有决定性的影响。

网络分析反对新古典经济学的一臂之距原则(arm's length principle),主张任何交易都含有人际关系,市场是嵌入在社会结构之中的。在网络分析中,嵌入或社会网络是联结环境和组织的核心机制。但是,不同学者对网络的效果持有不同的看法。格兰诺维特认为信任——作为网络的核心要素——有助于组织克服不确定性,对于维持组织之间的关系非常重要。[3] 他对威廉姆森的交易成本理论提出了批判。威廉姆森认为等级比市场更为有效,格兰诺维特认为威廉姆

---

① Fligstein, Neil. "Markets as politics: A political-cultural approach to market institutions" *American Sociological Review*, 1996,61(4), 656—673.

② Meyer, J. and Rowan, B. "Institutionalized organizations: formal structure as myth and ceremony", *American Journal of Sociology*, 1977,pp. 340—363.

③ Granovetter, Mark. "Economic action and social structure: the problem of embeddedness", *American Journal of Sociology*, 1985(91), 481—510.

森低估了社会关系的效果。伍兹发现网络对组织的效率是倒 U 形，即组织的效率随着网络的增加会先上升，当组织网络增加到一定程度时，组织效率会随组织网络增加出现下降趋势。① 而林肯等发现集团公司相比独立的公司，在利润率上要低；在集团公司中，弱小的公司会获利，而大公司不会，换句话讲，对于集团公司而言，是集体理性，对集团内的大公司并非理性。② 因此，和制度主义一样，网络分析也看重组织适应环境的能动性，环境也是介于外在决定和建构之间的。

39. 历史、文化、情景是如何影响组织的？

经济学以及经济学的修正观点在分析组织现象时通常不会考虑历史、文化和情景。道宾等对经济学中忽略了具体背景的原子论观点提出了批判，并指出经济社会学的主要洞察力在于揭示了理性行动是社会生产的或习得的，而并非如经济学家所称是与生俱来的。这个学习过程受劝说、网络和权力的影响。他们进一步指出这种习得的理性行为可以并且的确随情景而有别，并强调经济社会学家并不是要寻找普遍的行为规律，而是探索那些产生特殊行为类型的社会条件，他们再进一步通过历史或地区比较来揭示不同的社会环境所起的作用。③

在理性适应模型、交易成本理论以及代理理论中，我们很少看到关于历史、文化和情景的讨论。权变理论则引入了历史要素。斯汀奇康指出组织形式和种类均有历史，是历史决定了某种类型组织现有结构的一些方面。历史上某个特定时间的组织创新取决于当时的社会技术。④ 种群生态学暗示时间选择的视角也是很重要的。正如汉南、弗里曼所说，即使最大和最强的组织也难以存活很长时间。⑤ 海乌曼、饶考察了制度的定义、规则和期望如何与组织形式变迁同步，以探索制度建立、维持和解体的整个顺序。他们的发现对汉南、弗里曼理论提供了支持，即环境选择机制要强于组织适应机制。资源依赖理论和权力理论引入

---

① Uzzi，B. "Embeddedness and the performance of organizations"，*American Sociological Review*，1996，pp. 674—98；Uzzi B，"The paradox of embeddedness"，*Administrative Science Quarterly*，1997：35—67.

② Lincoln，J.，Gerlach M. and Ahmadjian C. "Keiretsu networks and corporate performance in Japan"，*American Sociological Review*，1996：67—88.

③ Dobbin，F. and Dowd D. "The market that antitrust built"，*American Sociological Review*，2001(65)，631—657.

④ Stinchcombe，A. "Social structure and organizations" in J. G. March *Handbook of Organizations*，Chicago：Rand McNally，1965. pp. 142—193.

⑤ Hannan，M. and Freeman J. "The population ecology of organizations." *American Journal of Sociology*，1977(82)，929—964.

了环境建构概念。建构过程包括了文化要素,即,组织的不同部门对于信息和环境的相关性和重要性有着不同的解读。

制度理论力图阐释组织的趋同或同构。他们侧重在意义、价值和环境规范的理解以及合法性的来源。梅耶、柔万解释所谓理性的神话是以西方文化为基础的,并认为理性形式的要素是通过制度、法律、教育等方式制度化和扩散的。[1] 尽管他们的焦点在于环境的文化方面,但是他们并没有考虑文化的差异,相反,他们却致力于解释普遍和全球的趋势。而制度逻辑在不同行业、地区和文化有着不同的发展和作用。因此,梅耶、柔万的研究还需要进一步的历史和比较分析。正如前面所讨论到的,海乌曼、饶的研究就是这样的一种尝试。索腾、欧卡西奥也将权力、制度逻辑和历史因素引入了组织分析,他们考察了经理在不同历史时期的权力来源。他们发现权力的各种来源,不管是内部的还是外在的,受当时盛行的制度逻辑的影响。他们的发现意味着某种制度逻辑一旦成为主流,就会影响经理的更替,组织通常会选择那些关注行业里主流制度逻辑的经理。[2]

显然,马克思主义者的理论是建立在历史分析基础上的。马格林发现铣削技术的选择主要是基于分配而不是技术的考虑,即这是由封建权力的性质以及要施行该权力的要求所决定的。爱德华兹追踪了不同组织控制的历史演变。他发现组织形式的变迁既不如历史进化中那么明显的断变,也不是平稳的进化,相反,每一个变迁的发生都是为了解决公司运作中出现的不断激化的冲突和矛盾。一旦制度化,这些新的关系就会持续至他们不再能承受工人的抗争或者至公司运作中有进一步的变化发生为止。他详细阐述了每一种控制的产生和持续:简单控制往往在行业边缘的小公司里持续;而对于较大的公司,尤其在那些大生产的行业,工作受制于技术控制;官僚式控制源自雇主要置非生产工人于更严格的控制尝试,但是,这种官僚控制一旦成功,就会促使公司将之推广到更为广泛的体制,而不只限于白领人员。[3]

埃文斯等指出要完全理解政府的社会经济干预能力需要对政府与知识生产职业尤其是现代社会科学之间的历史进化联系有充分把握。[4] 他们进一步号召

---

① Meyer, J. and Rowan B. "Institutionalized organizations: formal structure as myth and ceremony". *American Journal of Sociology*, 1977, pp. 340−363.

② Thornton, P. and Ocasio W. "Institutional logics and the historical contingency of power in organizations", *American Journal of Sociology*, 1999, 801−843.

③ Edwards, R. *Contested terrain*, New York: Basic, 1979.

④ Evans, Peter, Rueschmeyer D. and Skocpol T. "On the road toward a more adequate understanding of the state", in *Bringing the state back in*, Cambridge, England: Cambridge University Press, 1985.

要更多研究 20 世纪民族国家的形成,这会扩展对不同政府结构的跨文化理解打下更重要的比较政治研究基础。埃文斯通过比较研究,区别了掠夺型政府和发展型政府。但是,他并没有将历史和文化引入分析。他没有回答一个关键问题,即为何东亚地区会诞生发展型政府,而其他地区则不能。[①] 弗雷格斯坦采用了文化分析方式来阐释他的控制理念。他指出市场制度的形成也是一个文化工程,这是因为产权、治理结构、控制理念以及交换规则等文化要素定义了市场所必需的社会制度,而且行动者在相互之间的政治斗争中建立起地方文化,并以此引导互动。[②]

苏黛比、格林伍德揭示将组织变迁进行理论化是一种语言策略,行动者可以借此来操控组织和技术创新所暗含的不确定性程度。用语言将流行的方案和可能的替代方案与更广泛的文化模板相连,这种理论化策略通过将一些矛盾自然化而压制另外一些矛盾,这样使得新的组织形式可以被市场理解。[③]

40. 组织形式越来越趋同了吗?组织制度化同构的机制有哪些?

迪马奇奥、鲍威尔提出了颇有影响的制度同构理论,他们认为制度通过强制性、规范性和模仿性三种机制形塑组织结构和行为。当企业受所依赖组织或社会期望的压力,尤其是政治影响的压力,强制性同构就会发生。当企业面临不确定性时,往往需要模仿其他成功企业的做法,这时模仿性同构就会起作用。组织因为同辈群体的压力而服从所期望的行为规范,被称之为规范性同构;这种同构压力的形成往往通过专业性的群体网络[④]。迪马奇奥、鲍威尔明确指出政府命令是迫使组织行为趋同的强制性因素之一。李茜、张建君认为政府主导制度的主要作用机制是强制性,政府确定违反制度的代价,并施以相应的惩罚,因此,这种管制的核心包括了强迫、恐惧和妥协。[⑤] 早期的制度学派强调制度环境对组

① Evans, Peter, *Embedded autonomy*, NJ: Princeton University Press. 1995.

② Fligstein, Neil, "Markets as politics: A political-cultural approach to market institutions", *American Sociological Review*, 1996,61(4),656—673.

③ Suddaby, R. and Greenwood R., "Rhetorical strategy of legitimation" *Administrative Science Quarterly*, 2005, 35—67

④ DiMaggio, P., & W. Powell. "The Iron Cage Revisited: Institutional Isomorphism and Collective Rationality in Organizational Fields." *American Sociological Review*, 1983,48(2),147—160.

⑤ 李茜、张建君:《制度前因与高管特点:一个实证研究》,《管理世界》2010 年第 10 期。

织的外在控制以及组织对制度环境的服从,后来学者们认为组织会依据自身利益对制度环境进行战略性的接受、妥协、逃避和抵制①。虽然规制性制度是人为设计的人或组织的行为规则,并配有相应的监督和惩罚机制,但是这种有目的的设置相对缺乏行动者的内化机制,因此存在行动者依据自身情况对规则或服从或偏离的行为②。在 20 世纪 80 年代的美国,政府要求公司给员工提供更多的福利,不少公司对此或逃避或蔑视。爱德曼发现美国政府的强制性因素对公司采用平权性人力资源架构在早期起作用,而到了后期就消失了③。

　　规范性同构更侧重共同体的联结、信仰和价值观。迪马奇奥、鲍威尔指出制度影响组织结构和行为的一个重要机制为规范性机制。这种规范性压力具有道德基础,关涉什么事应该做。影响组织的规范性机制主要是专业协会的完善和增长给组织带来的同行压力。罗格斯认为网络中的成员,由于同质性或者价值、规范的共享,会提升信息共享并在行动上趋近一致。④ 学者们发现很多组织现象中存在规范性机制。萨顿等通过对美国近 200 位雇主 1955—1985 年的纪律聆讯和苦情处理程序的调查数据分析,除了发现雇主们对这种正当程序的采用与时代制度环境高度相关,他们还发现与人力资源协会、劳工律师协会保持联系的组织更容易采取正当程序。⑤ 帕默等发现美国 20 世纪 60 年代大型工业公司对多部门形式采用的影响因素中,包括了经理是否毕业于精英大学的商学院以及交叉董事网络。⑥ 博恩斯、候利发现医院采取部门结构形式受组织间网络的累计采用影响。⑦ 梅兹亚斯、斯噶勒塔发现紧急问题处理小组需要高度专业的成员在很快的时间内就异常问题进行合作并达成共识,这要求成员们在知识和

---

　　① Goodstein, J. "Institutional pressures and strategic responsiveness: Employer involvement in work family issues". *Academy of Management Journal*, 1994(37), 247−268.

　　② Hirsch, P. "Sociology without social structure: Neoinstitutional theory meets brave new world." *American Journal of Sociology*, 1997,102(6),1702−1723.

　　③ Edelman, L. "Legal ambiguity and symbolic structures: Organizational mediation of the law". *American Journal of Sociology*, 1992(97),1531−1576.

　　④ Rogers, E. M. *Diffusion of innovation*. New York, Free Press,1983.

　　⑤ Sutton, J., Dobbin, F., Meyer, J. & Scott, R. "The Legalization of the Work-place." *American Journal of Sociology*, 1994,99(4),944−971.

　　⑥ Palmer, D., D Jennings,& X. Zhou, "Late adoption of the multidivisional form by large U. S. corporations: Institutional, political, and economic accounts." *Administrative Science Quarterly*, 1993, 38(1),100−131.

　　⑦ Burns, L., & Wholey, D. "Adoption and abandonment of matrix management programs: Effects of organizational characteristics and inter-organizational networks." *Academy of Management Journal*,1993,36(1),106−138.

观念上接近,因此构成紧急问题处理小组的成员大多来自财会标准理事会。[①]
格拉斯寇维奇研究了美国明尼阿波尼斯城市的商业领袖是如何将慈善赠与的规
范发展起来并制度化的。他发现原初的慈善动机始于 1976 年当地商业领袖的
一个会议,当时一位哈佛商学院教授给商业领袖讲授共同体价值观并告诫商界
需要把握这一价值观。这推动了之后一系列的会议,最终创立了明尼苏达公司
责任项目,该项目的宗旨主要是教育性的。该项目为经理们提供了一项核心课
程,关注公司责任的根本、公—私合伙关系、国际商业责任等。格拉斯寇维奇发
现,参加了该公司责任项目的经理们更倾向于接受开明个人利益与社会责任的
伦理观。[②]

迪马奇奥、鲍威尔认为组织在环境充满不确定性的时候会模仿其他成功企
业的做法。他们会更容易模仿周边企业的做法,因为他们彼此跟踪对方的信息,
并测试实践的相关(the relevance of practice)。不同于规范性压力要求的应然
性,模仿性同构关注实然性,即其他组织是怎么做的[③]。弗雷格斯坦在对公司多
元主义形式扩散进行研究时,开创性地以同行业之前对此形式的采用,作为模仿
性同构的测量指标,并发现很多公司对多元主义形式的采用存在很强的行业同
构影响。[④] 海乌曼发现规模大的信贷机构很愿意跟随其他大的信贷机构进入新
的领域。[⑤] 豪斯柴尔德在对 1986—1993 年美国上市公司收购情况进行分析研
究后,揭示在市场不确定性情况下,连锁董事们对合作的公司在收购溢价方面具
有重要的作用。[⑥] 布鲁热等发现模仿有利于提高企业的出口业绩。[⑦]

① Mezias, Stephen J., and Scarselletta, M. "Resolving financial reporting problems: An institutional analysis of the process." *Administrative Science Quarterly*, 1994,39(4),654−678.

② Galaskiewicz, J. "Making corporate actors accountable: Institution-building in Minneapolis-St. Paul." In W. W. Powell & P. J. DiMaggio(Eds.), *The New Institutionalism in Organizational Analysis*. Chicago: University of Chicago Press, 1991.

③ Marquis, C., Glynn, M., & Davis, G. "Community isomorphism and corporate social action". *Academy of Management Review*, 2007,32(3), 925−945.

④ Fligstein, Neil. "The spread of the multidivisional form among large firms,1919-1979." *American Sociological Review*, 1985,50(3): 377−391.

⑤ Haveman, H. "Follow the leader: Mimetic isomorphism and entry into new markets." *Administrative Science Quarterly*, 1993,38(4),593−627.

⑥ Haunschild, P. "How much is that company worth? interorganizational relationships, uncertainty, and acquisition premiums." *Administrative Science Quarterly*, 1994(39),391−411.

⑦ Brouthers, L., E. O'Donnell, & D. Keig. "Isomorphic pressures, peripheral product attributes and emerging market firm export performance", *Management International Review*, 2013, 53(5): 687−710.

41. 制度有哪些支柱性要素？制度是如何变迁的？影响制度变迁的因素有哪些？

社会学对制度的定义很多，其中弗雷格斯坦的定义很有影响："制度是一套规则和共享的意义，这些规则和意义定义社会关系——在这些关系中谁处于什么样的位置，为行动者提供认知框架或意义以解读他人的行为，由此引导人们的互动。"①

斯科特提出了制度三支柱（three pillars）的经典理论。他认为制度是多面的，包括了认知结构、规范和规制程序的符号系统，它们为社会行为提供意义和稳定性。斯科特进一步指出制度有三个支柱：分别是规制性支柱、规范性支柱和认知性支柱。规制性支柱强调的是对行为的规则设定、监督和惩罚。规范性支柱强调的是对社会行为的约定、评价和义务性规范。而认知性支柱强调构成现实本质的规律以及意义建构的框架。② 三种支柱引出三种相关但又有区别的合法性基础。规制性支柱强调的是对法律或准法律的服从，规范性支柱强调的是相对较深的道德基础，认知性支柱强调的是对情形的共同定义。斯科特指出经济学家侧重关注规制性支柱，而社会学家侧重关注规范性和认知性支柱。

赫希批判斯科特理论三种制度支柱的作用机制缺乏实证检验③，并指出在不同时期对制度的服从可能是基于对外部脚本的遵守，也可能是内化准则的遵守，抑或两者都有。为数不多的实证研究全面考察并比较了三种制度支柱的影响机制。霍夫曼研究了美国化工行业的环境保护制度从 1960 至 1993 年间三种支柱的演化过程。在所研究的四个历史阶段，制度支柱演化次序依次为：对原有制度信仰的质疑，规制性制度，规范性制度，最后是认知性制度。在每个阶段，除了主导支柱，还发现其他支柱也很活跃，它们与主导支柱有时相冲突，有时一致。这种相互连接也并非意味着三种支柱在地位上相同。④ 规制性制度和规范性制

① Fligstein, N. "Social skill and the theory of fields". *Sociological Theory*, 2001,19(2)：pp. 105—125.

② Scott, W. R. *Institutions and organizations*. London：Sage, 1995, p. 40.

③ Hirsch, P. "Sociology without social structure：Neoinstitutional theory meets brave new world." *American Journal of Sociology*, 1997,102(6), 1702—1723.

④ Hoffman, A. "Institutional evolution and change：environmentalism and the U. S. chemical industry." *The Academy of Management Journal*, 1999,42(4), 351—371.

度乃人为设计的，即功利导向行动者有目的行为的结果①，因此存在行为偏离或者争议的可能。而制度的认知方面则是根深蒂固的，他们往往形成不证自明的信仰，而且不容易改变。比如霍夫曼在对美国化工行业环保主义的研究中，发现化工行业尽管逐步融合了相关的环保制度，但是人们依然普遍信仰技术进步提升了生活质量，需要接受某种程度的风险比如环境代价。

规范性支柱更侧重共同体的联结、信仰和价值观。迪马奇奥、鲍威尔指出制度影响组织结构和行为的一个重要机制为规范性机制。影响组织的规范性机制主要是专业协会的完善和增长给组织带来的同行压力。认知性支柱强调的是人们根深蒂固的看法，不容易改变。有制度学派学者建议从更长的时间段考察认知性支柱形成的来源以及该支柱的发展变迁。也有不少研究考察认知性因素是如何影响组织表现的。扎克尔曼发现美国上市公司的产品身份是否符合证券分析师的分类规则对公司的股价有重要影响。② 弗雷格斯坦研究了公司多元主义形式，他认为这种认知合法性最难衡量，弗雷格斯坦开创性地以同行业之前对此形式的采用，作为跟随者认知合法性的衡量指标。海乌曼发现规模大的信贷机构很愿意跟随其他大的信贷机构进入新的领域。道宾发现美国、英国、法国不同的文化信仰是各国在铁路政策上差异的重要因素。肯博利研究了 1866 年至1966 年间纽约地区的 123 家康复组织，发现早期的康复组织大多重视产品和服务的生产，而信仰和社会规范使得组织逐渐转为重视顾客的心理康复治疗，由此导致了组织结构的变迁。③

42. 制度、结构和能动性的关系？

根据弗雷格斯坦的制度社会学理论，制度是定义社会关系的规则和共同认可的意义（meanings），这些规则和意义定义在社会关系中谁占据什么样的位置，并通过赋予行动者诠释他人行为的认知框架以引导人们的互动。制度是可以被他人识别的、认知的（取决于行动者的认知能力），在某种程度上需要行动者

---

① DiMaggio, P., & Powell, W. "Introduction", In W. Powell & P. DiMaggio(Eds.), *The new institutionalism in organizational analysis*, Chicago: University of Chicago Press, 1991, pp. 1－38.

② Zuckerman, E. "The categorical imperative: Securities analysts and the illegitimacy Discount." *The American Journal of Sociology*, 1999, 104(5), 1398－1438.

③ Kimberly, J. "Environmental constraints and organizational structure: A comparative analysis of rehabilitation organizations." *Administrative Science Quarterly*, 1975, 20(1), 1－9.

在反省中感知制度的存在。当然,制度可以影响行动者的环境情形,不管行动者是否同意和理解。新制度学派理论的核心共识聚焦在地方社会秩序(local social orders)的概念上,或者说场域。场域指的是有组织的成员聚集起来为相互间的行动设定框架的情形。新制度理论关注场域的行动如何形成、保持稳定以及怎样转化。在社会领域制定规则近乎创立制度。制度化指的是规则从抽象到构成场域里重复互动模式的过程。

行动者缘何希望产生稳定的互动模式?弗雷格斯坦认为制度建构过程是以强者力图推行规则以稳定他们的地位为背景的。场域的运行有助于在位者的(incumbent)权力和声誉再生产以及定义挑战者(challenger)的位置。然而,在位者从场域里获益最多,而挑战者尽管资源相对要少,在生存中也获得了一些稳定。当不同群体社会成员在某些紧张的社会互动里出现相互对抗,制度建造就开始了。这本质上是政治性的,关涉有着不同权力的群体对稀缺资源的争斗。制度建造始自于在位群体的危机,要么源自他们推行稳定互动模式的努力,或是因为现行的规则不再服务于他们的目的①。

弗雷格斯坦指出场域的理论明显与结构—能动性问题有关。场域理论侧重于地方社会秩序的建立,因此分析通常聚焦在某个特定群体如何定义一个社会领域。定义一旦形成,就会被占有统治地位的群体用来再生产他们的优势。从这个角度出发,既存社会结构再生产的问题就更容易理解。挑战群体则尽力利用互动中所呈现的机会、场域内部逻辑或邻近场域成员的行动所造成的危机,获取利益。稳定,或者再生产,来自于游戏规则的惯常运行,统治群体可以借现行规则再生产他们的权力。

弗雷格斯坦认为,当眼下的安排开始瓦解,场域的转变就成为可能,这通常是由某种危机所引起。危机可以是源自某个特定领域的群体关系。更为通常的情况是,危机是由其他场域溢出或者是某个群体对一特定场域的入侵。场域的形成首先在于更有权力的群体能够建造地方社会秩序。这是可以强加到其他群体之上的,也可以与场域内外的群体进行谈判的。传统社会学对场域里的社会行动很少有理论解释,因此,相比之下,场域理论具有巨大的分析优势。它提供了一个考察地方秩序如何建立、维持和转变的视角。它有助于学者去考察特定的秩序以探索该场域里的哪些力量在起作用。它会推动学者去思考场域里的群

---

① Fligstein, N., "Social skill and the theory of fields". *Sociological Theory*, 2001,19(2), pp. 105－125.

体实际上是否能创造新的秩序,如果是,其条件是什么。这个意义上,新制度理论以激进的社会理论替代了对行动的中观侧重分析。这里,社会是由无数正在创立和毁灭的场域组成。它开启了对场域间联系进行更清晰的理论化的可能。

新制度主义在行动者的角色、文化和权力方面存在分歧。一方面,理性选择理论认为制度是个体理性行动者在资源和游戏规则既定的情况下互动的结果。另一方面,社会学的制度主义则侧重于诠释模糊的社会世界,以及或有或无的行动结果。行动者通常运用现有政府或专业人士提供的剧本来建构他们的互动。

弗雷格斯坦认为两种理论都没有追寻行动的问题,都没有考虑行动者可以创造他们的社会世界的可能性。社会学的行动理论需要非常严肃地考察行动者的视野,即行动者的确会追求自身利益并积极地进行策略性互动。但是,这需要从行动者集体角度出发,考察他们的行动如何策略性地以群体为目标。新制度主义中的社会学行动概念认为制度提供了用于场域建构的集体意义。一旦形成,这些意义就为行动者提供了诠释其他人行动的剧本。社会学的很多新制度分析已经从制度化的环境开始着手。一旦一套信仰或意义被共同认可,行动者就会有意无意地对它们进行扩散或再生产。通常情况下,行动者不会有替代的概念,因此,他们会用现有的理性化的神话来建构世界并为自己的行动辩护。然而这个模式的行动理论让行动者成为了文化傀儡,行动者不过是制度的被动接受者。共同认可意义成为了因果力量,行动者成为将这些意义扩散到群体的传递者。梅耶(和他的一些学生)将这逻辑发挥到极致,认为西方社会可以用个人主义的神话来解释,它既会产生场域的稳定,又会推动场域的变迁。

弗雷格斯坦认为组织社会学的很多新制度理论缺乏权力的理论,这也和前面的行动理论问题有关。制度理论从来没有将场域为何应该存在、为谁的利益存在作为问题的核心。场域分析很少关注权力(布迪厄是个例外)、谁得益谁没有得益。没有权力分析的行动理论使得行动者成为共同认可意义的扩散者和剧本的跟随者。如果行动者是由专业人士引导的理性神话代理人,他们就缺乏了利益,人们会疑惑他们为什么会行动。社会学的新制度主义分析由于缺乏互动和权力的真正理论,他们无法解释制度是如何兴起的,那些新的行动方式的机遇来自哪里?哪些意义是可以获得的,哪些不可以?为什么?哪些行动者可以组织?那些看起来只能跟随剧本的行动者为什么可以创造新的制度,他们又是如何创造这些新的制度的?理性选择理论同样存在问题,该理论将规则和资源视为外部的,而将行动者视为具有固定偏好的个体,因此忽略了作为集体代表的个体在与其他行动者政治运作中进行生产、再生产和改变制度安排所需要的创造性和能力。比如,挑战者不得不将自身群体凝聚在一起,并持续不断地激发成员们合作。

弗雷格斯坦提出了组织和群体行动的社会学概念,即社交能力(social skill)。社交能力是引起与他人合作的能力。社交能力强的行动者善于与他人的情形共情,寻找与他人合作的理由。社交能力强的行动者必须理解群体成员如何看待多种利益以及外部群体对此又是如何看待的。他们运用对特定情形的理解,来诠释所处情形,并设定行动,以吸引现有利益和相应身份群体为目标。社交能力概念源自符号互动理论。行动者对自我的认知很大程度上由与他人的互动所形塑。在互动中,行动者会尽力呈现一个积极的自我。身份指的是行动者用来定义他们是谁以及他们在特定情形下所想要的。那些有效的成功的行动者,往往处于统治地位,可能享有很高的自尊;处于被统治地位的行动者可能会受侮辱,而被迫采取策略来对抗受辱。正如戈夫曼所指,社会里的所有成员都能进行有技巧的社会表演。人们在社会化的过程中学会了如何同他人互动、合作,获得了身份认知的感觉。米德认为一些社会活动者比其他人在引导合作方面要强。这是因为他们能够建立一个积极的自我,引起他人的共鸣。弗雷格斯坦称这些行动者更有社交技巧。技巧高的社会行动者为他人提供意义,同时也为他们自己提供意义。他们对功效的概念并非源自狭隘的个人利益(虽然他们会因社交技巧在物质上获益),而是源自引导合作以及帮助他人达成目标的行动。他们竭尽全力促成合作,如果一条路被堵死了行不通,他们会选择其他路径。这意味着有技巧的社会行动者既不是狭隘的个人利益导向,也不是死守某个目标的。他们并没有某个死守的个人利益,相反,他们侧重在不断演化的集体目标。他们的目标在某种程度上是开放的,他们随时获取系统所给予的。从这个意义上,技巧很策略的行动者,相比那些在与他人的某些对抗中只是狭隘追求个人利益的理性行动者,在动机上完全相反。具有更多的社交技巧意味着一些行动者在促成合作方面比其他人强,他们更善于理解某些特定情形并给他人提供共同认可的意义,最后带来合作。对于技巧高的社会行动者来说,最基本的问题是如何叙述故事以符合他人的身份和利益而形成合作,同时用同样的故事来设定对抗反对者的行动。这也是戈夫曼所提出来的框架的基本问题。

43. 什么是实践和实践逻辑?

实践这个词语让很多思想家着迷,也引起了很多辩论。在布迪厄和吉登斯的著述里,实践作为政治经济活动,有两层含义:一是作为时空延伸的多样行动;二是作为付诸实施的行动。实践是在某个社会领域比如农业、厨艺、经济和政治中相互交织的活动。每个实践都是以联结时空多样活动的形式,而不是一种集合的形式存在。布迪厄和吉登斯都认为实践相比行动,在本体论上要更为根本。

布迪厄的直觉认为实践是自我延续的。① 依据他的理论,实践是某个特定场域内实施的相互交织的活动。性情产生了场域里的活动。这种性情在场域里客观情形下获得,与这些客观条件在结构上同质,会产生让这里的实践和条件不断延续的活动。布迪厄将这种性情称为惯习。

惯习不只是对行动负责,也对思想、理解、动机和观念负责。而且,这些性情与行动的关系是两面的。它产生行动,同时,也选择哪些行动。惯习选择的行动是明智和有理由的。明智和有理由有两种含义。首先,在既定情形下,行动是合适的。其次,对行动者来说,行动是可以理解的。这意味着,惯习产生的行动对于生活在同样条件并习惯相同实践的其他人来说,也是明智的、合理的。相应地,前述的其他人的行动对于行动者来说,也是能够理解的。生活成长在相同条件下的行动者,在惯习上同质,这种同质确保了所有个人行动会累积为统一的、有规律的和系统的实践。

布迪厄认为,更重要的是,行动选择遵循实践逻辑。实践逻辑就是惯习选择行动的原则。在任何情况下,惯习选择行动,也定义了行动的情形,并定义该情形下的行动作用。布迪厄有着索绪尔式的直觉,即意义源自差异。布迪厄也坚称这些定义是由差异体系组成的,在布迪厄看来,就是各种对立。比如,白天对黑夜,湿对干,软对硬,平滑对粗糙,热对冷。惯习所含有的对立面形成了语族,每个语族以某个根本对立为基础,这些对立在不同社会也有所区别。

实践逻辑,就是规范情形定义和行动作用的原则,它是通过对立语族的建立和运用实现的。客体、人们以及事件的意义获得就来自于对立语族。可预期的未来以及规定的行动都是在这些意义基础上进行描绘的,行动的作用也服从这些安排和描绘。通过这种方式,行动的选择是由对立面所构成的。

---

① Bourdieu, P. *The logic of practice*. Stanford, CA: Stanford University Press, 1990.

那种将行动定义为特定情形下的行动作用,通常是对于行动者来说资本最大化的行动。布迪厄认为实践通常遵循资本最大化逻辑,不只是物质或经济资本,而且是社会和符号资本。就行动规范而言,这意味着惯习依照这种逻辑选择哪种可以实现这种作用的行动。构成行动选择的对立体系也构成了实践组织。布迪厄认为同质性情的构成是通过既定的客观条件而不是实践。这些客观条件有两个基本维度:统计规律和群体网络。相关的统计规律例子包括价格曲线、接受读高等教育的机会、假期频率等。群体是客观的实体,他们拥有某些文化、符号和物质资本,比如年龄、教育、职业、财富、等级、家庭等,并追求某些行为和生活模式。一个极为重要的群体分类是经济阶级,它是在经济资本分布中占据相似位置的个体组合。布迪厄认为,在一个既定场域,价格、机会、假期频率等要素,在统计上是有规律的,人们要面对的价格、机会和频率反映了他们所属的群体,以及这些群体的关系。

和布迪厄一样,吉登斯的直觉也是关心不断延续的行动,用他的话说,就是实践的时空延续。① 正如他揭示的,实践通过不断更新那些决定它们的情形来延伸它们自己。两位理论家都认为结构是实践的介质和结果。而对于吉登斯,实践形成系统,其结构涵括实践结构之间的关系。实践,更进一步说,是行动的一种联结。吉登斯认为,行动者依照结构参与到实践中。因此,实践的结构也管理并构成实践的行动。

同时组织实践和管理行动的结构是由规则和资源构成的。规则是日常生活实践行动所隐含的、在方法上适用的通用程序。它们是通用的,可以运用在多种情形中,可以在方法上不断重复地运用。吉登斯以行动程序来分析规则,是有意识地与一般视之为话语公式(discursive formulations)的概念相对立。吉登斯写道,规划的规则不是规则,而是规则的解读。资源,作为结构的第二个构成部分,是社会权力运行的介质。而社会权力是要依赖他人行为带来变化的能力。② 通过对资源的运用或依赖,行动者将他人也引进来参与行动以确保实现某种结果。而且按吉登斯的分析,运用资源包含了在个人或事情上施加命令。资源的例子包括资质、能力、活动的组织、行动者的协调,以及财富、技术、原材料和土地等。规则和资源组织实践,引导个人行动。他们通过延展时空来组织实践。他们开

---

① Giddens,A. *The constitution of society*. Berkeley:University of California Press,1984.

② Giddens,A. *Central problems in social theory*. Berkeley:University of California Press,1979, p. 93

启某些行动的可能性,而关闭其他行动的可能性。^① 如此开启和限制行动,这些规则和资源对时空进行约束,也因此确保实践的时空延展。作为实践的结构,这些规则和资源也被社会科学家递归推演、重构,这种递归推演和重构以构成实践的行动规律为基础。实践以某种规律性在时空之外虚拟地存在着。

引导行为的规则和资源,在另一方面,可以让行动者利用,这只意味着他们遵循规则并利用资源。然而,当结构被视为个人行动的决定性因素,它就不再是时空之外的虚拟命令了。相反,它以超越时空的方式嵌入行动者的实践意识。这种引导人们行为的默而不宣的知识就是关于规则的知识。行动者要利用规则和资源,就是他们在规则和资源的实践意识基础上采取行动。因此,吉登斯指出,如果离开行动者对他们日常生活的知识,结构根本就不存在。而且,作为实践意识,结构是不可以直接接触得到的。然而,话语意识是行动者理解或指导并能用语言表达的一切,实践意识是他们理解和知道但是不能用语言表述的一切。很多社会互动里的规则就沉淀为实践意识。

布迪厄将惯习作为行动的唯一决定因素。相反,吉登斯不认可这样的规则和资源。对于吉登斯来说,人们所能做的取决于理由和需要。理由是人们不断理解他们行为的基础,而需要是根植于无意识的深层动机。无意识与实践意识相似,都无法触摸语言意识。无论如何,规则和资源并不是人类行动的唯一决定性因素,它们是唯一持续的因素。它们主要维持惯例,它们也会对偏离惯例起作用。相反,理由和深层需要,并不直接激励惯例。需要只有在关键情形下才激发行动,即当一般满足需要的惯例被打断的时候。大量行动以理由为基础,但是吉登斯认为行动者在惯常行为中不需要理由^②。

布迪厄与吉登斯对以往的社会行动理论提出了很大挑战。两人都旨在抨击以往理论对实践和行动的过度理智化。

44. 合法性和知识分子在制度变迁中起何作用?

学界越来越关注合法性对于新制度诞生的重要作用。这些关注包括更多地了解合法性、制度逻辑的变迁,以及语言或修辞的策略使用。合法性,是在行业

---

① Giddens, A. *The constitution of society. Berkeley*: University of California Press, 1984, pp. 174—179

② Giddens, A. *Central problems in social theory. Berkeley*: University of California Press, 1979, pp. 218—219

尚未成熟时,新组织所要面临的重要制约要素之一。它有两个要素。一个是认知性的,即一种新的形式是如何被视为理所当然;另外一个是社会政治性的,即新的形式在多大程度上符合所认可的原则或所能接受的规则、标准。合法性通过信任的机制起作用,换句话讲,合法性对于新组织要在环境之中建立信任至关重要。合法性的标准隐含在制度逻辑之中,这是一种深层隐藏而没经过检视的推理和假设。正如弗利兰德、阿佛德所指出的,逻辑被视为组织的原则,这个原则决定技术的选择,定义哪些行动者有权可以宣称、形塑和制约行动者行为的可能性,并确定效率和有效性的标准。① 逻辑让行动者能够理解其所面临的世界。合法化一个新的制度,与替代旧有的制度逻辑是同步进行的。这是通过修辞的运用实现的,这是一个在制度逻辑与合法性之间不断谈判的过程。例如,隆斯伯利考察了中国从 1945 至 1993 年间引导金融领域的逻辑变迁,以及形塑金融工作职业化的金融专家的发展。②

要取得合法性,行动者的能动性也是很重要的。领袖可能会采用一系列特别的修辞技术,在原有的规则和标准下来框架(frame)新的组织形式。组织学的很多新制度主义者采用了社会运动的分析模式,来考察组织场域和修辞中的权力斗争和权力转换。③

制度分析通常将组织领导和员工视为制度变迁过程的行动者,而视政策制定者为外在因素。这种分析在解释社会层面的制度变迁时存在局限。而且,制度分析缺乏对权力的考察。场域理论很好地解决了这个问题,推动学者可以将焦点放在特定群体如何定义某个社会领域。这个过程包含了权力,即在位者与挑战者之间的权力对抗,以及社会技能。根据场域理论,不同层次的行动者可以在场域里行动,包括组织的领导、行业协会和政治精英。

然而,现有制度理论的一个主要缺陷是很少有学者关注知识分子在制度变迁中的作用。布迪厄的理论提供了考察知识分子在制度变迁过程中重要性的线索。他暗示知识分子在制度的再生产和变迁中扮演了重要角色,并主张分类斗

① Friedland Roger, and Robert Alford. "Bringing society back in: Symbols, practices and institutional contradictions." In *The new institutionalism in organizational analysis*, edited by Powell Walter and Paul DiMaggio, Chicago: University Of Chicago Press, 1991, pp. 232－263.

② Lounsbury, Micheal. "Institutional transformation and status mobility: The professionalization of the field of finance." *Academy of Management Journal*, 2002, 45(1), 255－266.

③ 例如,Voss Kim, and Rachel Sherman. "Breaking the iron law of oligarchy: Union revitalization in the American Labor Movement." *The American Journal of Sociology*, 2000, 106(2), 303－349. McCloskey, Deirdre. *The rhetoric of economics*. Madison, WI: University of Wisconsin Press, 1985.

争对于制度变迁来说是非常重要的。尽管布迪厄侧重在当代新自由主义向福利资本主义的转型,他的分类斗争(classification struggle)理论对于统治阶级与被统治阶级之间的阶级斗争有很强的解释力。布迪厄认为转型是建立在思想的生产上的。依他的术语,分类斗争是要建立另外一种分类标准和语言的斗争,以取代强大的新自由主义关于世界的分类。根据布迪厄的理论,知识分子在这分类斗争中起着核心作用。更具体地讲,他认为,通过知识分子,主要是社会学家的左翼不断的自我反思,为被统治阶级建立起一套新的话语,他们可以借此站起来反抗那些代表统治阶级利益的新自由主义知识分子所强加给他们的话语。换句话讲,分类斗争可以说是关于制度逻辑的斗争。布迪厄视知识分子为制度逻辑变迁的重要行动者。然而,布迪厄认为知识分子的分类斗争就是需要对客体与主体关系进行持续的自我反思,这忽略了场域里不同行动者之间不断变化的权力关系,也忽略了社会实践。

六

社会分化、冲突与权力

45. 怎样认识社会分层现象？

社会分层是在社会分化的过程中，不同的社会成员由于所处的外部环境以及自身因素方面的差异，一些成员得以享有更多的社会有价资源，占据更为优越的社会地位，从而使所有社会成员之间呈现出高低尊卑有序的不同等级、不同层次的现象，它反映了社会成员之间的一种结构性的不平等。

在理解社会分层现象方面，首先一个问题，是根据什么标准来区分社会阶层。在这方面，社会学的研究中存在两种意见。一种意见坚持一元标准，另一种意见则主张多元标准。前者如马克思的阶级理论，坚持认为，根据对生产资料的占有与否这一标准划分出的阶级结构是社会最基本的结构，阶级分析是一种根本性的基础性的分析。当然，在坚持这一点的同时，阶级分析也不排斥阶层分析，相反，把阶层分析看作是阶级分析的补充。在当代西方社会学理论中，马克思的阶级分析方法也有响应者，如普兰查斯就坚持认为，应首先根据对生产资料的占有与否来划分出剥削阶级和被剥削阶级。[①] 值得一提的是，在某种意义上，布劳和邓肯的职业分层理论也属于一元标准分层方法。他们认为，在现代社会各种地位标志中，只有职业是实际存在的，社会结构不过是职业结构的附生现象："现代工业社会中的职业结构不仅构成了一个重要的基础，支撑着社会分层的一些主要向度，而且联系着不平等的不同制度和领域……无论是各声望阶层组成的等级秩序，还是各经济阶级组成的等级秩序，其根基都在于职业结构；而政治权力与权威所组成的等级秩序也是如此，因为，现代社会里的政治权威在很

[①] 参见马尔科姆·沃特斯：《现代社会学理论》，杨善华等译，华夏出版社 2000 年版，第 352—354 页。

大程度上是作为一种全日制的职业来从事的。"①

主张多元分层标准的典型,在经典社会学家中无疑是韦伯。他主张的分层标准有三个,即财富、声望和权力。与此相应,也就有三种社会分层类型,即建立在经济(财富)差别上的"阶级"地位,建立在声望差别上的"社会"地位,建立在政治权力之上的"党派"地位。跟任何理论主张一样,韦伯的多元分层理论也受到了许多质疑,比如,在政治党派之间,个人是按等级划分的吗?我们能够因某一个政党更接近于现存政权而就认为该党在上述第三类分层的地位高于另一党吗?韦伯有什么特别的理由将社会分层的标准限定为三种?等等。不过,由于多元分层方法能够比较全面、准确地反映各种有价社会资源在社会各类成员中的分配情况,同时又能比较灵活地分析说明社会成员的社会地位和归属,因而西方社会学的分层研究大多采用多元分层法。

采用多元分层标准带来的一个结果,是必然会遇到美国社会学家伦斯基所首先明确提出的地位不一致问题。所谓地位不一致,就是同一个人在不同的分层标准上显示出来的地位互不相同。伦斯基提出这一概念的目的,是要分析人们对于地位不一致的反应。一些分析指出,某些类型的明显的地位不一致是社会紧张的一个来源,并且导致一些独特的反应,这些反应是仅仅用关于个人地位系统中个人等级排列的知识所无法预测的。这种观点建立在这样一个基本假设之上:个人会努力扩大他的需要满足,如果必要,可以牺牲他人为代价。这意味着,一个有着地位不一致的人,会有一种自然的倾向去按照其最高地位或等级来看待自己,并期待他人也这么看待他。而他人却因某种既得利益而不像他所期待的那样,甚至按最低地位来对待他。这就会导致紧张。一些研究表明,地位不一致的人更可能支持改变现状的激进运动。不过,伦斯基指出,必须看到,激进运动的支持者绝大部分毕竟是那些一致地处于低地位的人。因此,地位不一致对于激进社会运动的意义更主要地在于这样一个事实,即当一些受过良好教育和训练、具有社会急需技能和其他资源的人发生地位不一致时,他们的不满可能使他们成为激进运动的领导者和其他资源的来源。②

在认识社会分层现象方面,一个也许比分层标准更为重要的问题是为什么在我们所看到的社会中总存在分层现象,如何看待社会分层的作用?在这方面,

---

① Blau, P. and O. Duncan, *The American occupational structure*, New York: Wiley, 1967, pp. 6—7.

② 伦斯基:《权力与特权:社会分层的理论》,关信平等译,浙江人民出版社 1988 年版,第 108—110、426 页。

功能主义和冲突理论代表了两种对立的立场。功能主义分层理论认为,社会分层之所以发生和存在,是因为分层对社会的存在和发展有积极作用,分层是由社会的需要产生出来的。结构功能主义的宗师帕森斯认为,社会分层是与社会必要性相适应的,是建立在每个社会最高价值之上的等级制度。在一个社会中,究竟哪些工作对社会更重要、更有用,这在很大程度上是由一个社会的价值体系所决定的。而社会的价值体系,帕森斯一方面将其与社会需求或者说社会系统存在的功能先决条件联系起来,认为所有社会的基本需求或功能先决条件都是类似的,因而不同社会的价值体系具有共通性;另一方面,帕森斯又认为,不同社会对于不同需求或功能先决条件之满足的迫切程度或重视程度是有区别的,因此,不同社会的最高价值又是有区别的。这就造成不同社会在分层标准和结果上的区别。在功能主义的基本观念下,戴维斯和摩尔进一步认为,任何社会都要以某种方式将个人分配到不同的地位上,并且引导这些个人完成与这些社会地位相联系的任务。在《社会分层的一些原则》一文中,戴维斯和摩尔表述了功能主义关于社会分层的一些基本观点:(1)在众多的社会需求中,生存是最基本的需求;(2)生存需求的满足是通过履行各种社会职业的角色来实现的;(3)但是,这些职业对社会生存的价值不等;(4)某些重要的职业需要经过长时间的培训,它们的功能运转直接影响着社会生存;(5)为了生存,社会创造了各种形式的报酬刺激,促使某些人乐于接受重要职业所必需的培训;(6)报酬的不平等分配导致了各种形式的社会分层,从某种意义上讲,社会分层的形式是与社会价值、历史背景等因素分不开的;(7)通常,一个职业与社会生存的关系越紧密,从事这一职业的人领取的报酬就越高,从而他们在社会阶层结构中的地位也越高;(8)除了职业对社会生存之价值的高低,报酬的多寡还取决于"人才匮乏"的程度——对只有极少数人才能够胜任的重要职业的报酬要高,反之,则无需太高;(9)简言之,社会分层是社会进化的一种途径,它保证了社会生存的机会;(10)因此,在复杂社会中,分层是不可避免的,它对社会的生存有着积极的功能。

从马克思的阶级学说中汲取灵感的现代社会冲突理论对于社会分层现象作出了与功能主义截然对立的解释。马克思认为,阶级分化根本不是社会报酬公正分配的结果,因为占有生产资料的阶级总会凭借其对生产资料的占有来剥削、压迫不占有生产资料的阶级,并且还会通过其掌控的国家机器、意识形态来千方百计地维护其统治地位,维护这种剥削、压迫关系。在这种情况下,不占有生产资料的被统治阶级是不可能获得应得的社会报酬的。在这种观点启发下,1953年,美国普林斯顿社会学教授图明就在戴维斯和摩尔发表上述文章的同一家杂志《美国社会学评论》上发表了同题论文《社会分层的一些原则——评论与分析》,从冲突理论的立场揭示了社会分层的弊端,从而否定了戴维斯和摩尔的观点。图明指出,首先,社会分层严重限制了那些非特权阶层的机会,阻碍了社会智力的大规模开发和利用。其次,社会分层具有维护现状的作用,而这种作用在现状不利于社会发展和进步的情况下也依然存在。社会特权阶层可以将他们的观念强加于社会,用规范的形式使人们相信和承认既定社会不平等现象的存在,无论在逻辑上还是道义上都是合理的、正当的。最后,图明指出,由于社会分层制度植根于不公平的报酬分配,因而往往会引发非特权阶层对特权阶层的对立、不满、怀疑和不信任,最终导致社会的动荡和骚乱。

功能主义和冲突理论对社会分层现象的解释理解可谓各执一端。伦斯基的理论则代表了一种综合的尝试。伦斯基认为,功能理论和冲突理论都有一定的经验效度,两者应该结合起来,以对社会分层现象做出更准确的分析。一方面,社会的利益与该社会所有成员的利益确实从未协调一致过,因而冲突理论说明了真理的一个方面;另一方面,功能主义也有一部分是真实的,因为任何社会都存在着部分的整合一致,任何社会都隐隐约约地依据某些规范在运转。简而言之,正是因为任何社会都总是存在着整合,而又总是不完全不完善的整合,所以这两种理论都是有价值的,又都是不充分的。社会生活中,既存在共契,也存在强制,合作与冲突是现实社会生活的两大组成部分。伦斯基认为,社会分层问题事实上就是社会资源如何在社会成员之间分配的问题。而社会资源事实上可以分为两大部分:一是社会及其成员生存所必需的基本资源,二是除此之外的剩余资源。这两部分资源的分配方式是不同的。前者按需要来分配,使全体成员都拥有不可缺少的一个份额。基本与功能主义所说的契合。后者则通过相互竞争的集团之间的冲突来分配,在这里权力的作用在很大程度上取代了需要。伦斯基进而指出,我们必须以大历史的眼光,在历史发展进程中来考察分层。因为不同的历史时期,社会资源的丰富程度不同,剩余资源的有无多寡不同,占主导地位的分配方式不同,从而社会分层的特点也不同。在生产力水平十分低下的人类早期狩猎采集社会或某些园耕游牧社会中,几乎没有什么剩余产品,分配基本上是按需要进行的。而随着生产力水平的提高,出现了越来越多的剩余资源,分配剩余资源的问题就显得重要起来,于是人们自然会为分配这些资源而发生冲突。由于人们为参加这种争夺所做准备以及所拥有的条件不同,就难免出现社会不平等。与此同时,权力在分配中的作用也越来越重要,并逐步变成了主导分层的因素。这种情况普遍存在于农业社会和早期工业社会。伦斯基承认,一定程度的分层对社会有积极功能,但多数社会中的分层大大超过了它们需要达到的程度,分层形式往往在它们已经变得毫无益处的情况下依然存在。不过,伦斯基又指出,在当今许多比较发达的工业社会中,一方面社会流动在增加,另一方面不平等的程度也有所缓和。这是因为工业化为人们提供了更多的资源,中间阶层大为壮大,下层阶层则大大缩小,并且这些社会还辅以社会福利、社会救助以及提高所得税等调节收入差距过大的社会再分配政策。

伦斯基的分析将社会分层与社会发展联系起来,因而被称作进化论的观点。当然,这并不意味着所有具有相似发展水平的社会都具有同一类型的社会分层,因为其他的变量,如不同的市场类型、外来的威胁、自然环境乃至领袖的作用等,都可能对分层制度发展的方式发生影响。伦斯基的理论不是一种僵化的理论。它承认冲突在分层制度中的重要性,但没有以此解释一切;它承认分层可能是难以避免的,有些甚至是有益的,但又指出不平等常常会过于严重。如果说伦斯基的分层理论有一个主要的缺陷,那就是它似乎主要只针对经济分层。

46. 社会不平等是否随着经济发展先恶化而后自然改善?

人类历史进程中社会不平等的演变是社会分层研究的核心话题。尽管大多数社会学家认为社会不平等是多维的,包括了权力、声誉和收入,而收入分配的不平等是一种可感知测量的不平等。在 20 世纪的工业化和发展中国家里存在两种不平等趋势:库兹涅茨曲线和大 U 形转弯(great U-turn)。库兹涅茨发现收入的不平等与经济发展呈倒 U 形关系。他用了 19 世纪和 20 世纪几个工业化国家的数据,发现随着工业发展,收入不平等先上升,到达顶点后平稳,然后随着经济发展而下降,而实际下降的时间在不同国家之间存在差异。库兹涅茨在1955 年的美国经济协会的演讲中首次提出了这个观点,即:经济的发展会带来大量的创造,同时也有破坏,这些都会深刻改变社会和经济结构,并影响着收入分配,在经济尚未充分发展阶段,收入分配将随经济发展而趋向越来越不平等。其后,收入分配会经历暂时无大变化的一段时期,当经济到达充分发展阶段时,收入分配将趋于平等。在美国,收入不平等在 19 世纪晚期达到顶峰,直到 20 世纪 20 年代末才开始下降。

库兹涅茨倒 U 形曲线得到一些实证支持,兰普曼也发现在美国财富分配的不平等演变也呈现同样的趋势,富人和穷人财富之间的差距在 20 世纪 20 年代末至 20 世纪中期出现显著下滑。① 后来不少研究证实了美国以及其他国家类似的趋势。② 而工业国家的一些新近经历给库兹涅茨曲线增添了曲折。

一些新的发现也给库兹涅茨曲线做了些修正。威廉姆森、林德尔特发现美国的不平等从 20 世纪 20 年代至 50 年代出现下降，随后的 20 年处于相对低的水平。然而，自 1970 年以来，美国社会的不平等再次拉大，而且日益严重③，哈里森、布鲁斯通称之为大 U 形转弯④。美国收入不平等的重新抬头趋势也被其他研究者所证实。类似趋势也出现在加拿大、瑞典、澳大利亚、联邦德国的男性收入分配中⑤，这意味着这种趋势是国际性的。

然而库兹涅茨曲线也受到很多批判。该发现虽然揭示了经济发展与收入分配平等的关系，但是却疏于解释导致倒 U 形现象的机制，尤其是何种机制在何时将两者关系推至拐点，很难从库兹涅茨的理论中得到答案。社会学家指出库兹涅茨理论的一个重大问题在于其忽视了社会的行动。在西方资本主义的发展早期，工人阶级深受资本主义生产方式的剥削，这种剩余价值的榨取拉大了社会的贫富差距。工人阶级通过各种方式抗争以求提供工资福利，正是这种抗争迫使西方国家和资本家做出妥协，改善工人工作条件，提高相应的福利待遇，缓解了资本主义发展的危机。

哈佛学者帕纳约托借用库兹涅茨界定的人均收入与收入不均等之间的倒 U 形曲线，提出了以环境库兹涅茨曲线来考察环境质量与人均收入间的关系。环境库兹涅茨曲线揭示出环境质量开始随着收入增加而退化，收入水平上升到一定程度后随收入增加而改善，即环境质量与收入为倒 U 形关系。同样，这个曲线也忽视了社会的能动性，以及制约社会能动性的社会制度安排。我们不难找出两个人口、资源、面积大致相等地区，在相同的经济发展阶段环境发展趋势并不一致的例子。

---

① Lampman, Robert J. *The share of top wealth-holders in national wealth*, 1922-1956. Princeton, NJ: Princeton University Press, 1962.

② Lindert, P. and Williamson, J. "Growth, equality, and history." *Explorations in Economic History*, 1985(22), 341—377.

③ Williamson, J. and Lindert, P. *American inequality: A macroeconomic history*. New York: Academic Press, 1980.

④ Harrison, B. and Bluestone, B. *The great U-Turn: Corporate restructuring and the polarizing of America*. New York: Basic Books, 1988.

⑤ Green, G, Coder, J. and Ryscavage, P. "International comparisons of earnings inequality for men in the 1980s." *Review of Income and Wealth*, 1992(38):1—15.

47.市场是道德的吗，还是无关道德？

市场经济这一个概念，曾相当一段时间在我国被视为禁忌。政府和学术界从意识形态以及道德等角度将之视为洪水猛兽。而市场经济真正得以名正言顺地发展则是在 1992 年邓小平视察南方之后。而在西方学术界，经济学家、社会学家围绕市场与道德关系也一直都有争论。起初的时候，市场被视为一股文明力量。在 18 世纪的大多时候，温和的商业派认为市场关系使得人们更加热诚，而不情愿相互争斗。然而到了 19 世纪晚期，这个和谐的观点受到了挑战。马克思就是其中之一。马克思认为资本主义社会会瓦解其自身的道德基础，最终会走向自我毁灭。为了回应马克思这种悲观的预言，为市场辩护的理论家修正了温和商业派的论点。他们认为市场在本质上依旧是好的，只不过也很脆弱，而市场实际运行的好坏还取决于历史文化的影响。根据这种脆弱市场派的观点，以往的文化和制度遗产延续会阻碍市场益处的发挥；相反，在美国，没有这个历史包袱正是让这个国家具有道德性并取得经济成功的至关重要的因素。

经济学家们认为竞争市场是满足个人需求、分配资源的最好、最有效的安排。这种观点始自亚当·斯密。斯密在《国富论》里这样指出，我们的晚餐并不是因为屠夫、酿酒师、面包师的善心，而是他们基于自身利益的行为。今天，新古典学派认为个人在所有的社会关系中追求效用最大化。例如，委托代理理论就假定行动者会保留信息、欺骗组织。公共选择理论也假设：政府的天然特征是腐败而不是某种程度上的仁慈。

正如斯密所揭示的：制度，不管其组成部分有多自私，都可能在总体上是道德的以及和谐的，这似乎构成了道德在先验上与经济学无关的理由。人们在渴望利润的追求中会相互制衡。因此，自私非但不会造成无尽的贪婪，反而会让人礼貌、诚实。斯密指出，一旦将商业引入一个国家，诚实、守时也会相伴而随。在当时欧洲所有国家中，荷兰是最商业化的，他们对自己的言语也是最守信的。因此，市场不但满足个人需求，还会带来社会和谐。麦克罗斯基恐怕是当今对市场最有影响的辩护者。她认为市场可以培育出一长串资本家的道德，包括正直、诚实、守信、尊重、谦虚以及责任。商业主要通过沟通来教导伦理，即提高平等双方的对话以及陌生人间的交换。① 这派理论认为商业社会将人们联结在一起,促进合作,减少社会冲突。

二战之后,强力支持市场资本主义的论点进一步将市场与自由联系起来,不管是个人自由还是政治自由。哈耶克对后者联系做了大量的论述。哈耶克认为,生产和分配的集中,会逐渐导致强制手段的运用。渐渐地,计划经济的施行会强化压迫,最终导致暴政。《通向奴役之路》这本书写于二战期间,正是法西斯和苏联极权主义高涨的年代,这本书成为 20 世纪最有影响的著作之一。然而,这种政治和经济自由不可分离观点的推广,并非是由哈耶克本人,而是他的芝加哥大学同事弗里德曼。弗里德曼写道:"经济安排下的自由是自由的题中应有之义,因此经济自由本身就是目的。其次,经济自由是实现政治自由不可或缺的方式。"②此外,市场还被视为创新的力量,这主要来自经济学主流之外的理论家,包括熊彼特。市场还会适应不同阶层人士所需,并因此提供品位广泛的文化产品。

然而,一些以马克思的异化和剥削分析为基础的理论家对温和商业的市场理论提出了全面的批判。他们指出,市场非但没有完善个人的人格特征,反而以狭隘的自私驱使人们行动。市场非但没有鼓励合作与利他,反倒使得这些动力无法理解或者将此排挤出去。市场所提供的自由,不过是金钱所能购买的自由;市场所提供的是仿造品,而不是原汁原味的多元文化。

凡勃伦认为,人们并不是如经济学家认为的那样消费物质以满足享乐需要,相反是为了在他人面前炫耀财富。因此资本主义释放人类恶劣的竞争本能,促使人们,甚至包括那些并不富裕者的铺张浪费以获得荣誉和名声。市场是一个巨大的制造浪费的机器,而且不断地鼓励并支持社会对立。这种炫耀性消费驱动,反过来,对个人的判断和行为具有深远的破坏作用。它破坏了伦理、审美情趣和奉献精神,代之以对财富和金钱消费的尊崇。③

肖在《过度消费的美国人》一书中,直接讨论了市场消费的政治结果。他认为,正如阶级冲突引起对资本主义生产的批判,永无止境的生活方式追求、隐约逼近的债务以及物质消费的社会和生态成本所引起的焦虑,应该会带来对消费

---

① McCloskey, D N. *The bourgeois virtues*: *Ethics in an age of commerce*. Chicago: University of Chicago Press, 2006.

② Friedman, M. *Capitalism and freedom*. Chicago: Univ. Chicago Press, 1962, p. 8.

③ Veblen, T. *The theory of the leisure class*. London: Penguin Books, 1994(1899).

的政治批判。①

桑德尔认为市场交换通常是非自愿的，严重的不平等或生活必需品的极度匮乏都使得市场交换的自由本质成为讽刺。而某些产品，尤其是道德产品，以及人体器官或胚胎，都被市场交易所腐蚀。这些物质，由于其特殊性质，本来是不可以买卖的。② 马克思认为，资本主义除了对剩余价值的榨取剥削，还扭曲了社会关系。商品化的悖论使人与人之间的社会关系、事物之间的物质关系被视为人与人之间的物质关系、事物之间的社会关系。

波兰尼强烈认为市场的兴盛是表面平等结合了实践中残酷的不平等。他的著作讨论了随着现代工业资本主义兴起的道德秩序转换。波兰尼强调了现代资本主义对人的品行和社会关系的非人性化影响，个人被视为商品，而不是目的。这个大转折的关键时刻是 1834 年英格兰穷人法案改革。这让劳动力市场自我调节的观念得以制度化，因此将劳动转化成为商品，消解人们团结，以此成为社会秩序的合法性基础。改革者对旧的穷人救济法律的指控，大多以道德而不是严格的经济学名义。改革者们认为，穷人救济削弱了对穷人的道德约束。③ 美国 20 世纪 90 年代中期的福利改革也有类似声音。这种观点认为福利支持助长了懒惰和非合法性，阻碍了任何有意义的社会认可；相反，市场却鼓励尊严、机会、责任和社会团结。

但是，波兰尼关于新的穷人法案的描述，削弱了政治经济学家们对市场和道德关系的乐观看法。1834 年的法案提供的救济是低于最低工资、市场上最不愿意干的工作。穷人们被限制在监狱式的厂房里，男女被隔离开来。为了保证劳动的自由流动和工资的自由调节，贬低穷人救济被视为必要的措施。因此，在自由市场的资本主义中出现了一些高压社会政策。瓦康德发现福利削减、新自由经济政策以及大规模囚禁之间存在明显联系。在所有盛行自由市场的国家，被投入监狱的人数暴增，因为国家更加依赖警察和刑事制度来控制因为大规模失业、微薄的社会保障、朝不保夕的工资所带来的社会失序④。

温和市场派及其批判者实际上有一个共同点，即市场会对社会秩序产生重

---

① Schor, J. *The overspent American*. New York: Basic Books, 1998.

② Sandel, M. " What money can't buy: the moral limits of markets", *In The tanner lectures on human values*, Salt Lake City: University of Utah Press, 2000(21): 89 - 122.

③ Polanyi, K. *The great transformation*. Boston: Beacon, 1944.

④ Wacquant, L. *Deadly symbiosis: Race and the rise of neoliberal penality*. Cambridge, UK: Polity, 2007.

要影响。而脆弱市场派则反过来认为以往的历史文化会对市场作用产生重要影响,有可能成为市场的束缚,也可能成为市场的动力。脆弱市场派又有几个有着细微差别的论点。市场在某些文化下会繁荣,而在另外一些文化下则会受阻。韦伯是持这种观点的先驱,他讨论了不同的宗教文化与资本主义精神的联系。经济学家兰德斯也持类似看法,他认为如果缺乏一些文化特质,工业革命是不可持续的。① 政治结构和政府能力也会对市场成败有重要影响。例如,埃文斯认为成功的工业化必须依赖政府能力(例如,有凝聚力的、合法的官僚体系,免于政治压力的独立性),以及公共管理与私人资本的有效联系。② 而另外的学者则指出政府与市场的关系在不同的资本主义下形式不同。豪和索斯基斯指出了现代资本主义的两种形式,即自由资本主义以及调和资本主义,分别以美国和德国为代表。道宾比较了19世纪美国、法国和英国的铁路发展历史。他认为,三个国家的政府官员之所以选择了不同的路径,这是因为他们对如何保持社会秩序有着不同的道德看法。在美国,他们主要为了保证共同体的自主决策、防止公共腐败;在法国,政府的中央调和被认为是避免铁路后勤混乱所必需的;而在英国,这被看作是保障个人的权利。③

48. 如何认识社会交换与社会结构的关系?

古典经济学家认为人是理性的,在自由竞争的市场里进行交换,以实现效用的最大化。不少社会学家和人类学家对这一狭隘的功利主义假定进行了各种修正和批判。

英国人类学家马林诺夫斯基率先区别了物质性或经济性的交换同非物质性或符号的交换。他研究了西太平洋上的特罗布里恩(Trobriand)群岛居民,发现海岛上部落里的人们中间,存在着一种被称为库拉圈(Kula ring)的艺术品交换关系圈。马林诺夫斯基认为,库拉圈不仅是经济的或物质的交换网,而且是用来加强社会关系网络的符号交换,这种交换的动机具有社会心理学的意义,因为这种交换意味着社会和个人的双重需求。库拉圈的交换关系具有炫耀、共享、给予

① Landes, D. *The wealth and poverty of nations: why some are so rich and some so poor*. New York: Norton, 1998.

② Evans, P. *Embedded autonomy: States and industrial transformation*. Princeton, NJ: Princeton University Press, 1995.

③ Dobbin, F. *Forging industrial policy*. Cambridge, UK: Cambridge Univ. Press, 1994.

的基本功能,并且具有创造社会联系的深切愿望。法国人类学家莫斯认为马林诺夫斯基的交换理论过分强调了个人的心理需要,而忽视了社会需要。莫斯认为这种交换并非全然是个人性的,这种互惠性的动力来自社会或群体,交换关系产生于群体道德,并巩固和服务于群体道德这一自成一格的实体或社会的规范结构。

德国社会学家齐美尔从人对某种资源的需求、资源的价值等方面明确解释了交换的原则以及由交换产生的权力结构。根据齐美尔的理论,行动者对某一特定类型的资源的需求越迫切,同时得到的可能性越小,则这种资源对他越有价值;行动者越是感到对方的资源有价值,他们之间就越有可能建立社会关系;行动者越是认为另一方的资源的价值大,后者对其拥有的权力就越大;行动者的资源越是易于改变,则在交换中的选择和变更能力越强,从而在交换中的权力越大;在社会交换中,行动者越是力图控制局面来掩盖对某种资源的需求或隐藏这种资源的可用性,那么,交换中的紧张程度就越大,也就越有可能引发冲突。齐美尔认为,涉及金钱的经济交换只是社会交换形式中的一种特殊形式。

20 世纪 60 年代和 70 年代,美国几位社会学家如霍曼斯、布劳等的研究使交换理论成为社会学理论中最重要的一个分支。他们对社会交换的原则和社会交换如何形成社会结构有着更为系统的阐述。

霍曼斯认为交换理论必须首先强调面对面的互动。他的交换理论具有很强的心理学色彩。他认为心理学的原则是社会理论的公理,并借用了著名的斯金纳鸽子实验原理,提出了交换的几个命题。[①] (1)成功命题:对于人们进行的所有行动来说,一个人的某种行动得到的报酬越经常,这个人就越愿意从事这种行动。(2)刺激命题:如果以前某一特定刺激或一系列刺激的出现都使某人得到报酬,则当目前的刺激与该刺激越是相似,他就越有可能进行这种行动或相似的行动。(3)价值命题:对于一个人来讲,他的行动结果对他越有价值,他就越可能去执行这个行动。(4)剥夺/满足命题:某人最近越是经常得到一种特定的报酬,则对他而言,这种报酬的增加就越没有价值。(5)攻击/赞同命题:A,当一个人的行动没有得到他预料的报酬时,或得到他没预料的惩罚时,他将感到气愤,他便可能去从事攻击性行为,而这种行为的结果对他就更有价值;B,当一个人的行动得到了预期的报酬时,尤其是得到的报酬比他预料的报酬多时,或者没有得

---

① Homans, G. "Social behavior as exchange". *American Journal of Sociology*. 1958,63(6):597-606.

到他预料的惩罚时,他会感到高兴,他更可能从事认可性行为,这种行为的结果对他更有价值。(6)理性命题:人们在对两种行为进行取舍时,会根据他当时的认识,选择那种随着获利可能性增大、结果总价值也增大的行为。

在此基础上,霍曼斯用成本报酬概念而非其他社会学家的宗教情感、权威魅力、功能性依赖来讨论群体凝聚力。他认为决定群体凝聚力强弱的有两种因素。首先是由成员获得报酬的途径决定的,内部报酬越多,凝聚力越强,群体规范制度无需较高成本维持;外部报酬越多,凝聚力越弱,群体规范制度需较高成本维持。其次,与成员群体内报酬与成员个人独立活动时报酬差别相关。合作中的报酬少于独立活动的报酬,凝聚力会减弱,反之增强。同样,从成本报酬概念出发,霍曼斯阐述了社会交换权力形成方式:一方在社会交换行为中,付出的成本大于对方,获得的报酬小于对方,那么他获得交换中支配对方和控制交换行为的权力;交换中能提供稀有的资源,会获得较高交换权力,若该资源需求普遍,交换权力更大。

布劳将交换区分为内部和外部交换。内部交换,也称社会交换,即从社会交换关系本身获得非功利性报酬,如友谊、恋爱。其特征在于非功利性、模糊性和复杂性。外部交换,也称为经济交换,即社会交往关系之外如市场通过功利性物质利益的交换,其特征在于功利性和精确性。内部交往遵循道德原则,外部交往遵循经济原则。

布劳指出,社会交换存在吸引、竞争、整合、分化四个基本过程,支配着人与人之间交往的基本社会过程,其根源在于原始的心理过程,如作为个体间吸引的感情及获得各种报酬的欲望之基础的过程。社会吸引是一种诱导力量,它使人们建立社会交往;一旦形成交往,社会吸引又会使人们去扩大交往的范围。社会交往是人们出于自己的自由意志而结成的社会关系,而不是他们与生俱来的关系或者外力强加给他们的关系,但即使在非自愿的关系中,交往的范围和强度也要取决于相互吸引的程度。行动者努力通过竞争相互施加影响,在竞争中他们展现自己所能提供的报酬,以迫使他人按照互惠规范以甚至更昂贵的报酬作为回报,社会生活因此充满竞争,努力对彼此施加影响,谋取有价值的报酬。

随着互动的继续,交换各方的结局越来越明显:有些人拥有比其他人价值更大的资源,因而占据了独一无二的地位,可以从其他想得到他提供的较高价值资源的人那里获得报酬。在社会交换关系的这个时点上,个人组成的群体按照他们所拥有的资源,和其对他人提供的互惠种类的要求产生分化。当人们在交换关系中可以得到服从时,他们就拥有了权力。群体中的权力分化造成了两股相互冲突的力量,即整合的倾向和对立冲突的倾向。

　　人们在社会交换行为中结成了无数群体,群体之间的相互作用关系构成了社会宏观结构。布劳的社会结构概念从简单和具体的结构单元及其之间关系出发。这些部分即人们所组成的群体或阶级,比如,男人、女人、族群,或者社会经济阶层,更精确一点地说,结构单元是人们在不同群体和阶层的位置。结构单元内部及其之间的联结就是人们之间互动与沟通形成的社会关系。简言之,社会结构就是人口在社会位置之间沿着不同线条的分布。布劳进一步采用了参数的术语来阐述社会结构。结构参数是人们在社会互动中赖以区分的任何外在标准。年龄、性别、种族,以及社会经济地位都是参数,这暗示这些差异都会实际影响人们的角色关系。谈社会结构,就是谈人们之间的差异,因为,社会结构就是依据人们角色关系中明的或暗的区别来定义的。[①]

　　群体之间的交换实质也是支付成本和获取报酬的关系,以此形成了群体之间的权力结构关系。保持宏观社会权力结构稳定的根本条件是要维持各社会群体及其成员对成本和报酬关系的公平感。成本和报酬之间关系不公,即社会分配不公,可以引起反抗现存权力结构的运动。

49. 阶级存在吗?

　　马克思认为阶级是由生产资料所有制形式决定的。要理解马克思的阶级分析,需要和他的宏大的目标相联系,即要将人类从异化中解放出来。马克思认为资本主义让社会的大多数 ——工人——失去技术、碎片化和异化。异化有四种方式:产品的异化,生产的异化,人的异化,最后是人类的异化。工人必须出卖他们的劳动力,却不能自己控制它,后者掌控在资本家的手中。为了解放人类,私有产权作为异化劳动的表现必须得到废除,生产必须得到高度发展。马克思对阶级的历史唯物主义分析也建立在他对青年黑格尔学派的批判之上。对于青年黑格尔学派来说,是意识产生了人们之间的关系。马克思驳斥了这种观点,他认为观点、概念和意识首先都是和物质活动直接交织在一起的。这也适用于精神活动、政治、法律等。意识,从一开始就是一种社会产物。

　　马克思的学术主要围绕这个目的进行。在《论犹太人问题》中,马克思提出

---

① Blow,P. "Presidential address:Parameters of social structure". *American Sociological Review*,1974,39(5):615-635.

了政治解放和人类解放的问题。他在《1844年经济学哲学手稿》中更加详细地阐述了异化和人类解放,而在《德意志意识形态》一书中马克思形成了历史唯物主义,并首次提出异化的解决方式是通过共产主义。在对资本主义进行了哲学和历史分析之后,马克思做了深入的经济分析。在《雇佣劳动和资本》一文中,马克思证明了资本与劳动相互依赖的关系,并指出所谓自由的劳动者出卖的是劳动力而不是劳动,这与奴隶和农奴不同。在《资本论》第一卷中,马克思揭示了资本主义的秘密,那就是资本家依赖于工人们提供的剩余价值,而且指出剩余价值产生的前提条件是以资本主义私有产权制度为基础的。后来恩格斯在《社会主义从空想到科学的发展》一文中梳理了马克思主义的起源,总结了他对历史的看法。在这篇文章里,恩格斯认为资本和劳动的对立会导致生产过剩和资本主义危机,这会最终引起资本主义的灭亡,那时无产阶级会掌握国家的权力并管理经济,国家也将逐渐消失。因此,马克思和恩格斯相信共产主义是一个客观的和科学的目标,无论是从经济分析还是历史分析。马克思进一步认为资本主义的发展与工人的抗争相伴,资本和劳动的关系决定了工人从资本主义诞生的那一刻起就会与资本家对抗。马克思相信一个又一个阶级斗争会最终将资本主义引向灭亡并迎来共产主义。

因此,通过与青年黑格尔学派的对话,对人类解放的宏伟目标——共产主义的探索,马克思强有力地将阶级概念建立在经济条件尤其是生产资料所有制的关系上。而阶级意识只不过是工人与资本家社会关系的产物,这由财产关系所决定。因此,对于马克思,经济关系是阶级分析和人类解放的核心。

布迪厄关于阶级和阶级斗争的概念不同于马克思。马克思仅仅采取财产关系作为划分阶级的单一标准,布迪厄的阶级概念是多维度的,它由经济资本、文化资本、社会资本等各种资本在社会空间分布形成的。实际上,布迪厄后来非常反对社会科学所做的分类工作。根据布迪厄的理论,阶级斗争根本上围绕着象征权力而非经济剥削而展开。他的阶级分析核心在于符号支配。因此,布迪厄的目的在于发掘支配的秘密,即权力的符号支配和运行,继而勇敢地与统治阶级阐述的象征权力对抗。这些统治阶级包括了知识分子,他们使得统治权力合法化。正如他所说的:"勇敢地站起来反对那些语言,抵制它们,只说人们想说的。不要说那些借用的已经赋予社会含义的语言。"①

关于阶级和资本的关系,布迪厄隐晦地批驳了过于简化的经济决定论,将其

---

① Bourdieu, P. *Sociology in question*, Sage Publications, 1993, p. 6.

他形式的资本引入了社会空间，正如他指出："要解释无尽多元的实践，这些实践既是属于一个整体又有其自身特殊性，人们不得不打破线性思维。"①布迪厄对经济资本的解释很不满，这和他反对理性行动模型的立场有关。他认为人们的行动并不总是具有某种目的，惯习显示了行动的无意识方面。对于布迪厄来说，经济资本和教育资本同时都是权力的工具以及权力争夺的目标，但是它们的实际作用并不一样，在作为权力合法化原则或区隔的标志方面，它们在不同时候，当然，也被不同的方面而区别对待。② 因此，在布迪厄看来，社会阶级不是依据财产定义，而是采取了如下定义。他这样写道：

> 社会阶级不是由财产定义，甚至也不能将它作为衡量资本量及组成最具统治地位的标准；也不能以社会成员之不同属性的集合定义，这个集合包括性别、年龄、社会出生、族群（比如黑人白人比例，本地人和移民）、收入、受教育水平等；甚至也不能以属性链来定义，这个链赋予每个属性以及它们对实践影响以特殊的价值。我们这里建构阶级，让其在既有的物质条件及它们施加的条件这些根本决定因素方面尽可能一致。因此，这意味着即使在建构阶级和诠释与这些阶级相关的品质、实践分布变化时，人们有意识地考虑了次要特征的网络，只要阶级以单一标准来定义，甚至被定义为职业，这些网络就或多或少被无意识地操纵。③

布迪厄对社会空间的关注甚于对阶级的关注，尤其体现在他后期的著作里。在《区隔》一书里，他认为符号斗争围绕着分类斗争展开，这意味着工人阶级对统治的反抗在于分类体系或者对世界的看法和欣赏角度的转变。而这些，他倾向认为，应该由部分知识分子来完成，这部分知识分子应该能够超越他们思想的限制。

然而，在他后期的学术生涯里，布迪厄批判了社会科学包括马克思所做的分类工作。他认为社会科学不应该建构阶级而应建构社会空间。布迪厄指出："提

---

① Bourdieu, P. *Distinction*: *A social critique of the judgment of taste*, Cambridge: MA. Harvard University Press, 1984, p. 107.

② Ibid. p. 316.

③ Ibid. p. 106

社会空间,是为了解决阶级存在或不存在的问题,让这个问题消失。"①布迪厄区别了纸上的理论阶级与现实中的阶级。"现实的阶级,如果它真的存在过,一定是实现了的阶级,即被动员起来的阶级,这是分类斗争的结果,这种斗争是要加强一种世界观,或好听一点,在观念上和现实中建构世界,以及按照社会世界的分割来建构阶级。正如人们从自身经历所了解的那样,阶级的存在是一种利益争斗。社会阶级是不存在的。真正存在的是一个社会空间,这个空间里充满各种差异,阶级在某种意义上是虚拟的存在,并不是某种既定的存在,而是需要实现的。"②布迪厄进一步批判马克思将阶级理论付诸现实,认为马克思犯了他本人对黑格尔指责的同样的错误,从逻辑的事物到事物的逻辑。

在唯物主义方面,布迪厄基本上与马克思是一致的。这体现在很多方面。例如,布迪厄认为,阶级惯习是一种阶级情形的内化形式,这由资产阶级、小资产阶级及工人阶级的品位和阶级状况联系就可以看出来。比如,工人阶级功能主义的审美情趣来自于他们必须为生活必需品而奔波,而新资产阶级的消费享乐主义道德观是由新的经济逻辑推动的。他总结道,不同生活形态的模式与他们在社会结构中的位置是相一致的。③ 布迪厄也认为政治观念的分布与阶级地位相一致,而阶级惯习在其中起着中介作用。然而,布迪厄与马克思在唯物主义方面也有细微差别。首先,马克思最关注的是财产关系和生产/经济剥削,而布迪厄的经济维度主要围绕着职业、收入和消费,而他几乎是忽略财产关系的。其次,布迪厄认为阶级状况不但决定阶级意识也决定阶级无意识,而马克思对后者几乎没有涉及。阶级无意识是阶级惯习隐含的思想和行动方案。布迪厄细微地区别了在政治观点产生过程中的有目的的行动和阶级无意识,强有力地指出日常生活的实际选择是基于阶级无意识而不是阶级意识。

马克思认为,源自物质基础的意识以及上层建筑的转变根本上是由经济变迁决定的。他指出,在出现了脑力劳动与体力劳动的区别之后,意识对现实的反映常常是被扭曲的,因而是虚假的。这些意识继而发展成为纯粹的理论、神学等。这些神学等意识与现实的关系之所以会出现冲突,是因为这些社会关系与当时的生产力出现了矛盾。马克思着力阐述了阶级在结构中的客观位置,即自

---

① Bourdieu. P. *Practical reason*: *On the theory of action*. Stanford: CA. Stanford University Press,1998, p. 32.

② Ibid. p. 11.

③ Bourdieu, P. *Distinction*: *A social critique of the judgment of taste*, Cambridge: MA. Harvard University Press, 1984, p. 263.

在的阶级，他也指出对立的位置会造成阶级冲突，这时阶级意识就会产生，从而成为自为的阶级。马克思似乎认为阶级意识是自在阶级之间斗争的必然结果。他指出资本主义的发展会让无产阶级的利益处于同等平均状态，因此他们会建立阶级联合去反抗资本家。马克思进一步指出无产阶级运动是自觉的、独立的运动。因此根据马克思，阶级意识近乎完全是由阶级位置或与财产间的关系决定的。在他的著作《法兰西的阶级斗争》与《十八世纪路易·波拿巴王朝》中，马克思又细致区别了金融贵族和工业资本家，流氓无产者与无产者。他认为金融贵族和流氓无产者都是反动阶级。马克思似乎暗示意识形态的控制误导了无产阶级，或许还包括其他阶级对资本主义本质的认识，这就是恩格斯所说的错误意识。

与马克思不同，布迪厄认为阶级状况决定了阶级无意识在产生政治观点以及进一步的阶级斗争中起着重要作用。根据布迪厄的理论，对于工人来说，不存在其他语言，他们不得不借用统治阶级的语言，不得不求助于发言人，而这些发言人也是被迫使用统治阶级的语言。统治阶级将分类和安排都强加给被统治阶级，而被统治阶级只是被动地跟随统治阶级。换言之，工人阶级的惯习和无意识让他们深深地陷入统治阶级所强加的统治之中。

关于阶级/分类斗争，马克思认为，工人反抗资产阶级的斗争包括个人反抗、机器破坏，建立工会、政党，罢工、革命等，这些斗争可能会有暴力。布迪厄认为阶级斗争的核心是反抗符号暴力。围绕符号权力的斗争是以商品或实践的形式来适应各种分类标志，以及保存或颠覆这些独特性质的分类原则。符号斗争，简言之，就是围绕分类的斗争。统治阶级通过对他人的分类行使权力并从中获利。分类斗争实际上是对世界秩序的观念重构。布迪厄认为分类斗争主要发生在统治阶级内部，即那些经济资本富裕而文化资本相对贫穷的工业资本家中。统治阶级内部被支配阶级包括艺术家、受过高等教育的教师，这些人的资本拥有与前者正好相反。知识分子与艺术家拒绝炫耀性消费，同时，他们能够在符号统治方面可以让统治的这一派系置于矛盾的位置。

50. 权力是如何产生和运行的？在什么情况下被统治者会起而反抗权力？

马克思主义认为生产资料私有制是统治阶级权力的根本来源。生产资料的所有者不但在经济上支配着被统治者的命运，而且在上层建筑的政治结构中，掌握国家机器,可以通过暴力以及暴力威胁实施权力。在资本主义社会,无产阶级因不堪忍受资产阶级的剥削,从破坏机器、个人抗争开始,逐渐走向集体罢工,组织工会和政党,反抗资产阶级的权力。韦伯认为权威有三个来源,即传统、领袖魅力和法律。如果被统治者撤销了政治权威的合法性,他们更有可能寻求冲突。被统治者在如下条件下更有可能撤销政治权威的合法性:社会成员的阶级、所属身份群体和政治等级高度相关;资源在社会等级间分布的不平等程度很高;在权力、声望和财富的社会等级间的社会流动率很低。

冲突学派的达伦多夫认为,权力是不顾他人反对而实现自身意志的能力,权威是合法化的权力。现代社会,人们以权力和权威为基础形成了行使权力、拥有权威的人群,以及服从权力、崇拜权威的人群。这种分化存在于社会的各种组织之中,因此社会组织并非基于组织成员的共意而形成,而是一个内含权威结构的强制协作联合体,分为统治与被统治两种角色地位,在整个社会形成统治与被统治阶级。

虽然冲突学派从冲突的视角总结了影响冲突强度和烈度的因素,但是这种冲突本身包含了受权力支配一方的反抗。例如,达伦多夫认为:(1)如果一个强制协作群体的统治者在另一个群体中也处于统治地位,就会形成多元重叠状态而使冲突各方在多种利益上对立,在各个角色地位上都发生冲突,而社会可能分裂为两大对立阶级。(2)权威地位与其他社会地位之间相关性强,重叠度高,即统治阶级通过自身权力获取各种其他利益,扩大统治阶级与被统治阶级的不平等,使被统治阶级处于多方面被剥夺状态,产生绝对剥夺感而升级冲突强度,反之,则会降低冲突强度。(3)代际流动、各代地位稳定性强,对冲突强度影响小;代内流动稳定性弱,对冲突强度影响大;处于权威地位之间的垂直流动越小,冲突越强。(4)绝对经济剥夺,将使阶级冲突产生暴力等高烈度形式;相对剥夺将使阶级冲突采用非暴力的低烈度形式。

社会交换学派也从交换的视角阐述了交换如何形成权力、群体权力的运行以及反抗。布劳指出,社会交换的不平衡是权力结构的根源。群体成员经过一段交往,公认某人可以给他们提供比别人多的利益或报酬时,此人便成为群体领导,群体内部权力结构就形成了。根据布劳的理论,群体权力要得到巩固和稳定,需要满足以下条件:(1)若领导者能力强,群体成员持续获得报酬利益或更多,成员将更加认可该领导者,权力结构进一步巩固。(2)领导者要让成员意识到服从领导才会有很好的报酬,最有利的是让群体成员产生一种欠情感。(3)领导者一次成功可以引起其他方面的成功,越有效使用权力,越能获得更大权力,必须以领导付出恩惠和成员获得报酬为基础。领导者要巩固和扩大自己权力，必须时时注意处理好成员的利益期望与报酬需求。（4）群体权力结构稳固仅靠领导者给予成员恩惠和报酬的非科层性因素是不够的，还需要在群体内部形成明确的规章制度，使领导者的权力通过各种纪律、规制和制度等科层性手段实现并实施，以保证权力实行的稳定化和普遍化。（5）群体内形成共同价值观念和伦理规范是群体权力结构稳定的必要条件。因为权力结构都是在特定的文化背景和伦理关系中存在的，群体成员的价值观念和道德准则不仅制约着他们的信念、意志、选择和交往方式，也影响着他们对权力结构和领导者的认同和评价，还影响着权力的效力和结果。

布劳提出了要保持宏观社会权力结构稳定的根本条件，即要维持各社会群体及其成员对成本和报酬关系的公平感。成本和报酬之间关系不公，即社会分配不公，可以引起反抗现存权力结构的运动。领导者权力控制层面越广，行使权力力度越强，引发反抗的可能性越大，参与反抗的人也越多，反抗也越激烈。

布劳还分析了反抗运动成功的因素：（1）关键因素在于反抗群体能否形成新的权力结构。反抗群体之间要形成不平衡的交换关系，这样容易在相对短时期内产生公认的领导，反抗运动从无序走向有序。（2）反抗运动中需要形成新的意识形态。如果不能突破原有权力结构内化的价值观念、伦理规范和行为准则，想改变权力结构是不可能的。要突破，就必须形成新的意识形态。仅仅批判、否定是无济于事的。

51. 代表和符号统治的关系是什么？

根据布迪厄理论，符号统治和分类斗争的一个重要机制是代表。代表包括了政治家或代言人/代表以及知识分子，后者生产符号产品。布迪厄认为最客观的理论需要考虑代表对社会世界建构的贡献，他们实际上施加他们自己对世界的看法。布迪厄指出政治中每天所运行的符号效应取决于代言人的篡夺。他进一步指出现实中代表们的竞争，以及代表与被代表者的安排，都被代表与被代表者之间的明显关系所遮掩。他认为代表们有他们自身特殊利益，代表们的场域有着自身的生产逻辑。

布迪厄对代表的讨论与韦伯关于平民与领导关系的讨论近似。韦伯认为，平民是无法清楚表达自己观点的大众，他们受大的协会管理。韦伯进而指出民主化并不是意味着受管理者对权力的更多分享。然而，韦伯也认可平民的一些影响,因为这可以改变选择领导的方式,并且通过公共舆论对行政活动施加影响。而布迪厄对公共舆论则持反对看法,他认为公共舆论在根本上不过是政治家们对统治语言的篡夺,因为被统治者没有足够的能力去理解,因此,公共舆论根本上是符号统治。

韦伯反对激进的民主,对工人运动则更是悲观。他认为,工人在国家社会主义的命运与在私人资本主义下的命运不会有什么差别。在符号方面,同布迪厄一样,韦伯认为工人的目标根植于对真实关系的误识别(misrecognition)。更重要的是,韦伯强调科层制是强有力的理性统治工具,具有持久的性能,很难摧毁。布迪厄则对科层制避而不谈,虽然他也提到家庭、学校、政府等机构,他对这些机构的讨论更多是从符号统治的角度。布迪厄并没有像葛兰西那样非常明确地主张要重建制度或公民社会,相反,他强调分类斗争的解放性功能。这种分类斗争旨在反抗那些由知识分子强加的非常理性化的、自然的和普遍化的分类体系。布迪厄似乎暗示制度、科层制、政府进行符号统治的来源正是这些分类体系。这或许是他为何如此强调分类斗争重要性以及他为何比韦伯要乐观的原因。

就政府在统治中的作用而言,韦伯认为国家是垄断了合法性的物理暴力,布迪厄则持不同观点,他强调政府对符号暴力的垄断,这种垄断设置了所有人之间符号斗争的限制。

52. 如何看待惯习和理性在统治中的作用?

布迪厄认为在符号统治中,惯习机制起了根本作用,这决定了分类斗争的意义。而韦伯认为,统治包含了习惯性和理性的计算,而且要推翻越来越强大的理性机制是非常困难的。布迪厄的分类斗争是与他对阶级无意识的强调有关的。阶级无意识是阶级惯习隐含的思想和行动方案。[①] 布迪厄认为符号统治并不是通过有意识的知晓,而是通过模糊的惯习性情。符号权力是持久地植入于被统治者的身体之内,以观念、性情的方式,这种植入伴随着惯习的学习和形成过程。布迪厄进一步将个人惯习延伸至阶级惯习,阶级惯习是相同生存条件下的同一结果。他认为惯习的作用会让人无意识地解释一些看起来带有目的论的行为,

---

① Bourdieu,P. *Distinction*:*A social critique of the judgment of taste*,Cambridge:MA. Harvard University Press,1984,p. 419.

这些行为通常是以集体的角度来观察的,而且经常被归结为集体意志。[1]

而韦伯则认为,统治或许是以多元的服从动机为基础的,从最简单的习惯到最纯粹的对利益的理性计算,而且任何一种真正形式的统治都意味着至少有那么一点的服从。韦伯提出三种合法性统治,即理性的统治、传统的统治和魅力型的统治。韦伯暗示理性统治以理性计算为基础,而传统的和魅力型的统治则建立在习惯基础上。在韦伯的很多讨论中,都涉及理性。在理性统治中,服从是因为法律上建立起来的、非个人的秩序,这涉及理性。韦伯认为对合法性的识别是一种自由的、清晰的意识。布迪厄对此持批判态度,他认为这种识别或承认根植于惯习。他对马克思的错误意识概念也不认可。布迪厄认为错误意识本身就包含了经过了思考的服从,而这实际上根本就不存在,相反,他认为无意识的误识别在起作用。布迪厄进一步反对那种要唤起觉醒的做法,他认为这种做法忽略了社会结构植入于人们身体中的巨大惰性。[2]

布迪厄的符号统治理论很大程度上与韦伯的理性统治学说相提并论,这可以从他花了大量精力去阐释学术普遍主义、理性主义的错误看出来,他认为这些使得统治自然化了。不同于韦伯,布迪厄认为实践中的理解并不是一个知晓的意识而是一种惯习的实际感觉。惯习,作为社会化了的个体的记忆板,植入了社会秩序的知识,通过对情形的自然事先调整以及没有任何经过深思熟虑的行动表现出来。因此,在布迪厄看来,韦伯所说的理性统治建立在理性基础之上,在根本上是错误的。然而,韦伯或许会回应,布迪厄也许低估了服从过程中的理性因素。

布迪厄与韦伯在无意识和理性方面的讨论还存在很多分歧。韦伯,在很多地方强调理性支撑着资本主义的起源和发展。资本主义在西方的兴起与理性的记账、家庭私事与公共事务的分离、计算的发展、理性的法律制度,以及加尔文教派有条不紊的理性的禁欲主义有关。科学也越来越使得这个世界去魅化和理性化。那些内在一致的理性化、有条不紊地加以训练过的命令,成为纪律的内容。理性纪律是一种最让人无法抵制的力量,它会削弱个人行动的重要性,根除个人魅力,实现地位分层的理性转化。工厂里的组织纪律建立在一种完全理性的基础上,把工人的最优盈利能力当作任何一种生产的物质方式一样计算。日益理性的经济需要也进一步推动证据程序的理性以及科层制的理性化,科层化又推

---

[1] Bourdieu, P. *Pascalian Mediations*. Stanford: CA. Stanford University Press, 2000, p. 146.

[2] Bourdieu, P. *Pascalian Mediations*. Stanford: CA. Stanford University Press, 2000, p. 172.

动了教育和培训的理性化。

有时候,韦伯也谈到无意识的服从。他认为加尔文的禁欲观逐步演化成为一种占有统治地位的世俗的道德观,这个外套应该会变成一种铁笼,这个铁笼会决定生活在这个机制里的每一个个人。而且,在官僚体系的纪律下,官员们的服从是一种习惯性的行为。对于韦伯来说,无意识行动,与习惯性行动相近,是由早期的有意识行动演化过来的,而对于布迪厄,行动从一开始就是无意识的。

53. 符号如何构成权力?

在建构他的符号权力理论时,布迪厄试图用抽象的词汇来阐述在所有社会中,秩序和社会制约是由间接的文化机制而不是直接的社会强制机制产生。他认为,在以前的年代,人们拒绝承认这种间接文化机制,即使这种权力在表面上凝视着人们。布迪厄指出,我们必须要在最隐蔽的、完全被误认识(misrecognition)的地方揭示权力。① 根据布迪厄的定义,符号权力是建构现实的权力,它是一种不可见的权力,这种权力的运行需要那些不想知道他们臣服于权力或甚至不想知道他们自己正在施行权力的人们的共谋。符号权力是一种附属的权力。它是其他形式权力转换的、合法性的权力,是由不同种类资本包括经济、文化或社会资本转变而来的。此外,布迪厄认为这些资本都是权力的来源。因此,权力是可以拥有的,符号权力是可以积累,也可以丧失的。

依据这个视角,权力是工具。它暗含了某种宣称,即符号权威作为社会认可的权力,强加一种社会世界的观念,即社会世界分割的观念。在这里,布迪厄强调了知识尤其是科学理论的作用。他指出社会科学必须将理论效果纳入社会世界理论之中,这种理论通过强加的带有某种权威的世界观,有助于构建这个世界的现实。这种观察社会系统的方式,被布迪厄称为符号系统,它是精神结构的系统,也是分类或等级原则的系统。

这种符号系统的政治功能就是帮助确立一个阶级对另外一个阶级的统治。根据布迪厄的理论,这些阶级可以在日常生活的符号冲突中直接斗争,也可以是专家们在符号生产中斗争。这种过程依以下方式进行:统治阶级中受支配的部分,比如神职人员、知识分子或艺术家,通常倾向于将他们自身位置特殊的资本置于等级序列的最高位。这种符号斗争的一个主要特点是,统治阶级所采取的

---

① Bourdieu, P. *Language and Symbolic Power*, Oxford: Polity Press. 1994, p.163.

意识形态立场是再生产策略,这种策略会在阶级内和阶级外强化那个阶级统治合法性的信念。因此,意识形态立场的场域以一种新的形式再生产了社会位置的场域和主要由符号暴力确立的既定秩序。布迪厄认为,意识形态通常是受双重因素决定。意识形态不但要表达阶级利益,也要受那些生产意识形态人的利益以及这种生产场域特殊逻辑的影响。统治阶级的话语或意识形态是一种结构化的,并不断结构化的介质,它要施加视既有秩序为自然的观念。这要通过误认识的过程来实现,即人们并不视它为暴力。生活在这社会世界里,我们接受一整套假设、定理,这些似乎都不言自明,也无需灌输。①

布迪厄认为人们由权力关系组成,权力成为社会现实的终极原则。鲍德里亚则认为,在后现代社会,以往理论家所描绘的现象已经发生了巨大变化。对于他来说,权力是如此的分散、碎片化、非物质化,因此要描绘其路径、结构、关系和效果是不可能的。他认为权力不再安然存在于经济等领域或者政府、监狱等机构,而是完全分散在整个社会。在后现代社会,符号游戏扩散权力符号,权力隐含在编码、模拟、媒体等之中。而且,在当下后现代社会,权力符号和模拟模式的扩散极大地让权力去中心化。

鲍德里亚认为,在后现代社会,即在大众传媒和消费社会时代,人们与外部现实的关系越来越少。他们完全沉迷于影像的游戏之中。实际上,正是这种事件的影像或信号物形成的世界幻想已经取代了直接经历以及影像或信号物所指的知识。因此,这是完全模拟的世界。然而这些模拟不同于虚构和谎言,因为它将缺席呈现为在场,将虚幻呈现为真实,它也削弱任何与真实的对照,将真实纳为己有。②

根据鲍德里亚的理论,权力不接受对模拟的挑战。人们如何才能惩罚德行的模拟?现有秩序无法做到,因为法律本身即是一种次级的现代性拟像。而模拟是第三级的后现代拟像,超越了对与错,超越等价,超越在所有权力和整个社会阶层中起作用的理性区隔。在后现代的消费社会,权力只是社会需求的客体,因此遵循供需规律,而不是暴力与死亡的规律。权力完全从政治维度下解脱出来,如同其他商品一样,它依赖于生产和大众消费。权力,在某些时候,也只生产它的相似物的符号。

---

① Bourdieu, P., Wacquant, L. *an invitation to reflexive sociology*. Oxford: Polity Press, 1992, p. 168.

② Baudrillard, J., *Selecting writings* (ed. by M. Poster). Stanford: Stanford University Press, 1995, p. 6.

按照鲍德里亚的理论,在这种社会运行的权力,最好的例子就是媒体。他认为,就媒体例子而言,两种对立的假设都成立。它们是权力的策略,作为迷惑大众、施加真理的方式。或者,它们是大众诡计的策略领域,实施拒绝真理否认现实的权力。现在,媒体是最好的去除真实、真理、所有历史或政治真理的工具。因此,媒体操纵了一切。任何人都不能控制这个过程:媒体作为载体为了模拟它所属的体系,也模拟它要摧毁的体系。

布迪厄和鲍德里亚关于权力的理论虽然有很多不同,但都是提出了考察权力的一个视角。他们都认为要考察权力的本质,需要解构这个现象。他们的理论与传统理论有很大不同,都聚焦在权力的微观分析,而减少了制度分析。而且,他们都强调权力与知识相关,布迪厄认为知识是在符号上强加的某种世界观,而鲍德里亚认为知识是影像的再生产和模拟的原因。

54. 福柯、布迪厄如何理解权力与现代性的关系?

福柯的权力和现代主体的谱系学结合了权力的原初哲学概念以及现代社会起源的修正观。这两种观念在福柯的谱系理论中相互交织,是一种严格考察历史的唯名论方法。柯朗宁指出:福柯的谱系理论非常复杂,现代权力的理解围绕两个轴进行重构:(1)这些著述试图对我们关于权力的传统理解产生巨大变迁;(2)他们提出了现代制度起源的原始历史记述。

福柯围绕第一条轴的创新主要是对权力的重新认识,由实体性的权力观,即权力是由主体拥有并实施在另一主体上的,转向了一种相对权力论,即权力在主体网络关系之间起作用。首先,福柯认为将权力视为特定个体/群体对其他个体/群体的控制,错误地解读了权力如何在现代社会中的运行。这是一种将权力与主权、法律相连的司法概念。依照这样的概念,权力属于权力等级关系下的某些特定的人,权力的实施得到被实施者的默认,权力按照共同认可的、给权力设立合法性实施的权力观而运行。但是,现代社会的规训权力并不需要一套特殊的权威或控制,相反,它通过并在多种社会关系中起作用,这些关系包括经济、家庭、性别等,形成一种权力关系场域,涵括了整个社会。规训权力通过无尽的地方性抗争来产生影响,形成战略性的模式,这种模式结晶成为全球的统治机制,而不可以还原为个人的目的。它并不关注行为的合法以及违规的惩罚,而是关注利用身体和繁殖能力的行为规范。

其次,福柯将分析的重点从有意识和意志的主体转向身体,规训权力作用在身体上，灌输一种规范性、习惯性的反应，这样现代主体就为权力所影响并成为权力的载体。统治权力是负面的，它阻止那些不服从法律的行为，而规训权力则是有创造性的，通过细微的、无尽的监视、规制和考察机制，可以持续地控制身体行为，这样现代主体完全成为权力载体和知识的客体。至少从柏拉图开始，西方哲学认为权力与知识是对立的，权力歪曲我们对真理的看法。福柯抨击了这个传统看法，他提出如果没有权力场域的相关构成，也就不会有权力关系，也不会有那种不同时构成权力关系的知识。因此很有必要从知识主体分析转向一系列知识—权力关系以及它们的历史变迁分析。

福柯围绕第二条轴线的创新对韦伯的现代化理论提出了挑战，这表现在社会行动领域的功能细化，以及它们在现代国家制度下的巩固。同时也对马克思的现代化理论提出了挑战，这表现在揭示资本主义经济制度的内在逻辑方面。福柯认为，我们生活的社会既不是韦伯意义的、受国家支配的社会，也不是马克思意义的两大对立阶级不断两极分化的社会，相反，是一个规训社会。在这种社会中，社会关系要受无处不在的规范化的纪律规训。为了支持这个激进观点，福柯非常详尽地记录了大量现代机构中规训技术的发展，包括监狱、医院、精神病院、学校、工厂、军营，并声称这些技术已经超越这些机构，正在形塑现代社会人们生活的各个方面。福柯视监狱为标志性的机构，它采用新的权力技术，在时间和空间上将囚犯隔离，并对他们的身体行为施加无尽的监视和规制。这些机构同时也成了新兴的人类科学的实验室，使得细微观察囚犯、记录规制和强迫手段成为可能，并进一步使这些技术法典礼。这些机构的设置、运作，反过来依照犯罪学、心理学、医学、教育学的知识进行修正和理性化。由此，某种意义上，规训权力通过社会机构传播。我们置身于看似进步的更加集成的权力—知识反馈机制中，这已经超越了认知和行动主体的控制。这种视现代化从一种全球权力—知识体系向另一种转化的分析，反映了尼采的历史观念，即拒绝一种目的论的假设——认为存在人类的终极真理，这个真理会逐渐为科学所揭示，或假设政治制度的历史反映了朝向更加公正的社会秩序演化的进步。

在福柯的谱系学分析中，身体似乎取代了传统分析中的主体。但是，身体，既不是权力的目标，也不是反抗权力运行的来源。实际上，在强制性机构如监狱、精神病院之外的权力运行，并非必然要以身体约束或强制的形式，它们也不通常通过监视。比如，阶级、种族和性别支配都是非常隐蔽的，正是因为它们在很大程度上通过对压迫制度下的自我、世界进行内化和解读起作用的，通常是以无意识的方式。这样，福柯对身体的角色分析使得反抗权力的概念就有问题，因为身体如何成为反抗权力的来源并不清楚。

福柯坚称权力和知识存在紧密关系,这也为反抗的可能性带来更大的困难。如果规训权力是人类科学系统、总体性话语的影响结果,那么反抗就似乎必须是地方性的、无方向的,它所产生的任何真理影响都是转瞬即逝的。也许这就是让福柯将谱系分析与受压制意识的复苏相联系的原因,这些意识保留了过去社会抗争的记忆,但是以现有的经典科学逻辑,他们还算不上社会斗争。作为反科学的谱系学,可以详细阐述这些地方性反抗的大众知识,并将之汇入抗争的历史知识以被策略性运用到反抗有组织的科学话语暴政及与之相关的总体性权力中。福柯讨论在受压迫的知识的复兴时,将谱系学与意识形态批判联系起来。

布迪厄的符号权力理论,认同福柯对地方性抗争的强调,进一步将地方互动分析与受现代国家制度调节的全球社会阶级的统治关系联系起来。布迪厄对于权力的现代形式分析基于他在阿尔及利亚一个部落社会里的人类学研究所发展出的现代社会实践理论。布迪厄力图超越只关注主体的目的和理性计算的主观主义的行动理论;也力图超越客观主义理论,比如结构主义理论,该理论以集体符号结构所含的规则来解释实践。① 布迪厄分析了传统社会的实践,比如礼物交换,考察了行动者的行为和认知惯习以及这些行动所展示的社会世界的客观结构之间的辩证互动。惯习,包含了持久灌输的性情体系,它会影响行动者的行为,以及他/她对行为以及整个世界的认知和代表。② 这种灌输通过日常行为的指令和琐碎纪律,通常通过手势间接沟通,父母和老师以此让孩子的行为与流行的社会期望一致。这种影响延伸到其他方面,比如身体举止、风度,食物应该如何端、如何吃的姿势,谈话的合适时间和地点,以何种音调、什么样的表情等等,都因性别而不同。在这个训练过程中,通过隐含的文化分类方式,孩子被灌输了对世界以及他/她在世界中的位置的看法。因此,惯习反映了权力关系,这种权力关系构成了它要灌输的社会世界,以及形塑社会实践并具体化为物质文化的文化理解。整个社会环境,从他人的行动和说话方式,到传统房屋下的家庭空间布置,都力图强化个人对世界以及他/她在世界中的位置的看法,并引导行为客观地与主要权力关系的限制相调适,这个过程不需要借助任何外在强制。惯习起着一种行动生成原则的作用,这种行动只与它所构成的社会空间相关。

传统文化的社会世界结构由两种因素决定,一是占据权力等级结构位置者

---

① Bourdieu, P. *In other words*. Stanford, CA: Stanford University Press, 1990, pp. 124—125.

② Bourdieu, P. *The logic of practice*. Stanford, CA: Stanford University Press, 1990, p. 53—54.

的关系,二是对立的符号体系,这形塑了行动者对社会和自然界的观念,比如干/湿,左/右,奇数/偶数,白天/黑夜,等。权力关系部分是由物质资源所决定,尤其是个人可以支配的财富和暴力方式。但是,以纯粹物质方式来看待传统社会的权力关系,会误读它们的结构和再生产方式。在传统社会里,经济和政治权力与符号权力是不可分割的,符号权力遮盖了取决于物质或隐含武力威胁的社会关系的真实面貌,因此促进了对这种关系的基本接受。符号权力是物质权力关系的一种外在形式,它们通过社会分类的方式得以认知,这种分类使得权力关系合法。惯习中共享的认知和评价格局通过灌输合法和自然的信仰方式遮盖了社会分割的武断。布迪厄写道:分类体系,以它们自身特有的逻辑,再生产客观的阶级,即,性别、年龄和生产关系中的位置分割,对权力关系的再生产产生特有的贡献,这样确保了误认识以及它们所依据的武断的认识(recognition)。在极端情况下,自然和社会世界是不证自明的。①

55. 语言是如何控制资本主义大众的?

马克思认为,反抗制度的动力直接来自于该制度本身;在资本主义社会,这个动力的根源来自资产阶级对生产资料的占有。马克思把眼光放在了英国、法国和德国的工厂工人,即那些抵制新的劳动过程严苛纪律的无产阶级。他希望这个已经构成大多数并最受压迫剥削,同时又是资本主义最必需的阶级,将成为市民社会的变迁力量。马克思似乎忽略了或者低估了情况的复杂性。在资本主义早期发展过程中,抗争最激烈的人来自两个群体:一个群体是手工业者,他们不得不进入工厂而失去独立性;另外一个群体是农民,他们从远离工业城市的农村进入工厂。马克思将无产阶级的革命角色归因于资本主义劳动过程的剥削结构,这个结构越来越使得工人的生活陷入贫困。马克思认为工人们唯一可能的反应就是从雇佣劳动下解放他们自己和整个世界。然而随着时间的推移,工人以政党和工会的形式表达不满,这是从体制内部改良,而不是要推翻它,而马克思似乎没有注意到这一点。

二战之后马克思主义理论面临危机。尽管依然是资本主义方式,但是在发达资本主义社会,革命和社会运动的主力离劳动过程越来越远。历史学家对工

---

① Bourdieu, P. *Outline of a theory of practice*. Cambridge: Cambridge University Press, 1977, p. 164.

人阶级的明显驯化提出了很多解释,包括更高的工资、劳动力的分层、族群和地域差异、政党工会领导能力低下、自由政府的变化、民族主义等等。无论是哪种理由,工人阶级自 20 世纪中期似乎不再是反抗的主力了。同时,其他群体已经跻身革命的中心。先是第三世界的农民,然后是学生、种族群体、妇女、同性恋、囚犯、环保主义者等,都曾经做过无产阶级的合法宣称,认为他们在社会最受压迫,要奋起反抗这种持续的状态。

马克思认为对工人的压迫会激发工人对资本主义的反抗,然而他缺乏关于革命意识、语言以及符号互动或一般文化的理论,这或许与他决意要与黑格尔的意志等精神文化分析区别开来有关。因此,20 世纪的社会政治并没有沿着马克思主义道路发展,历史唯物主义的框架也因此受到质疑。同时,马克思主义似乎又不能解释今天发生的很多反抗运动。

虽然马克思主义备受质疑,一些理论家在马克思主义的框架下尽力去重新发掘新的解释,例如德国的哈贝马斯和法国的鲍德里亚的批判理论。哈贝马斯和鲍德里亚在重新思考马克思主义的时候,都认为将语言作为科技和文化的中介非常重要,对经典马克思主义的缺陷提出了解决方案。

以哈贝马斯为例,他在 1968 年《作为意识形态的技术和科学》的文章中发展了语言理论,并对马克思提出了批判。因为法兰克福学派的背景,哈贝马斯的语言理论源自霍克海姆和阿多诺所著的《启蒙辩证法》。在这本书里,霍克海姆和阿多诺将批判理论与科学传统区别开来。他们认为,科学理性是一种以统治为本质的手段,也成为统治人类的手段。如果自古希腊到 18 世纪哲学家们的启蒙运动,以理性和科学来批判社会统治,那它不过是以另一种方式培育和延续了统治。霍克海姆和阿多诺希望对资本主义文化的批判不应放在工厂,而是放在科学的合法性意识形态。他们对法西斯主义统治时期所看到的现象,即在法西斯下政治统治与科学文化高度吻合,使得他们对未来的阶级斗争持悲观态度。相比前面二位,哈贝马斯受到的黑暗事件影响要少得多,他在对科学和技术的批判中重新塑造了批判理论。

由于发达资本主义的结构变化,哈贝马斯指出阶级关系与科学出现了保守的联合。霍克海姆、阿多诺、马库塞强调了这些发展带来的消极前景,而哈贝马斯却认为这只是马克思批判理论的不足而已。哈贝马斯认为,马克思没有提出科学和技术合法性角色评价理论,因为他的理论并没有清楚区别解放行动与技术,马克思没有提供现有技术的替代方案,因为他的劳动理论本身就是科学和技术。哈贝马斯找到了两难困境的出路。技术已经成为意识形态来源之一。生产体系的成功使之成为其正当理由,事实转型成为意识。哈贝马斯将批判理论的启示颠倒过来。他从韦伯将技术与文化分离的行动理论中获得启发。韦伯区别了目的理性行动和价值理性行动,哈贝马斯采用这个区分,并发展了技术行动与符号互动的相互矛盾悖论。

在哈贝马斯看来,资本主义历史已经进入新的阶段,19世纪的古典资本主义在20世纪成为组织资本主义(organized capitalism)。在早期发展阶段,资本主义生产方式通过自动运作的市场机制获得合法性。尽管有时有政府干预,但市场在很大程度上,在独立的领域里运作。阶级统治因此限于生产关系之中。资产阶级榨取工人剩余价值的的行为获得合法性来自市场的自然运行。市场波动具有匿名性,遮蔽了资产阶级的权力。另外,宗教和自由文化传统的持续,也减弱了阶级斗争的震荡。对神的信仰以及合同制度,为原本压迫的社会提供了其他意义。在20世纪,这些都发生了变化。寡头工业的兴起,国家战争的创伤,市场的崩溃,这一切将新的社会总体推向顶点,即组织资本主义。在这种资本主义中,国家调节阶级斗争,接管以前由市场做的社会管理。从此社会的不公正可以在公共领域里辩论。在新的合法性形式下,剥削不再是矛盾的中心。所有的社会斗争都必须由政府做出行政解释。但这恰恰是政府不能做的。[①]

哈贝马斯认为文化信仰通过传统力量得以持续,它们都是没有计划和目的的兴起和衰落。因此政府必须借助操纵和广告技术来保持社会体制的合法性和价值。在组织资本主义中,经济危机不再以阶级斗争而是以行政合法性的方式进行斗争。每次危机,会使政府丧失一点信誉,而政府则归咎于个人消费动机的文化支柱上。稀缺性不再存在于物质消费而是在于意义。最终,生产危机只能以消费来辩解。当政府依赖消费主义来为自身辩护时,一个新的辩证模式被制度化了,经济危机成为文化悲剧。

鲍德里亚认为,在发达资本主义社会,消费主义已经支配日常生活的各个方面。1968年的五月革命让资本主义结构产生了巨大变化。例如,日常生活的重要性都需要经过分析和批判。鲍德里亚不同于传统马克思主义的是,他以符号学(semiological theory)这种新的方式阐明了消费主义的特征。

鲍德里亚可能是法国第一个历史地、批判地采用符号学的思想家。他在《消费社会》一书中描绘道:在发达资本主义社会,一种新型结构的意义已经浮现,其效果以差异为逻辑,而这只能以符号学理论来加以分析。鲍德里亚指出,消费的

---

① Habermas, J. *Legitimation Crisis*. Boston: Beacon, 1975, p. 70

社会逻辑,根本不是个人对物质、服务的使用价值占有,也不是满足的逻辑,而是社会信号物的生产和操纵。马克思主义如果仅仅停留在指出资本主义生产这些信号物以操纵大众把他们引入无尽的消费行为中,那么就失去了分析作用。鲍德里亚认为问题的真正要点在于信号物本身而不是产品成为消费的客体,它们在结构化编码中获得权力和魅力。而这些编码,不能通过资本逻辑而需要通过符号学逻辑解码。①

因此,鲍德里亚关于消费的分析完全是历史的,因为他将符号学也置于批判中。商品的生产已经进入一个新的阶段,伴随着一套新型结构的符号和语言工具。一旦这套意义结构被置于符号学的分析之下,其结构编码被揭示,就会形成新的观点,即要实现激进变迁应该将重心放在编码上,并以此采取新的行动去推翻它,创造一套新的符号的象征交换。鲍德里亚的目的是双重的:修正符号学,让其形式主义和非历史性符合批判理论的需要;修正马克思主义,让生产主义符合文化批判主义的需要。其结果是形成新的批判理论,该理论能够捕捉技术和文化、生产和符号交换的相互依赖性。

鲍德里亚的《客体系统》和《消费社会》两本书,旨在证明在消费分析中,符号学比马克思的需要概念要有优势。如果只是从价值源自劳动、使用源自需求的角度来定义商品,就无法解释二战后兴起的大规模消费主义。马克思的社会实践分析局限在生产视角,忽略了意义的社会交换力量,后者构成了非生产主义的逻辑。如果社会被视为象征交换系统,编码权力就会展示其力量。鲍德里亚指出,在发达资本主义,控制大众不只是以劳动谋生的方式进行,还通过控制交换符号差异的需要进行。个人不是通过他们的工作类型而是他们消费的意义来获得与他人相连的身份。受凡勃伦和一些人类学家的影响,鲍德里亚坚称商品作为社会符号物而不是物质客体的重要性。从生产中心到符号交换中心的转换是受新技术发展推动的,比如收音机和电视。这些技术的文化意义在于它们发出单一信号,并构成一个新的编码:信息消费的信息。新媒体改变了符号交换的语言结构,创造了消费主义新编码得以兴起的条件。

哈贝马斯和鲍德里亚从技术和文化的角度批判地揭示了发达资本主义的内在矛盾,这种矛盾不再仅仅局限在马克思所说的生产资料所有制所带来的经济领域,还表现在新兴技术和文化制造的消费差异文化,从而以合法性的表象控制

---

① Baudrillard, J. *The consumer society: myths and structures*. London: Sage Publications, 1998, pp. 78-79.

大众，并将经济危机的责任推给大众，从而掩盖了前面的矛盾。

56. 知识分子在阶级 /分类斗争中的作用是什么?

马克思在阶级斗争的讨论中非常零散地提到知识分子的作用。这或许是因为马克思对意识形态作用的贬斥。马克思强烈主张是社会存在决定意识，而不是相反。他非常反对青年黑格尔学派对意识的强调——这部分与知识分子的作用有关。当他谈到统治理念时，他认为这些不过是占统治地位的物质关系的理想表达，这种物质关系被抽象成理念。因此是那种使得一个阶级成为统治阶级的物质关系，才使得他们的理念也占有了统治地位。对于马克思来说，知识分子在阶级斗争中的参与似乎只是附属物。他指出当阶级斗争处于某个关键时刻，部分资产阶级意识形态家，对自身有所提升，可以从整体上理解历史运动，会加入无产阶级队伍。然而，知识分子的卷入也可以从另外一个角度理解，即无产阶级选择性地运用资产阶级的知识作为斗争武器，而拒绝他们所提出来的自由、文化、法律等概念。马克思后面这个观点，某种程度上与布迪厄一致。布迪厄倾向认为知识分子是分类斗争的关键。知识分子在符号统治，尤其是话语权力方面，起着至关重要的作用。他们的地位和优势也依赖于这种符号权力。被统治的人们默认了这种符号，是因为这些语言给他们施加了对社会秩序承认的分类方案，隐藏了这种秩序基础的武断分类。[①] 布迪厄的反思社会学很大程度上是对知识分子作用的质疑。在《反思社会学邀请》一书中，他反复强调社会学家的客体化，即需要反思知识分子所处位置与他的客体间的关系。他对知识分子的反对立场随处可见，他特别反对新自由主义的知识分子。在《反抗行动》一书中，布迪厄号召知识分子履行与新自由主义斗争的承诺。布迪厄有时候被指责有对知识分子的一种好辩的暴力，近乎反知识分子。布迪厄暗示知识分子需要一种新的科学和政治思考方式，这些思考方式是具有解放性的，而不是服务于统治权力的合法性。[②] 他进一步指出，知识分子要完成这种解放任务，唯一的前提条件是他必须完全理解并掌握是哪些因素在决定他自身的意识。[③]

有学者指出，布迪厄不像马克思那样，他没有将社会变迁的问题作为首要

---

① Kelly J. , "*Book review*, language and symbolic power". *American Journal of Sociology*, 1993, 98(5), p. 1200.

② Bourdieu, P. *Sociology in question*, Sage Publications, 1993, p. 6.

③ Ibid, p. 44.

的,相反,他以社会再生产为关注核心,也就是社会是如何可能的。这样的说法也许并不公平。其实,布迪厄也有社会变迁的关注和方案,除了他对社会再生产的考察之外。他眼中的社会变迁,是要挑战占统治地位的象征权力,或如前所述,是要站起来与统治语言、分类做对抗。他暗示这些任务需要由知识分子来完成,由他们来重建被统治阶级的语言。①

然而,布迪厄并不赞同马克思,即社会变迁的根源在于财产所有制。布迪厄似乎在经济剥削和符号统治的关系上比较模糊。马克思非常清晰地指出财产的私人所有制让社会上的大多数人即工人异化了,私有制必须被废除,而工人正是这种变迁的代理人。布迪厄与马克思在这方面的分歧,可以归结为以下事实:马克思非常关注人类解放,这在根本上是由经济关系决定的;而布迪厄则主张社会并不是经济决定论,人们的其他需要比如文化需要也会影响社会关系,因此他眼中的统治是符号统治,他似乎对经济统治话题有些避而不谈。马克思阶级分析的困难在于当工人们在对霸权让步或臣服的时候,工人阶级的意识如何发展;更进一步来讲,在社会经济的组织过程中如何才能实现非异化的状态,马克思并没有给出令人满意的答案。而布迪厄的阶级分析困境在于:首先,对于知识分子来说,能否为工人建构出一套他们的语言,尤其是知识分子与工人在阶级惯习方面存在很大差异的情形下;其次,在符号语言上的变迁能否有足够的影响让工人可以站起来反抗统治;最后,布迪厄似乎过于消极地看待工人的消极性了,因此对于工人们在反抗中运用自己的语言和方案过于低估了。

---

① Ibid, p. 6.

国家、市场与社会

57. 什么因素推动了国家与市民社会的分离？

据考证，在英语中，civil society 这一术语至少可以追溯到 1594 年，当时它指的是居住在某一社区中的人群。[①] 与此相应，一般认为，市民社会在西方是 17 世纪以来发展起来的概念。马克思则指出，德语的"bürgerliche Gesellschaft"是在 18 世纪产生的，那时财产关系已经摆脱了古典古代的和中世纪的共同体，而"真正的市民社会只是随同资产阶级发展起来的"[②]。考虑到英德在近代历史发展阶段上的差异，可以看出，市民社会的发生是与近代资本主义工商业的发展紧密联系在一起的。在此之前，则无论是在观念中还是在现实里，都不存在独立于国家的"市民社会"。古希腊的社会范围和城邦政治的范围是重合的。雅典公民不可能在城邦政治之外发展自己的公民性格，甚至是属人的性格：离开了对城邦政治的参与，也就意味着自我放逐于社会之外，处于一种非人的状态。正因此，亚里士多德才说"人天生是一种政治动物"[③]。在中世纪的基督教世界里，"威严的宗教—政治外表使'社会'隐蔽无形，这一宗教—政治显形的外表构成了欧洲人的日常世界。……宗教改革使基督教世界的团结瓦解之后，拥有绝对权力的国家展现出更加世俗化的政治外表，然而和此前的基督教世界一样，这种政治外

[①] 迈克尔·曼主编：《国际社会学百科全书》，袁亚愚等译，四川人民出版社 1989 年版，第 78 页。

[②] 马克思、恩格斯：《德意志意识形态》，《马克思恩格斯文集》（第 1 卷），人民出版社 2009 年版，第 582-583 页。

[③] 亚里士多德：《政治学》，颜一、秦典华译，中国人民大学出版社 2003 年版，第 4 页。

表起到的是相同的作用"①。首先为市民社会与国家的彼此分离和相对独立提供了理论逻辑上的可能的是社会契约论者,如霍布斯和洛克,因为他们虽然政治立场彼此不同,但都以契约论来说明国家的由来。这就从逻辑上预设了在通过订立契约而产生"国家"之前的"社会"的存在。而最早正面论述市民社会的则是苏格兰启蒙思想家弗格森。当然,思想是存在的反映,市民社会的观念折射的是近代以来西方世界中市民社会和国家彼此分离的历史现实。推动这种分离的力量主要是中世纪晚期以来城市工商业的发展。在前面阐释关于现代资本主义产生的观点时,我们曾提到,马克思和韦伯都将资本主义制度的历史起源追溯到中世纪工商业自治城市,这实际上也使市民社会(资产阶级社会)和国家分离的发端。而这种分离的根本原因,则是以市场为核心机制的近代资本主义工商业的发展对于包括劳动力在内的各种生产要素之自由流通的强烈需要。而最终完成这种分离的,是体现和代表着近代资本主义发展之要求或者说资产阶级利益的资产阶级政治革命:"政治革命是市民社会的革命。……旧的市民社会直接具有政治性质,就是说,市民生活的要素,例如,财产、家庭、劳动方式,已经以领主权、等级和同业公会的形式上升为国家生活的要素。……政治革命打倒了这种(封建)统治者的权力,把国家事务提升为人民事务,把政治国家组成为普遍事务,就是说,组成为现实的国家;这种革命必然要摧毁一切等级、同业公会、行帮和特权,因为这些是人民同自己的共同体相分离的众多表现。于是,政治革命消灭了市民社会的政治性质。它把市民社会分割为简单的组成部分:一方面是个体,另一方面是构成这些个体的生活内容和市民地位的物质要素和精神要素。……政治解放同时也使市民社会从政治中得到解放。"②从本质上讲,这个"从政治中得到解放"从而与国家相对独立的市民社会是在"现代世界中形成的"③的自由市场社会,在那里,个人的自我利益从宗教的、伦理的、政治的束缚中解放了出来,获得了合法性。

---

① 彼得·伯格:《与社会学同游——人文主义的视角》,何道宽译,北京大学出版社 2014 年版,第 35—36 页。

② 马克思:《论犹太人问题》,《马克思恩格斯文集》(第 1 卷),人民出版社 2009 年版,第 44—45 页。

③ 黑格尔:《法哲学原理》,范扬、张企泰译,商务印书馆 1961 年版,第 197 页。

58. 国家与市民社会的分离给社会成员的"身份"带来了什么影响？

在上一个问题中，我们引用了亚里士多德的话："人天生是一种政治动物"；也引用了马克思的话："旧的市民社会直接具有政治性质，就是说，市民生活的要素，例如，财产、家庭、劳动方式，已经以领主权、等级和同业公会的形式上升为国家生活的要素"。实际上，齐美尔也曾说过："如果社会学想用一种简明的方式表达现代与中世纪的对立，它可以作如下尝试。中世纪的人被束缚在一个居住区或者一处地产上，从属于封建同盟或者法人团体；他的个性与真实的利益群体或社交的利益圈融合在一起，这些利益群体的特征又体现在直接构成这些群体的人们身上。现代摧毁了这种统一性。"①这实际上意味着，在近现代以前，在作为政治领域的"国家"和市民社会混沌一体为"共同体"的时代，每个置身于"共同体"中的个体，其公共的（政治的）身份和私人的身份是混沌不分地交融在一起的。国家与市民社会的分离造就了个体相对独立的两种身份：相对于国家的公民身份和相对于其在市民社会之地位的私人身份。马克思说："政治解放一方面把人归结为市民社会的成员，归结为利己的、独立的个体，另一方面把人归结为公民，归结为法人。"②对于公民身份和私人身份的这种分离，不同价值取向的学者所持的规范性立场互有区别，甚至针锋相对，但包括马克思在内的学者们基本一致的是，作为近代政治和社会生活中一个非常核心的概念，并且反映也规范着公民、政治共同体（国家）、统治者三者之间以及个体的公民身份与其整体人格之间的基本关系的现代意义上的公民身份（citizenship），只有在国家和市民社会分离的前提下才有可能出现。在这种现代公民身份下，统治者不再是政治共同体（国家）的化身，彼此不再是"朕即国家"式的浑然不分，而是相互分离的；无论是对于政治共同体（国家），还是对于统治者，公民都不再是完全隶从的关系（即使是霍布斯主权理论下的"属民"概念，也肯定个人享有私域自主；即使是黑格尔之"国家"中的"普遍性"，也包容了个人在"市民社会"中发展了的"特殊性"）；与这种非隶从的关系相联系，公民身份不再等于公民个体的整体人格，个人在公民身份之外还有个人身份，而在这种个人身份之下或多或少不受干涉的独立自由则

---

① 齐美尔：《金钱、性别、现代生活风格》，刘小枫编，顾仁明译，学林出版社 2000 年版，第 1 页。
② 马克思：《论犹太人问题》，《马克思恩格斯文集》（第 1 卷），人民出版社 2009 年版，第 46 页。

是法律肯定和保护的一项公民权利（甚至可以说是最基本的公民权利）。

59. 马克思和黑格尔分别是如何理解国家与市民社会的关系的？

在对市民社会本身结构及运行的认识上，马克思和黑格尔的观点并无多大差异，但在市民社会和国家的动力关系上，两人的观点可谓截然对立。

如上所述，在近代思想家中，最早正面论述市民社会的是苏格兰启蒙思想家弗格森。弗格森一方面看到市民社会相对于国家的独立，这不仅使个体在市民社会的范围内具有不受国家干涉的消极意义上的自由，而且还促进了社会财富的积累；另一方面，他同时又看到财富的增加刺激了市民的物欲，物欲侵蚀了维系传统政治的公民道德，使市民们各自限于特殊的（particularistic）生活方式中，从而妨碍或限制了作为公民的生活。弗格森对于市民社会之两面性的认识直接地影响了黑格尔的市民社会观念。作为与绝对精神的辩证运动相对应的伦理生活辩证展开的一个环节，黑格尔将市民社会描述为由家庭、市民社会和国家三个环节所构成的伦理生活的一个组成部分，认为市民社会是介于作为直接的或自然的伦理精神的家庭和代表普遍理性普遍利益的、自觉的实体性伦理精神的国家之间的一个中间环节。他指出："市民社会，这是各个成员作为独立的单个人的联合，因而也是在形式的普遍性中的联合，这种联合是通过成员的需要，通过保障人身和财产的法律制度，和通过维护他们特殊利益和公共利益的外部秩序而建立起来的。"[1]市民社会的两条基本原则是："具体的人作为特殊的人本身就是目的：作为各种需要的整体以及自然必然性与任性的混合体来说，他是市民社会的一个原则。但是，特殊的人在本质上是同另一些这种特殊性相关的，所以每一个特殊的人都是通过他人的中介，同时也无条件地通过普遍性的形式的中介，而肯定自己并得到满足。这一普遍性的形式是市民社会的另一个原则。"[2]显然，黑格尔在此对市民社会的基本界定遵循的是斯图亚特、亚当·斯密这些古典经济学家的自由市场模式。黑格尔肯定市民社会对于个人利益的这种解放作用，称赞市民社会的法则是合理性的表现，并认为从直接伦理（家庭）通过贯穿市民社会的分解而实现个体特殊性、个体特殊的自我意识的充分发展是作为伦理

---

① 黑格尔：《法哲学原理》，范扬、张企泰译，商务印书馆 1961 年版，第 174 页。
② 黑格尔：《法哲学原理》，范扬、张企泰译，商务印书馆 1961 年版，第 197 页。

普遍物的国家的必要前提。不过,在肯定市民社会之成就的同时,黑格尔更强调市民社会存在的冲突与欠缺。他指出,市民社会本身乃"是个人私利的战场,是一切人反对一切人的战场,同样,市民社会也是私人利益跟特殊公共事务冲突的舞台,并且是它们二者共同跟国家的最高观点和制度冲突的舞台"①。在市民社会中,作为它的单位的个体所显示的是自然的意志,即以欲望和需要等为基础的意志,这也就是他所说的"自然的必然性及任性"之所指。因此,上述市民社会的第一个原则所指出的也就是,市民社会的个体单元,是一个以满足自己的欲望为目的的自利主义者,他并不关心别人的欲望是否得到满足。在市民社会中,"每个人都以自身为目的,其他一切在他看来都是虚无"②。也正因此,黑格尔虽然把市民社会列在伦理生活之下,却又说,在市民社会中,伦理生活事实上走入了极端而丧失掉了。市民社会的第二个原则所描述的虽然是个体之间的关联性,关涉到"普遍性",但是由于需要、欲望或自然意志是市民社会的基础,它们的满足是市民社会中成员的最终目的,因此,成员之间关联性的建立无非就是彼此如何是别人满足这些欲望及需求的不可或缺的工具,故而,这里的"普遍性"只是"抽象的普遍性"③。在这两个原则的主宰之下,自利的、有着无限欲望的那些个体秉承其自然的意志,利用其自然禀赋和各自后天的条件追求个人利益、发展各自的特殊性的结果,必然导致市民社会内部的分化与区别,"产生各个人的财富和技能的不平等":"在市民社会中不但不扬弃人的自然不平等(自然就是不平等的始基),它反而从精神中产生它,并把它提高到在技能和财富上,甚至在理智教养和道德教养上的不平等。"④贫者愈贫,富者愈富,以及由此产生的阶级对抗,这就是市民社会的欠缺和限度。正因为存在这种欠缺和限度,因此,市民社会才必须过渡到国家:"黑格尔区分市民社会和国家的意义,……在于指出市民社会的欠缺和限度,以及市民社会过渡到国家的内在必然性。"⑤市民社会对应的是精神(必经)的自我异化,而国家则对应着异化的克服,是"伦理理念的现实"。在黑格尔看来,只有国家,才能最终既包容市民社会的成就,又克服市民社会的欠缺。它既尊重公民自由追求自身利益和福利、展开自己特殊性的权利,又防止这

① 黑格尔:《法哲学原理》,范扬、张企泰译,商务印书馆 1961 年版,第 309 页。
② 黑格尔:《法哲学原理》,范扬、张企泰译,商务印书馆 1961 年版,第 197 页。
③ 参见石元康:《市民社会与现代性》,收入该作者文集:《从中国文化到现代性:典范转移?》,生活·读书·新知三联书店 2000 年版。
④ 黑格尔:《法哲学原理》,范扬、张企泰译,商务印书馆 1961 年版,第 211 页。
⑤ 郁建兴:《自由主义的批判与自由理论的重建》,学林出版社 2000 年版,第 187 页。

种自由的过分繁滋以免压迫普遍的利益和权利,从而扬弃了市民社会个人权利至上的观念:"国家的目的就是普遍的利益本身,而这种普遍的利益又包含着特殊的利益,它是特殊利益的实体。"①"国家是具体自由的现实;但具体自由在于,个人的单一性及其特殊利益不但获得它们的完全发展,以及它们的权利获得明白承认(如在家庭和市民社会的领域中那样),而且一方面通过自身过渡到普遍物的利益;另一方面它们认识和希求普遍物,甚至承认普遍物作为它们自己实体性的精神,并把普遍物作为它们的最终目的而进行活动。其结果,普遍物既不能没有特殊利益、知识和意志而发生效力并臻于完成,人也不仅作为私人和为了本身目的而生活,因为人没有不同时对普遍物和为普遍物而希求,没有不自觉地为达成这一普遍物的目的而活动。"②因此,国家是"客观自由"(即普遍的实体性意志)和"主观自由"(即个人知识和追求特殊目的的意志)的统一。③

黑格尔关于市民社会的积极意义和欠缺性的理论深深地影响和启发了马克思。马克思接受黑格尔的观点,认为市民社会是现代世界中形成的,并且同样也一方面充分肯定这个"自由竞争"的社会相比于它以前的社会形态的进步性,肯定市民社会对于一直以来被束缚于封建主义生产关系中的个体及其生产力的解放作用,肯定资产阶级在历史上曾经起过的"非常革命的作用",另一方面,则充分地认识到这个资产阶级社会是个异化的社会,"在这个社会中,人作为私人进行活动,把别人看作工具,把自己也降为工具,成为外力随意摆布的玩物",④这是个和人的普遍性相分裂的私人活动领域。

确实,在对市民社会一般特征的描述上,马克思和黑格尔非常相似。但是,必须指出,马克思对黑格尔的接受是以对黑格尔的批判为前提的。在黑格尔看来,"世界历史"的根本决定因素是"精神"(理念),它只是"精神"的舞台、财产和实现自身的场所,⑤而市民社会则是整体的精神(理念)发展过程中的一个中间环节。而这在马克思看来是大错特错的,是对现实因果或动力关系的根本倒置:"理念变成了独立的主体,而家庭和市民社会对国家的现实关系变成了理念所具有的想象的内部活动。实际上,家庭和市民社会是国家的前提,它们才是真正的活动者;而思辨的思维却把这一切头足倒置。……家庭和市民社会是国家的真

---

① 黑格尔:《法哲学原理》,范扬、张企泰译,商务印书馆1961年版,第269页。
② 黑格尔:《法哲学原理》,范扬、张企泰译,商务印书馆1961年版,第260页。
③ 黑格尔:《法哲学原理》,范扬、张企泰译,商务印书馆1961年版,第254页。
④ 马克思:《论犹太人问题》,《马克思恩格斯文集》(第1卷),人民出版社2009年版,第30页。
⑤ 黑格尔:《历史哲学》,王造时、谢诒征译,商务印书馆1963年版,第95页。

正的构成部分,是意志所具有的现实的精神实在性,它们是国家存在的方式。家庭和市民社会本身把自己变成国家。它们才是原动力。可是在黑格尔看来却刚好相反,它们是由现实的理念产生的。它们结合成国家,不是它们自己的生存过程的结果;相反地,是理念在自己的生存过程中从自身中把它们分离出来。就是说,它们才是这种理念的有限性领域。……在黑格尔那里,条件变成了被制约的东西,规定其他东西的东西变成了被规定的东西,产生其他东西的东西变成了它的产品的产品。"①也就是说,在黑格尔这里,在精神(理念)与现实的关系上,精神是现实的解释性概念;在国家与市民社会的关系上,国家是市民社会的解释性概念。而马克思则指出,对这种关系必须从根本上进行历史唯物主义的颠倒,现实是精神的解释项,市民社会是国家的解释项:"市民社会这一名称始终标志着直接从生产和交往中发展起来的社会组织,这种社会组织在一切时代都构成国家的基础以及任何其他的观念的上层建筑的基础。"②在马克思这里,市民社会一开始就不仅仅只是一个描述性概念,而且是一个解释性概念。作为解释性概念,"市民社会"等同于"经济基础":"人们在自己生活的社会中发生一定的、必然的、不以他们的意志为转移的关系,即同他们的物质生产力的一定发展阶段相适合的生产关系。这些生产关系的总和构成社会的经济结构,即有法律的和政治的上层建筑竖立其上并有一定的社会意识形式与之相适应的现实基础。物质生活的生产方式制约着整个社会生活、政治生活和精神生活的过程。不是人们的意识决定人们的存在,相反是人们的社会存在决定人们的意识。社会物质生产力发展到一定阶段,便同它们一直在其中运动的现存生产关系或财产关系(这只是生产关系的法律用语)发生矛盾。于是这些关系便由生产力的发展形式变成生产力的桎梏。那时社会革命的时代就到来了。"③

　　正因为在国家和市民社会的关系上,马克思把他认为被黑格尔颠倒了的关系重新颠倒了过来,他不认同黑格尔认为的国家能够克服市民社会之欠缺的观点。相反,他认为,尽管在资产阶级政治革命之后,国家获得了和市民社会并列并且在市民社会之外的独立存在形式,但税收、国债、各种社会经济政策及法规

---

　　①　马克思:《黑格尔法哲学批判》,《马克思恩格斯全集》(第一卷),人民出版社 1956 年版,第 250—252 页。

　　②　马克思、恩格斯:《德意志意识形态》,《马克思恩格斯文集》(第 1 卷),人民出版社 2009 年版,第 583 页。

　　③　马克思:《〈政治经济学批判〉序言》,《马克思恩格斯文集》(第 2 卷),人民出版社 2009 年版,第 591—592 页。

等等在现代国家中完全被私有者所操纵和掌握,因此它实际上"不外是资产者为了在国内外相互保障各自的财产和利益所必然要采取的一种组织形式"①。"现代国家承认人权和古代国家承认奴隶制具有同样的意义。就是说,正如古代国家的自然基础是奴隶制一样,现代国家的自然基础是市民社会以及市民社会中的人……现代国家是由于自身的发展而挣脱旧的政治桎梏的市民社会的产物,而今它又通过人权宣言承认自己的出生地和自己的基础。"②换言之,现代国家事实上只是以一种具有形式普遍性的,因而具有蒙蔽性、欺骗性的方式"合法化"了,进而巩固强化了市民社会固有的关系。

着眼于 19 世纪资本主义社会的现实,马克思关于资产阶级国家与市民社会(资产阶级社会)之关系的判断无疑更具真实性。不过,着眼于对现实的突破,以及马克思所预言的"国家消亡"即使在今天看来也依旧是一个非常遥远的事情,那么,也许我们同时也应该问,马克思所揭示的这种关系是唯一的可能吗? 或者说,黑格尔所说的国家与市民社会的关系作为一种"应然",是否具有现实可能性呢?

60. civil society："文明社会"、"市民社会"抑或"公共社会"?

如上所述,作为相对独立于国家(state)的一个范畴,civil society 这个概念是从 17 世纪逐步发展起来的,而其原型,则是欧洲中世纪晚期那些作为"特别的市民身份团体"的工商业自治城市。civil society 这个概念在开始时即包含着三个方面的涵义。③ 侧重于经济涵义,是"市民社会",即以市场为核心机制,并通过市场和平谋利的社会;侧重于文化涵义,是"文明社会"或"礼貌社会",即人们彼此礼貌相处,原先属于宫廷社会的礼节成为普通市民之间交往互动之仪式的社会,更进一步说,是可预期的长远利益控制了当下危险的、不确定的激情的社会;侧重于政治涵义,就是"公共社会",即摆脱了专横权力的任意干涉,政府管理建立在一个更为稳定、有序的基础上的社会,或者说,是一个在一定程度上按自己的方式围绕自身的利益理性自治的社会。三重涵义,对应着、宣示着作为 civil

---

① 马克思、恩格斯:《德意志意识形态》,《马克思恩格斯文集》(第 1 卷),人民出版社 2009 年版,第 584 页。

② 马克思、恩格斯:《神圣家族》,《马克思恩格斯文集》(第 1 卷),人民出版社 2009 年版,第 312—313 页。

③ 参见李猛:《论抽象社会》,《中国社会学》(第一卷),上海人民出版社 2002 年版。

society 之主体的那些成员所具有的基本特征。作为"市民社会"的成员,他们是"经济人",是可以独立自主地支配使用自己的财产并通过市场而合法正当地追求自身利益的经济主体,消极意义上的个人自由是其最基本的性格特征。作为"文明社会"的成员,他们是能够控制自己那些危险的、不确定的激情冲动的、进行自我治理的人,即他们愿意,也能够在一个由法律、契约以及各种文明习俗所构建的稳定秩序中以和平的、理性的方式追求可预期的自我利益的可预期的人,理性自律是最基本的性格特征。作为"公共社会"的成员,他们是在法治架构下拥有主动地参与公共事务和影响政治过程的权利、动机和能力的人,出于对自身权益和公共利益(也就是和包括自己在内的所有人有关的利益)的关怀而参与介入公域是其最基本的性格特征。显而易见,作为"市民社会"、"文明社会"和"公共社会"成员的人,作为具有上述诸方面性格特征的人,事实上也就是既有别于古代城邦之政治公民,也有别于在人身上依附于封建领主的中世纪农奴的近代意义上的公民。正如 civil society 的原型是欧洲中世纪晚期那些作为"特别市民身份团体"的工商业自治城市,这种近代意义上的公民的原型,就是这些工商业自治城市中的市民。而无论是同时具有三重意义的 civil society,还是作为 civil society 之主体的、具有三方面特征的人,从根本上,都是在通过市场这个核心机制以和平理性的方式谋利的现代理性资本主义的发生发展过程中形成的,并且在这种理性资本主义中,civil society 及其成员的多重含义和特征获得了协调统一,即它们都服务于理性资本主义的运行发展所要求的行为及环境的稳定性,或者说,可预期性。

61. civil society:公共社会还是能动社会?

回顾近代以来社会政治思想和理论中对于"社会"的表述,可以发现,用于表征"社会"之整体意象的核心概念,大体经历了一个从一元到多元,或者说,从总体性单一概念到分化的概念家族的演变过程。[①] 从古希腊到中世纪,基本上不存在独立于国家的"社会",也不存在现代意义上的独立的"个人"。一直到文艺复兴,原先一直由单一的国家(政治体)概念来表征的社会的整体意象,才发展为由国家(政治体)与个人(家庭)两个方面来表征,而此后的自由主义政治哲学基本上就围绕着两者的关系来构想社会的整体运行。到 17 世纪,特别是 18 世纪

---

① 参见冯婷:《社区与社团——国家、市场与个人之间》,浙江大学出版社 2014 年版,第 6 页。

后半叶,经苏格兰启蒙运动思想家(如亚当·斯密、弗格森)以及稍后的黑格尔、托克维尔、马克思等之后,表征整体社会及其运行之意象的概念,在国家(政治体)与个人(家庭)之外,又增加了"社会"或"市民社会"这个概念。不过,在亚当·斯密、弗格森、黑格尔、马克思等人那里,"市民社会"是包括"市场"在内的,而且是以"市场"为核心的。到 20 世纪,特别是经过葛兰西、波兰尼、阿伦特、哈贝马斯等思想家,"社会"的范畴才进一步与"市场"的范畴相分离。葛兰西、波兰尼——也许更准确地说是经过布洛维重新阐释的葛兰西和波兰尼——所说的"公共社会"和"能动社会",实际所指即这个与市场进一步分离的、以各种结社(包括社群)为基本构成要素的"社会"。源于葛兰西思想的"公共社会"(civil society)是建立在个人从事经济、文化和社会活动的基础上并与国家相对应的一个公共领域,在这个领域中,社会本着自我组织、自我规制的原则,在法治和民主协商的框架下自主运转,并与国家权力相制衡。简言之,由具有独立自由权利的公民组成的社团和社群就是公共社会。而源于波兰尼的"能动社会"(active society)是对市场过程做出积极回应的社会。波兰尼用从"自在的社会"(society-in-itself)到"自为的社会"(society-for-itself)的过程,代替了马克思所说的从"自在的阶级"(class-in-itself)到"自为的阶级"(class-for-itself)的过程,其核心是这样一种设想:市场侵蚀与社会自卫之间的"双向运动"其最终的结果是市场被社会所降伏,变成一个"受规制的市场",在波兰尼看来,社会至上、社会驾驭市场,才是社会主义的本义。[①]

值得一提的是,从西方历史上看,作为与国家权力相对应的"公共社会"和与市场相对应的"能动社会"诞生形成于不同的历史时期,因而一开始在形态上也是相对明确可分的。作为与国家权力相对应的公共社会,事实上诞生孕育于资产阶级形成过程中与贵族、与封建国家的斗争,其起源可以追索到中世纪晚期工商业城市中的自由市民为了自卫而在反对农村贵族的斗争中产生的联合;哈贝马斯所考察分析的在 18 世纪随着封建贵族"代表型公共领域"的瓦解而兴起的"资产阶级公共领域",是"公共社会"的早期形态,而葛兰西所说的则可以说是"公共社会"的成熟形态。相比之下,"能动社会"的起源和形成则要晚得多。尽管亚当·斯密等苏格兰启蒙运动思想家对于市场对人性的扭曲、异化的批评在

[①] 参见麦克·布洛维:《走向社会学马克思主义:安东尼·葛兰西和卡尔·波兰尼的互补合一》,麦克·布洛维:《公共社会学》,沈原等译,社会科学文献出版社 2007 年版;孙立平、郭于华等:《走向社会重建之路》,http://www.21ccom.net/articles/zgyj/ggzhc/article_2010111924868_3.html。

某种意义上已包含着"能动社会"思想的端倪,但,"能动社会"的形成则到 19 世纪以后,特别是在 19 世纪后半叶的工人运动中才开始真正形成。也就是说,"公共社会"是在资产阶级对抗封建贵族和国家的过程中诞生的,而"能动社会"则是在市民社会(civil society)内部工人阶级对抗资本家的斗争中产生形成的。前者具有更明显的"政治性"意涵,主要抵拒(封建)国家权力对包括市场在内的(即黑格尔、马克思所说的)市民社会的干涉和控制,后者则具有更明显的"经济社会性"意涵,主要对抗市民社会内部的(即来自市场的)压迫性。但是,在以后的发展中,能动社会和公民社会并非彼此互不相干,而是相互渗透交织的。对此,马克思早已说得非常清楚:"社团以及由社团成长起来的工会,不仅作为组织工人阶级对资产阶级进行斗争的手段,是极其重要的,……而且在普鲁士和整个德国,联合权除此而外还是警察统治和官僚制度的一个缺口,它可以摧毁奴仆规约和贵族对农村的统治;总之,这是使'臣民'变为享有充分权利的公民的一种手段。"[①]"任何运动,只要工人阶级在其中作为一个阶级与统治阶级相对抗,并试图从外部用压力对统治阶级实行强制,就都是政治运动。例如,在某个工厂中,甚至在某个行业中试图用罢工等等来迫使个别资本家限制工时,这是纯粹的经济运动;而强迫颁布八小时工作日等等法律的运动则是政治运动。这样,到处都从工人的零碎的经济运动中产生出政治运动,即目的在于用一种普遍的形式,一种具有普遍的社会强制力量的形式来实现本阶级利益的阶级运动。"[②]因此,今天,我们很难在形态上将能动社会和公民社会明确区分。比如,我们一方面不能无视作为能动社会之典型要素的工会组织在有关社会运动中所发挥的抵拒国家权力操控和渗透的功能,另一方面,我们也不能否认诸如公益组织、人权组织等公民社会的典型要素在规制市场,阻遏、抵消市场对人的分裂性、压迫性作用。因此,今天我们事实上更多地只能从功能作用上来把握公民社会和能动社会。当着眼于那些既有别于政府组织,又有别于市场组织的第三部门组织所起到的制约国家权力的作用时,它们就是"公共社会"的要素,当着眼于这些组织所产生的规制市场的功能时,它们就是能动社会的要素。从促成和捍卫积极公民权的角度来说,"公共社会"和"能动社会"这两个概念事实上提醒我们,既要防止不受限制的国家权力的全面操控,也要防止不受限制的市场的彻底宰制,为此就必须

---

　　①　马克思:《马克思致约·巴·施韦泽》,《马克思恩格斯全集》第 31 卷下,人民出版社 1972 年版,第 450 页。

　　②　马克思:《马克思致弗·波尔特》,《马克思恩格斯全集》第 33 卷,人民出版社 1973 年版,第 337 页。

保有一个公共行动的领域,至于称这个领域为"公共社会",还是"能动社会",实际上并不重要。

62. 公共社会与国家政治结构的关系是什么?

根据马歇尔的定义,公民权利包括:民事权利(civil rights),即公民在法律面前人人平等、自由的权利;政治权利(political riguts),即言论、集会、游行、选举、结社等政治权利;社会权利(social rights),即获得各种福利保障的权利。吉登斯指出公共权利必须是公民积极争取的权利。而这有赖于公共社会的发展,尤其是志愿组织的发展(voluntary association)。然而在西方社会,公共社会也因各自国家政治结构的不同而呈现不同模式。

根据新制度学派理论,个人行为受制度化的文化框架影响。这些框架,根植于国家的政治、宗教和经济历史,在组织和认知层面都有影响。首先,他们会形塑国家规制和制度,比如行政管理、法律和权力体系。很多比较研究发现制度层面因素可以解释国与国之间在很多社会行为领域里的差异。比如,劳动市场的规制、社会福利的提供。这些模式都与那些在文化和制度特征上类似的国家模式系统匹配。

其次,文化框架也在认知层面上发挥作用。它们为个人对这个世界的理解并采取相应行动提供了一个视角。因此,文化框架不应只被视为内化的被理性行动者用以形成偏好的价值系统;相反,他们是认知脚本,嵌入于长久的制度传统和组织框架中,形塑合法的社会行为和实践。

杰斐逊根据对社会发展的历史分析,提出了政治结构和制度的两个基本区分维度,即国家主义(statism)和法团主义(corporatism)①。而公共社会,包括志愿组织文化,因这两个要素的影响而在不同社会有显著差异。政治结构的第一个维度是国家主义。这个视角认为,在现代社会,历史上政治主权源起于两个主要制度:政府和公共社会。这两种制度也构成了两种理想类型:一个是集权的、完全独立的政府机构,一个是政治权力完全分权、社会活跃且有组织。法国和德国就是高度国家主义的代表;而很多欧洲大陆国家在国家主义方面都比较强,尤

---

① Jepperson, R. National Scripts: The Varying Construction of Individualism and Opinion across the Modern Nation-States. Ph. D. dissertation, Department of Political Science, Yale University, New Haven, CT, 1992.

其那些具有专制主义历史的国家。在这些国家,政府构成了独立、高级的政治管理,其合法性主要来自发展成熟的官僚精英,以及长久以来威权主义的政治规则,比如德国、奥地利、俄罗斯和日本。在国家主义强盛的国家里,公共社会则被视为混乱和反常,因此需要某种形式的中央政府控制。早期是政府直接的镇压,到了近现代则是通过政府的指引。

相反,盎格鲁-撒克逊国家则处于国家主义的低端。官僚体系出现相对较晚,政治文化强调社会的自我管理。国家的合法性来自于它作为公共社会的代表,即公共生活的核心。其公共官僚体系相比国家主义政府要简约得多。

国家主义的政治形式对志愿行为采取的是阻碍,而非国家主义的政治形式则是鼓励。因为,在国家主义社会,公共社会在文化上的合法性较弱,因此得到的制度支持也较少。比如,在意大利,协会发展的法律环境缺乏一致性,也缺乏资金支持。因此,志愿者组织各种资源匮乏,在公共社会所起的作用也非常有限。相反,在非国家主义社会,盛行的文化框架和历史制度一直对公民社会有推动作用。在 19 世纪,英国迅速发展出令人眼花缭乱的地方公民制度、志愿者组织、社区、协会、工会等。而政府,只是为了保护个人私人生活的权利,尤其是财产权和个人商业活动的权利。协会与政府通常是共生互利,而不是对抗的。同样,美国的政治文化也是由社会自治经历所铸造,十分强调地方自治①。即使 20 世纪,美国联邦的经济和社会责任得以增长,政府依然依赖公共社会的活动,并鼓励其发展,比如让志愿者组织参与福利政策的施行②。

北欧国家在文化上对协会也是持比较支持的态度,然而在方式上不同于盎格鲁-撒克逊国家。区别主要在国家与公共社会间的界限方面,前者相比后者要模糊得多。在北欧国家,国家和公共社会通常作为同义语在使用,其政府并不具有政治上的主权,相反,其政治主权被赋予了作为有组织的合法利益的社会整体,这些合法利益通过公共权力来调和或调解。

政治结构的第二个维度为法团性,即社会成员被融入的方式。一些社会制度视私人为主权行动者,群体行动只有在作为个人愿望化身的时候才是合法的。

---

① Bellah, R., Sullivan, W., Swidler, A., and Tipton, S. *Habits of the heart. individualism and commitment in american life.* Berkeley, CA: University of California Press, 1985; Dobbin, Frank. Forging Industrial Policy. Cambridge, England: Cambridge University Press, 1994.

② Skocpol, T. "Unraveling from Above." *The American Prospect*, 1996, (25), 20—25; "The tocqueville problem." *Social Science History*, 1997(24):455—479.

另外一些制度视有组织的群体为更高的道德目的，通过集体来让个人更为强大。① 在这样的国家，社会是依着法团轴线组织的，即因某个经济项目而联合的集体。历史上源自封建社会中庄园组织的法团制度，依然代表了公共活动的主要渠道。

历史上，法团主义政体的政府支持集体制度安排，以推动经济、政治秩序，比如德国；或构建社会共识，比如北欧国家。德国、奥匈帝国和俄国的军事传统，催生了社会作为涵括各个有着显著特征和功能的群体集合的观念。在没有政治权利的情况下，原有德国和奥地利有地位的群体演变成为现代法团协会，进一步结合成为强大的联合体。这些集权的庞大协会成为一种管理模式，主要从上面协调。而在瑞典，法团更多是功能性的。它源自于政府社会联合的历史模式，以及20世纪广泛联合的阶级运动。因此，它的代表性比德国、奥地利要更为确定和坚定；后者的法团源自行会和其他的等级秩序，地位、等级色彩更浓。

在法团主义国家，政府鼓励所有的集体组织作为政治融合的主要渠道，并通常提供慷慨支持。团体利益的代表者，扮演着重要的社会角色，通常与政策制定机构联系紧密，承担着广泛的行政责任，比如对福利供应的管理。因此，社会规制通常是通过群体与政府，以及群体之间的合作实现的。

这种管理模式不同于个人主义的政治文化。在盎格鲁-撒克逊国家，个人而不是群体，被赋权为他们自己合法性的代表。法国，以及一些南欧和拉美国家，也属于此类。在法国，赋权个人而不是群体，是旨在消灭封建特权革命的结果，这催生了强大的反对任何形式的法团主义的文化。这个词语，在法语本身就带有轻蔑的含义，意指那些寄生受保护的群体，他们不应以共同体为代价来享受个人的好处②。因此，社会组织之间，社会组织与政府之间，通常是冲突的，这可以从法国、意大利高度制度化的阶级斗争、社会运动组织的激进主义以及中心—边缘的裂痕中就可以看出。

---

① Jepperson, R. and Meyer, J., "The public order and the construction of formal organizations.", in *The New Institutionalism in Organizational Analysis*, edited by P. J. DiMaggio and W. W. Powell. Chicago, IL: Chicago University Press, 1991, pp. 204—231.

② Levy, J. *Tocqueville's revenge: state, society and economy in contemporary France*. Cambridge, MA: Harvard University Press, 1999.

63. 市场是自我调节的吗？社会是如何反抗市场的？

波兰尼在《大转折》一书中，考察了 19 世纪末期至 20 世纪初期自由放任主义政策的削弱，提出了双向运动的概念。这个概念指出，社会关系从市场脱嵌（disembed），最终会不可避免地导致大规模的反向运动以求社会保护。波兰尼如此写道："虽然，一方面市场在全球的很多国家扩散……而另一方面，强大的制度整合一套方法和政策来制约市场的行动……一种有着深厚根源的运动会兴起，阻止市场控制的经济所带来的危害。"随着凯恩斯政策的广泛采用，以及世界范围内政治约束重新延伸至市场领域，波兰尼在 1944 年预测，"毫无疑问，我们的年代将会见证自我调整市场的终结"①。

然而，波兰尼没有预见到新自由主义兴起，市场再次脱嵌。新自由主义从经济学说的边缘开始兴起，在 20 世纪 80 年代的里根和撒切尔时代，得以在制度上扎下根，而在 20 世纪 90 年代成为政府和市场关系的霸权结构。这个模式又重新极大地改变了市场、社会生活。包括：市场的去规制化（deregulation），公共设施、国家资源、公有企业的私有化，政府大量退出社会供给服务，日益强调个人责任和自我救助。在国际货币基金组织和世界银行等机构的鼓励和强迫下，在 20世纪 90 年代新自由主义快速地扩散到第三世界国家和前社会主义国家。波兰尼主要关注的是发达工业国家的双向运动。他也的确暗示殖民地社会缺乏政治独立性，因此阻碍了政府干预以提供社会保护，进而放大了商品化的破坏性后果。但是，波兰尼没有活到殖民地国家的解放，因此也不能系统地比较全球不同地区之间的双向运动。

对于波兰尼来说，双向运动就像一个钟摆：市场通过土地、劳动和货币的商品化而与社会脱嵌，进而造成社会朝相反方向的抵制。波兰尼暗示脱嵌程度越大，再嵌入（re-embedding）运动就越大。波兰尼明确指出脱嵌的步伐对于它所造成的混乱程度以及酝酿的反抗程度至关重要。

在很多地方，波兰尼认为工人阶级是寻求社会保护的先锋。然而，他坚称商业阶级对于自我规制的市场危险缺乏敏感，因此，不能依赖他们来保护社会。而且，精英驱动的立法也成为波兰尼所描述的反向运动中的一部分。然而，对于波

---

① Polanyi, K. *The great transformation*：*The political and economic origins of our time*. Boston：Beacon，2001，1944，p. 80，148.

兰尼来说,重要的问题是,无论哪个阶级领导社会保护,他们这样做不单是出自狭隘的自我利益,也是因为社会的自我保护功能需要。因此,波兰尼在关于谁会领导反向运动的问题上持模糊的态度。

波兰尼的反向运动理论对发展中国家劳工问题的解释在某些方面是有用的,同时也存在困难。波兰尼认为,自我调整的市场扩张,特别是土地、劳动、金钱的商品化,意味着一种非常明显的乌托邦的追求。从他的逻辑出发,这种经济方式会意味着社会和人类的毁灭。从这个角度来说,社会对自我调节的市场进行反抗是天生必然的,因为若不这样人类社会会遭毁灭。在一些社会转型国家,随着市场力量的迸发,劳动商品化带来的社会抗争已经成为一种政治景象。这看起来是对波兰尼理论的强有力证明,而政府此时也开始通过放缓市场改革增加社会投入以及加强对工人的法律保护来应对这些变化。然而,波兰尼理论却无法解释为何工人依然是如此高度商品化或者工人抗争仍持续不断地上升,简言之,这个理论不能完全解释当今这些国家的劳工政治。

正如布诺维所言,虽然波兰尼没有识别出反抗霸权必须面临的困难,但是他给我们提供了这方面的指向标。[①] 换句话讲,反抗霸权的理论在政治解释上很弱。为了解决这个问题,弗里德曼指出反抗商品化的运动需要分解为两个阶段:一个是造反阶段(insurgent moment),即工人和其他受市场化消极影响者以非规则化的方式进行抗议;另一个是制度化阶段(institutional moment),即劳动的去商品化逐渐在社会层面制度化,以及工人阶级在政治上被政府吸纳。通过这种区别,市场逻辑并非必然从属于人们有意识的活动,相反这种逻辑只会是成功政治对抗的结果[②]。弗里德曼认为在非民主化国家中,从抗争的兴起到反向运动的制度化,只能通过不计其数、相对隐蔽、看似非政治的社会斗争的积累实现。

64. 随着市场转型,是否出现政治权力回报下降而市场权力回报上升?

倪志伟提出了市场转型(market transition)理论。该理论认为,在正统的社会主义经济体制下,由政府尤其是中央政府负责物资的配置和分配,而在市场转

---

① Burawoy, M. For a sociological Marxism: the complementary convergence of Antonio Gramsci and Karl Polanyi. *Politics & Society*, 2003, 31(2), 193—261.

② Friedman, E. "Insurgency and institutionalization: the Polanyian countermovement and Chinese labor politics." *Theory & Society*, 2013(42), 295—327.

型期间,市场调配起着日益重要的作用,其结果是资源调配的权力实现转移,对直接的生产者越来越有利。这种转移提升了直接生产者的激励机制,促进了私有市场的增长,给企业家提供了社会经济流动的替代路径。在早期的市场转型理论里,标识政治权力的个人政治资本在市场转型中获得的收益相对其他群体出现下降。[①] 市场转型理论暗示市场经济越发达,政治资本的作用会越小。[②] 而权力持续(power persistence)理论则持不同的观点。该理论认为在市场转型过程中,政治资本会转化为经济资本,权力依然会从市场中持续地得到较高的回报。[③]

海乌曼等认为需要从动态的角度来考察这一问题。他们从不确定性的视角讨论了市场转型带来的不确定性如何影响企业家政治联系所带来的企业收益。海乌曼等认为政府计划和分配向市场交易的经济转型有很多路径,但是所有的转型都会给经济活动者带来不确定性,这是新的经济交换渠道、新的产品和服务以及新的组织形式的兴起,而旧有的要么消失要么演变所带来的。[④] 在经济转型期间,旧有制度要素消失,而被新的制度要素所替代。新的经济交换方式发展,而原有的方式出现解体或演化成新的方式。新的经济活动者开始兴起,而原有的活动者消失了或转型了。新的以及更多样式品种的产品和服务出现了,替代了原有的同一模式消费品和服务。这些变化是高度相互依赖的,其中一个要素的变化,会带来其他要素的变化。因此,经济转型是一种复杂体系的变化,因为经济体系中的各个要素是相互依赖的,其中任何一个要素的变化则意味着其他很多要素的变化;而且,这些变化不可预测,因为我们的有限理性。因此,其结果是经济转型给商业带来大量不确定性,企业决策者无法预测什么行动是可能或不可能,什么行动是可以接受的、有效的,什么样的行动者是合法的或不被接受的。

反过来,不确定性削弱了公司决策者利用经济转型带来的新的机会的能力,

---

① Nee, V. "A theory of market transition: from redistribution to markets in state socialism." *American sociological review*, 1989(54), 663—681.

② Li, H. Meng, L. Wang, Q. Zhou, L., "Political connections, financing and firm performance: evidence from Chinese private firms." *Journal of Development Economics*, 2008(87), 283—299.

③ Bian, Y. & Logan, J. "Market transition and the persistence of power: the changing stratification system in urban China." *American Sociological Review*, 1996(61), 739—758.; Walder, A. "Elite opportunity in transitional economies." *American Sociological Review*, 2003(68), 899—916.

④ Haveman, H. Jia, N. Shi, J. & Wang, Y. "The dynamics of political embeddedness in China." *Administrative Science Quarterly*, 2016, 1—38.

加重了企业在如何投资决策上的困难,因此加大了决策错误的可能性。不确定性越高,公司越难确定哪种投资是好的、次优的,因此企业决策会出现更多失误,这些错误会更严重,代价更高。经济转型,以及它所带来的不确定性,深受政治制度的影响。政府设立的游戏规则对于市场运行来说是至关重要的。强有力的法制精神,尤其是与产权、合同和竞争有关的透明公正的法律执行,对市场交易如何运行以及运行得怎么样起决定作用。法制精神越强,政治制度对市场交易的支持就越大,经济转型造成的不确定性就会少很多。

海乌曼等认为尽管经济转型带来的不确定性要比固有的威权体制所产生的要大得多,但是,这种不确定性可以通过政府官员的联系建立而减少。因为长期的威权体制不但造成法制薄弱,还赋予了政府官员们对经济相当大的权力。随着威权体制下的市场发育,公司和政府间的关系有利于公司学习政府机构如何运作,为公司减少不确定性,在公司和政府间建立信任。通过稳定的商业运行以及更容易地说服官员以获取资源、顾客,减少规则负担,降低税费,提供更好的规制监管,这有利于公司企业抓住新的机会。因此,随着威权体制下的市场发育,有政治资本的企业越来越会从市场上获得回报,即政治资本有利于企业绩效的提升。

65. 如何理解"社会资本"? 它与"经济资本"、"文化资本"的关系如何?

近年来一些社会学家正努力探索社会组织影响经济活动功能的方式。贝克尔揭示了即使在高度理性的芝加哥期权交易所,场内交易人也会通过各种方式维持关系,这种关系对交易会产生影响。[①] 在更广的层面上,格兰诺维特对经济学家在经济活动分析中忽略了人的社会性做了全面的批判。他首先批判新制度经济学大部分都是粗糙的功能主义,即经济制度的存在经常以它在经济体系中所起的作用来解释。他认为,即使是新制度经济学,也忽略了具体的人际关系和关系网络在促成信任、建立期望、创立和强化规范方面的重要性。他把这种关系网络称为嵌入(embeddedness)。[②]格兰诺维特的嵌入概念可以视为将社会组织

---

① Baker, W. "Floor trading and crowd dynamics." in *Social Dynamics of Financial Markets*, edited by Patricia Adler and Peter Adler. Greenwich, Connecticut.: JAI. 1983, pp. 107—128

② Granovetter, M. "Economic action, social structure, and embeddedness." *American Journal of Sociology*, 1985(91), 481—510.

和社会关系引入经济体系分析的一个尝试，而这种社会组织和社会关系不只是作为实现某种经济功能的结构，还是一个有着历史延续的、对经济体系运作起独立作用的结构。经济学家和社会学家的所有这些工作，都构成了经济体系运行的修正分析。更广意义上说，它仍然属于理性选择解释，只不过加了一个社会和制度组织，这个组织或者是内生的，如一些新制度经济学家的功能主义解释，或者是外在的因素，如一些社会学家更倾向邻近因果分析的那样。

根据科尔曼的理论，社会资本依其功能定义。社会资本不是一个实体，而是不同的实体，具有两个共同的要素：它们都构成了社会结构的某些方面，它们促成了行动者（人或公司）在结构中的一些行动。和其他资本一样，社会资本可以让某些目标的实现成为可能；若是缺了，要实现这些目标则是不可能的。和物质资本与人力资本一样，社会资本并非完全可以替代，而可能专属于特定活动。某种给定的社会资本对推进某些活动是有价值的，而对其他的则可能是无用的甚至有害的。不同于其他形式的资本，社会资本根源于行动者之间的关系结构。它并不存在于行动者本人身上，也不存在于生产的物理实现过程中。有目的的组织也是行动者，所以公司间的关系也可以产生社会资本[①]。

为了更精确地阐明社会资本的构成，科尔曼举了几个实例来展示它的一些不同形式。

（1）在珠宝批发市场的交易过程中，商人会将一包珠宝拿给另外一个商人，让他在闲暇时间检验一下，而并不要求通过正式保险以确保另一方不会以次充好或以复制品替换。商品价值上万美元或数百万美元，而这样的免费交换检验对市场的运作十分重要。如果没有这样的交换，市场运作会更冗长、更低效。这种交换检验显示了社会结构的一些特质。某些商人群体通常在互动以及族群家庭联系上非常紧密。比如，纽约的珠宝批发市场就以犹太人为主，他们间的通婚非常普遍，都住在布鲁克林社区，参加同一个犹太教堂聚会。简言之，一个封闭的社区。对珠宝批发市场的考察显示这些通过家庭、社区和宗教纽带联系的紧密关系为促进市场交易提供了所必需的保险。如果社区的其中一个成员在短暂保管阶段换了或偷了珠宝，他会失去家庭、宗教和社区的信任和联系。正是因为这些紧密联系，信任是理所当然的，很多交易就成为可能，而且也比较容易达成。如果没有这些联系，则需要繁琐昂贵的保险机制，否则交易就无法达成。

---

① Coleman，J. "Social capital in the creation of human capital." *American Journal of Sociology*，1988(94)，pp. 95－120.

(2)1986 年 6 月 21—22 日,《国际先驱报》的头版发表了一篇关于韩国学生激进分子的报道。文章是这样描述这场运动的发展的,激进的思想在一些秘密的学习圈子中传播,这些学生可能来自同一所高中或同一家乡或教会。这些学习圈子,成为示威游行和其他抗议活动的最基本组织单位。为避免逮捕,不同群组的成员绝不见面,只是通过任命的代表联络。这则关于社会活动的组织基础描述揭示了两种社会资本。同一高中、家乡或教会,这种社会关系成为后来学习圈子建立的基础。学习圈子本身又构成一种社会资本,它像组织蜂窝一样,在任何政治体制下在推进表达不满和反对方面显得特别有价值。

(3)一位有 6 个孩子的母亲,最近随丈夫、孩子从底特律郊区迁到耶路撒冷。他们解释说他们这么做是因为幼小的孩子们在耶路撒冷拥有更多的自由,可以放心地让 8 岁孩子带着 6 岁的孩子乘坐公共汽车穿过城市去学校,在城市公园里虽然没有人看管,孩子们也可以安全地玩耍,而这些都是她以前住的地方所不可能的。这种差异的原因可以用耶路撒冷和底特律郊区不同的社会资本来解释。耶路撒冷的规范性结构可以保证,即使没有照顾的孩子也会被附近的大人所看护,然而这在美国大多数的都市社区却是没有的。或者可以说耶路撒冷的家庭具有美国大都市社区所没有的社会资本。

这些例子表明社会资本具有很多经济和非经济的价值。

科尔曼认为,物质资本是通过材料的变化形成工具进而促进生产形成的,人力资本是通过人们提高技术和能力而形成的,而社会资本则是通过人们之间关系以促成行动。如果物质资本是完全可以感触的,以可以观测的物质形式所体现,人力资本则相对而言不那么可以被感触,它以个人获得的技术和知识形式体现。社会资本也一样,它以人们之间的关系形式存在。正如物质资本和人力资本推动实现目标的活动,社会资本也一样。比如,一个具有相当深信任的群体,相比一个没有如此信任的群体,更能够实现目标。

而布迪厄对社会资本则有不同的定义。布迪厄认为:社会资本是一种现实或潜在的资源,这种资源与或多或少制度化的、持续的通过相互认识形成的关系网络紧密相连,简言之,加入某个圈子。这个圈子为每位成员提供集体资本的支持,这种信任可以让他们以任何方式支取。这些关系或许只能以实践的状态、以物质或象征交换的形式来维持。他们也或许可能是一种社会建构,享有共同的名字,比如家族、班级、部落、学校、党派等,并有一整套制度化的行动显示他们属于一个群体。①

社会资本的多少取决于行动者可以有效动员的联系网络以及他自身所拥有的经济、文化/象征资本的多少。从群体所能获得的益处是群体团结的基础,这种团结也使得群体得以存在。网络关系并非天然存在,也不是一旦建立就一劳永逸的社会存在。它是永无止境的制度努力,换句话说,网络关系是个人或集体有意或无意投资策略的结果。

根据布迪厄的理论,文化资本以三种方式存在:表征状态,以持久的思想和性情方式;客体化形式,以文化产品比如图片、书籍、词典、乐器等方式;制度化形式,比如教育认证等。

对于文化资本的象征效应来说,最强有力的规律毫无疑问是它的传承逻辑。一方面,要运用这些客体化的文化资本,取决于整个家庭的文化资本的代际传承;另一方面,初始文化资本的积累,即任何有用的文化资本的快速简单积累的前提条件,往往只有那些拥有强大文化资本的家庭才可以毫无耽搁地开始。因此,毫无疑问,文化资本的传承是资本传递中最隐蔽的。

社会资本和文化资本都可以从经济资本中获取,但都需要或多或少的转化努力。例如,经济资本转化为社会资本需要特定的劳动,比如,需要时间、关注、关心、礼物的慷慨付出。从狭隘的经济立场出发,这些努力纯属是一种浪费,但是从社会交换的逻辑来看,它是一种可以获得长远的物质或非物质利益的投资。同理,如果说文化资本的最佳测量方式是以获取它的时间来衡量,那也是因为经济资本转化为文化资本需要大量时间,而这些时间也只有拥有经济资本的才可以承担得起。更准确地说,家庭有效传承的文化资本不但取决于家庭所拥有的文化资本数量,还取决于家庭能够有充裕的时间去实现传承以及通过延长教育推迟进入劳动力市场,这些或许都会获得长远利益。

66. 社会是可以有计划有目的地"建设"的,还是自我发育的?

在中国,"社会建设"无疑已是一个热词。在对社会建设的理解方面,就像孙立平所说的,存在着两种基本思路。一种思路是把社会视作一个与经济、政治、

---

① Bourdieu, P. "The forms of capital", Originally published as *ökonomisches Kapital*, *kulturelles Kapital*, *soziales Kapital*." *in Soziale Ungleichheiten*(*Soziale Welt*, *Sonderheft* 2), edited by Reinhard Kreckel. Goettingen: Otto Schartz & Co. 1983, pp. 183－198. (translated by Richard Nice)

文化相对应的领域，另一种思路是将社会视作一个与国家和市场相对应的主体。① 第一种思路倾向于将"社会"理解为一个事务领域，从而侧重于从社会事业、社会管理，以及一些具体的制度安排等来理解社会建设的内涵，质言之，它们都将社会建设理解为主要由政府主导和举办，同时一定程度上有其他社会主体协同参与的社会民生事业、社会管理事务以及与此相关的政策和制度安排的推出完善等；而在第二种思路下来理解社会建设，则其核心任务，就是要形成一个与国家、市场相对应的社会行动主体，质言之，一个自主、自治、具有自我行动能力的"社会"，基本目标就是"制约权力、驾驭市场、制止社会溃败"。②

按照第一种"社会建设"思路所理解的社会，无疑是可以有计划有目的地建设的，这一点，西方"福利国家"或"福利社会"的实践也可以证明。不过，在肯定承认这一点的同时，这种意义上的社会建设也必须注意——特别是对于政府而言——不要堕入"理性的僭妄"。所谓"理性的僭妄"，是指这样一种信念，即认为凭借自身的理性意志，可以撇开人性的、社会的、文化的、历史传统的等等复杂性而在全新的基础上实现完全"合乎理性"的"美好社会、健康社会、有序社会"。斯科特认为，这种"理性的僭妄"产生于四个因素的致命结合：一是国家出于自身的目的对社会和环境的简单化、清晰化处置和重塑；二是极端现代化的意识形态，即相信，随着科学地掌握自然规律，人们可以理性地设计社会的秩序；三是独裁主义的国家，它有愿望也有能力使用它所有的强制权力来使那些极端现代主义的设计成为现实；四是软弱的公民社会，这样的社会缺少抵制这些计划的能力。③ 自法国大革命以来，斯科特、鲍曼等指出，因这种"理性的僭妄"而在"造园国家"（gardening state）的姿态下实施和展开的、其初衷是要改善人类状况的许多社会工程或项目，其实际后果是不尽如人意的、失败的，甚至是灾难性的。④

按照第二种"社会建设"思路所理解的社会，也即一个自主、自治、具有自我行动能力的"社会"，一个能够"制约权力、驾驭市场、制止社会溃败"的社会——从斯科特认为"理性的僭妄"产生于四个因素的致命结合的角度说，这种意义上的社会也是防范"理性的僭妄"的重要力量——在更大程度上应该是自我发育的

---

① 孙立平：《社会建设与社会进步》，载：陆学艺主编：《中国社会建设与社会管理：对话·争鸣》，社会科学文献出版社 2011 年版，第 23—26 页。

② 孙立平：《社会建设与社会进步》，载：陆学艺主编：《中国社会建设与社会管理：对话·争鸣》，社会科学文献出版社 2011 年版，第 28 页。

③ 詹姆斯·C. 斯科特：《国家的视角——那些试图改善人类状况的项目是如何失败的》，王晓毅译，社会科学文献出版社 2004 年版，"导言"。

④ 参见王小章：《风险时代的社会建设》，《浙江社会科学》2010 年第 3 期。

自生自发的产物。这包含着两个层面的意思：第一，社会原本具有自身的活力，具有自我行动、自由调节的能力，只要不被强权所束缚凌虐，就此而言，所谓"激活"社会的关键在"释放"社会；第二，一个由外力（如政府）有目的、有计划地培育出来的"社会"，很难独立于这种外力，更不可能抗衡、规制这种外力，一个在政府设立的"孵化器"出生长大起来的组织很难真正成为"社会的"组织，而更可能是"政府的"组织。当然，这样说，并不意味着外力特别是国家力量对于社会的发育发展没有影响：其一，不同的国家体制下，社会的发育空间全然不同，在全能主义国家下，社会根本没有发育的余地。其二，不同的政治制度造就社会（组织）的不同性格，在民主法治的政治体制下，社会（组织）的公共性格和功能更容易得到彰显和发挥，而在独裁专制体制下，社会（组织）更容表现出其私性，更容易走向灰色、黑色地带。其三，一些具体的社会政策，如税收政策，影响制约着社会的发展。

67. 如何认识"结社"的意义？

作为"脱域的共同体"的"志愿结社"，是有别于国家也有别于市场的"社会"的基本要素的（另一个要素是作为"地域性社会生活共同体"的"社区"，但由于在现代性条件下所发生的"社区的销蚀"，社区作为具有自我行动能力之主体的"社会"的构成要素的意义，从历史发展趋势看不如志愿结社[①]）。在志愿结社正常健康发展的情况下，它们在现代社会中可以发挥多种积极的功能。主要包括：第一，它可以有效地抵御凌驾于个体之上的权势——无论是政府当局的权力还是市场组织的强势——对于个体的可能侵犯和压迫，从而保护个人的正当权利和独立自由。在现代社会中，个体的力量实际上非常有限，非常软弱。托克维尔就曾指出，在现代所谓民主的社会状态中，"随着身份在一个国家实现平等，个人便显得日益弱小，而社会却显得日益强大。或者说，每个公民都变得与其他一切公民相同，消失在人群之中，除了人民本身的高大宏伟形象之外，什么也见不到了"[②]。也就是说，在现代社会中，通常很难产生特别有影响力的人物能够起来有效地抗拒当局对他们的独立自由的可能侵犯（就像欧洲以前的贵族那样）。在这种情况下，如若社会成员陷于原子化的状态，当局的权力就很容易成为专横的

---

① 王小章、王志强：《从"社区"到"脱域的共同体"》，《社会学》2004 年第 2 期。
② 托克维尔：《论美国的民主》（下卷），董果良译，商务印书馆 1991 年版，第 841 页。

权力,个体的权利则很容易成为脆弱的权利。而结社,则可以在一定程度上弥补现代社会中个体的软弱无力,从而有效地维护个体的正当合法权利和独立自由。托克维尔认为,美国的政治结社就在一定程度上起到了这样一种作用。当然,在今天,公民不仅要通过结社来应对政府当局权力对个体自由独立的可能压迫,还要通过各种自愿、自由的公民组织,如消费者权益组织、环境保护组织、工会等等,来抵抗市场组织对个人正当权益的可能侵犯。第二,通过有效地维护个人的正当合法权益,公民组织可以成为化解社会矛盾与冲突,释放消极对抗情绪,维护与促进社会稳定和谐的"解压阀"。通常,社会成员之所以会产生不满、怨愤情绪,往往是因为其正当合法的权益受到强势者的侵害而无力捍卫。作为受侵害者个体,这种情绪很容易转化为各种消极的、反社会的行为。而当这种情绪与其他人同样由于其正当合法权益受到侵害而产生的类似情绪汇合起来,并累积到一定程度时,在外界特定条件的刺激下,就可能酿成各种集群性暴力事件。这时,一直以来逆来顺受的"顺民"就会转化为"暴民"。而公民志愿组织通过有效又有序地保护个人的正当权益,可以防止和消除这些由于个人的正当权益受到侵害而产生的不满、怨愤情绪,净化社会心理氛围。第三,公民通过自由结社而形成的第三部门组织是培养公民的公共精神的重要途径。结社为公民参与公共事务、进入公共领域提供了渠道。由于结社是自由、自愿的,公民的这种参与、进入也就是独立自主的。尽管最初人们往往是出于对自己利益的关心而参与公共事务,但是,正如托克维尔指出的那样,通过这种独立自主的公共参与,人们逐渐会感觉认识到,除了那些使他们与其他个体分离开的利益外,还有能够使他们彼此联系、联合起来的利益,而且这种共同利益,完全依赖于他们每个人共同参与的努力。由此,人们逐步地就会像关心自己的利益那样关心公共利益,从而培养出仅仅通过几年一次的、在公民对于切身利益的感觉上无关痛痒的选举投票所永远不能真正培养出来的公共精神。除了托克维尔,黑格尔对于"同业公会"的论述,涂尔干对于"法人团体"的论述,事实上也都表达了类似的意思。① 这种积极的公共精神,能有效避免一个商业社会中人们精神上的卑琐和奴性。有研究者指出:今天,"尽管人们对于志愿结社或者说中介群体的兴趣各有不同,但是,从一种政治的和社会学的观点出发,对于中介群体的关注,主要是出于它们对维系公民社会、发展民主制度、促进利他主义和公民美德的可能贡献。特别是,志愿结社为积极公民权和公民参与提供了一个训练场。实际上,我们可以称它们

---

① 王小章:《经典社会理论与现代性》,社会科学文献出版社 2006 年版,第 271—274 页。

为民主的学校，因为，它们为民主的、共同的治理之基本程序方面的训练提供了经验或可能"①。第四，志愿组织本身可以有效地避免和防止现代社会的涣散或者说原子化，而通过公民组织培养出的公共精神则可以进一步为社会培育、积累起深厚的"社会资本"。这种社会资本是各种社会事业、公共项目能得以高效地、事半功倍地举办的重要基础。这一点，美国学者普特南的研究已经从正反两个方面为我们提供了证明。② 最后，结社组织还可以在服务和福利分配上扮演重要角色。西方社会在福利、医疗、教育等方面的历史经验表明，既要防止不受限制的市场（因为福利供给的市场化必将导致社会不平等的加剧），又要防止保姆式的国家（因为它会导致经济社会效率的下降，同时国家福利机构常常具有官僚化的倾向，变得高高在上，从而对公民需要变得不敏感），于是，志愿结社组织便在此找到了自己的角色，借助于"公民的"或"社会的市场"，它们可以在福利分配、服务提供上发挥重要功能。③

当然，如上所述，志愿结社要在现代社会运行中发挥出这些积极功能，前提是，它自身必须是"正常健康"地发育发展的。而要志愿结社正常健康地发展，需要一个良好的外部环境，其中最重要的，则是民主法治的政治环境。缺乏这样的外部环境，"结社"很有可能滑入灰色甚至黑色地带，即成为江湖帮会，这是我们必须警惕的。

---

① 柯文·M.布朗等：《福利的措辞》，王小章、范晓光译，浙江大学出版社2010年版，第47页。

② 罗伯特·D.普特南：《使民主运转起来》，王列等译，江西人民出版社2001年版；《独自打保龄球：美国下降的社会资本》，苑洁编译，李惠斌、杨雪冬编：《社会资本与社会发展》，社会科学文献出版社2000年版。

③ 柯文·M.布朗 等：《福利的措辞》，王小章、范晓光译，浙江大学出版社2010年版，第20—21页。

文化、意识形态、宗教和理性

68. 在社会学理论中,文化是如何从结构的配角演变为主角的?[①]

文化在社会学中通常被理解为特定社会之人们的价值观念、信仰、行为习惯、生活方式。按照丹尼尔·贝尔的看法,社会学作为一门专门学科一直以来建筑在这样一个假设之上:社会中的个人或群体之所以有不同的行为方式,是因为他们在社会结构中属于不同的阶级或占有不同的地位;根据一些明显的共同社会属性,人们在利益、态度和行为方面会产生系统性的差异;换言之,社会属性以特殊的方式——通常是从社会阶级上去认定——聚集成型,致使人们在选举行为、消费习惯、养育子女的方式等方面都呈现出阶级或地位上的差异,并且可为人所预测。[②] 也就是说,社会—经济结构作为一种外在的、客观的约束机制限定了人们在文化取向上的系统性差异。这种预设一方面导致了社会学家们面对结构和文化的关系问题时,倾向于肯定结构的主导、决定作用,至少肯定文化与结构的一致性,另一方面也导致了社会学研究一直重结构而轻文化的倾向。用美国社会学家阿切尔的话说,在社会学理论中,"无论从哪方面看,'文化'都只是'结构'的一个不起眼的配角"。[③]

---

① 对本问题更详细的阐述参见冯婷:《逸出结构的文化——文化社会学的新发展》,《学术论坛》2001 年第 4 期。

② 丹尼尔·贝尔:《资本主义文化矛盾》,赵一凡等译,生活·读书·新知三联书店 1989 年版,第 83 页。

③ Archer, Mararet S., *Culture and agency: the place of culture in social theory*, New York: Cambridge University Press, 1988, p. 1.

应该说,至少到 20 世纪 50 年代前,丹尼尔·贝尔所说的这个社会学的预设基本上反映了现实社会中结构与文化之间的实际关系。无论是传统社会中的主仆关系,还是工业社会中的劳资关系、性别角色分工等等,都强烈地束缚、制约着处于这种关系中的人们的行为、思想,人们的价值观念、信仰、行为习惯、生活方式明显受制于他们在社会—经济结构中的地位。因此,社会学家们习惯于从社会—经济结构入手来分析认识该结构下人们的生活方式、行为习惯、价值观念、文化趣尚。但是,自 20 世纪 50 年代以来社会经济的发展在很大程度上改变了结构与文化之间的传统关系。贝尔指出,随着经济领域中被社会学家们称为"自由支配性收入"——即满足人的基本需要以外的收入——的大幅度增加,人们已经越来越可以自由地选择不同的消费方式,与此同时,高等教育的普及和社会宽容态度的推广也扩大了"随意型社会行为"的范围。由此,在个人经历和成长过程中那些特殊的方面日益变得比既定的社会属性更为重要。与此相应,越来越多的人希望并且也能够根据自己的文化趣尚和生活方式来相互认同,而不再拘泥于传统的阶级和地位结构。① 美国文化社会学家玻齐曼在一项研究中也指出,当代社会结构方面所发生的一些变化已增加了人们在教育和职业生涯上的可变性,而这种可变性反过来又将导致人们在遵守文化规范上的更大灵活性。她认为,人们的生命历程已变得越来越分殊多样、越来越不规则,这反过来又影响到各生命阶段以及所谓适当的社会行为的文化表征。换言之,随着由教育系统向职业、婚姻的转变的越来越不确定、越来越不可预测,描绘这些转变轨迹的文化意向也变得越来越富有弹性。② 总之,在当代社会中,人们的文化趣尚、生活方式、价值观念已不再像先前那样受制于他们在社会结构中的地位,文化已获得了独立的,甚至凌驾结构之上的意义(与此相应,"生活机会的政治"也开始转向所谓"生活方式的政治")。正是在这样的背景下,文化的角色开始受到当代社会学家,或者更宽泛地说,社会理论家们的重视,文化社会学也相应地获得了长足的发展。

69. 文化有没有等级序列?

关于这个问题,存在着所涉学科领域不同的两种争论。一是文化人类学中

---

① 丹尼尔·贝尔:《资本主义文化矛盾》,赵一凡等译,生活·读书·新知三联书店 1989 年版,第 84 页。

② Buchmann, Marlis, *The Script of Life in Modern Society: Entry into Adulthood in a Changing World*, Chicago: University of Chicago Press, 1989.

文化进化论与文化相对论的争论。前者认为从原始文化(初民文化)到现代文化,文化呈现为一个不断进化的过程,世界上各种不同类型的文化,代表着文化之不同的进化阶段或者说水平,以此来看,文化无疑是有等级序列的,历史就是高等文化不断取代低级文化的过程,进而,殖民主义也就无可非议。与此相反,文化相对论则认为,每一种文化都是在特定的环境中产生形成的,相对于其产生的特定环境都有其合理性,因此,不同文化之间没有可比性,更不存在上下高低之分别。这种争论实际上和更为一般的关于历史或社会是不是不断进化的争论联系在一起(参见本书第 17 个问题)。

关于文化有没有上下高低之别的另一种观点对峙存在于精英主义的文化理念和大众文化理念之间。前者可以阿诺德和阿多诺为代表,后者可以威廉斯为代表。阿诺德认为,文化就是对完美的一种追求,所谓"完美",就是"美好"与"光明";这种对完美的追求源于人性之中对完美的热爱;"文化"内含一种普遍秩序,它与"宗教"具有某种一致性——人类通过宗教表现了完善自身的冲动,这与文化寻求普遍完美的崇高目标相一致。实际上,在阿诺德的文化观中,"文化"是相对于"机械文明"而存在的。他认为与希腊罗马文明相比,整个现代文明在很大程度上是机器文明,是外部文明,这种"文明"与文化代表的心智和精神内在状况相抵牾。机械文明所导致的个人主义理念与文化所追求的人类普遍主义理念相抵牾;功利主义理念背后缺乏变通的、机械的特性,与文化追求和谐的完美所展示的灵活性相抵牾。正因为"机械文明"与"文化"对立,因而阿诺德的"文化"具有了"拯救"的社会意义。阿诺德认为"文化的用途恰是通过树立完美之精神标准,帮助我们认识到财富是手段,是工具;并不是只要我们嘴上这样说说而已,而是要真正看到、从心里感到财富只不过是手段"[①]。文化所要清扫和破除的正是"非利士"人们对工具的崇拜信仰,树立对完美的追求,对文化的信仰。

如果说,具有保守主义倾向的阿诺德从正面阐述了精英主义的文化观念,那么,日后作为法兰克福学派之重镇的阿多诺则通过对商业取向的大众文化的批判表达其类似的精英主义取向。与此不同,英国具有马克思主义色彩的文化批评家威廉斯则代表了一种为大众文化辩护的平民取向的文化理念。在《文化分析》一文中,威廉斯提出了关于文化的三种定义:理想的,文献的,社会的。"理想的"文化定义更多是指文化作为一种"完美"审美状态的表达,"文献的"文化定义

---

① 马修·阿诺德:《文化与无政府状态:政治与社会批评》,韩敏中译,生活·读书·新知三联书店 2008 年版,第 14 页。

则是基于经验出发的针对文本记录的考量，但最为重要的是关于文化的"社会"定义，即将文化看作是一种整体性的特殊生活方式，不仅包括艺术和学问中的某些价值和意义，而且也包括制度和日常行为中的某些价值和意义。从文化的"社会"定义出发，"文化分析就是阐明一种特殊生活方式、一种特殊文化隐含或外显的意义和价值"①。到底什么是威廉斯所指的"整体的生活方式"，即这种定义下的文化到底是什么？有人认为包括五个方面，一是整体的生活方式大部分是属于无意识的，存在于共同的习惯和信仰等中，这包括了前两种文化定义；二是包括我们所从事的所有活动内容（而非某一项或几项），这种活动是在"方式"的意义上去理解；三是整体的生活方式是为我们所直接经验的，但要完全理解就要深入到它的各种"关系"与"制度"，也就是"结构"及其变化中去；四是整体的生活方式也是过去传统与当代社会生活的一种完整统一；五是整体的生活方式是指在广义上而言的所有的实践活动，实践主体应当是一民族所有人的而不是部分人的生活方式或存在状态，即一种"共同文化"。② 总之，在这种定义之下，被经典文化定义所拒斥的日常生活方式，将被纳入到文化分析中去。这种分析包括对生活方式中多种因素的分析：生产组织、家庭结构、表现或制约社会关系的制度结构、社会成员沟通交流的独特形式。由此，对文化的论争就从审美式的、抽象的、教化式、居高临下的，走向了日常的、生活的、具体的、沟通对话的，原来被认为与"文化"等同的"高雅文化"、"精英文化"也将与"大众文化"平行。

70. 如何理解意识形态及其与现实的动力关系？

在马克思（和恩格斯）的理论中，"意识形态"（ideology）是一个非常重要的关键词。该词最早是由法国思想家特雷西在 18 世纪末创造的，用来指称一门他尝试创立的，与"神学"、"形而上学"不同的关于"观念的科学"。不过特雷西赋予"意识形态"一词的意义与马克思的"意识形态"概念有着很大距离。真正直接影响和启发了马克思关于意识形态的思想的是黑格尔关于"教化"的观念和费尔巴哈的宗教批判。黑格尔认为，精神要经历一个辩证发展的过程，这个过程有三个阶段，即"真正的精神，伦理"、"自身异化了的精神，教化"和"自我确定的精神，道

---

① 雷蒙·威廉斯：《文化分析》，载：罗岗、刘象愚主编：《文化研究读本》，中国社会科学出版社 2000 年版，第 125－126 页。

② 黄卓越：《英国文化研究：事件与问题》，生活·读书·新知三联书店 2011 年版，第 12－14 页。

德"。黑格尔赋予"教化"三层基本涵义。第一,"教化是自然存在的异化":个体在伦理实体中的存在是一种直接的自然存在,而在法权状态下,个体就必须通过教化,扬弃自己的直接的自然存在而取得现实的存在。① 第二,"语言是异化或教化的现实"②:教化是通过语言来进行的。第三,教化话语是一种虚假的话语:"精神所述说的有关它本身的那种话语,其内容,是一切概念和一切实在的颠倒,是对于它自己和对于别人的普遍欺骗……"③黑格尔对于教化的异化性质、虚假特征的揭示对马克思的意识形态理论具有深刻的影响。同样,费尔巴哈从自然主义的唯物主义和人本主义出发对于宗教的批判在很大程度上触及了意识形态的起源、本质和社会功能,也是马克思意识形态理论的重要思想来源。费尔巴哈认为,神的本质不是别的,正是人的本质,只不过这个本质突破了个体的、现实的、属肉体的人的局限,被对象化为一个另外的、不同于它的、独自的本质,并作为这样的本质而受到仰望和敬拜。费尔巴哈从人自身的自我分裂、自我异化来说明宗教的根源,认为人的需要、依赖感和利己主义是宗教产生的根源,而人之所以需要宗教,是因为宗教可以提供心灵的慰藉,可以填补精神的空虚。

在批判地接受特雷西、黑格尔、费尔巴哈等人相关思想的基础上,立足于历史唯物主义的基本立场,马克思(和恩格斯)形成了自己的意识形态理论。其基本要点包括:

第一,思想、观念、意识的生产是直接与人们的物质活动,与人们的物质交往,与现实生活的语言交织在一起的,表现在某一民族的政治、法律、道德、宗教、形而上学等的语言中的精神生产是该民族人们物质行动的产物,由此,"道德、宗教、形而上学和其他意识形态,以及与它们相适应的意识形式便不再保留独立性的外观了"④。第二,意识形态是一种"虚假意识",意识形态的虚假性有两层涵义:其一,意识形态及其思想过程往往"虚假地"、或者说被误以为是脱离人们的物质生活条件而独立地发展的;其二,以这种"虚假的意识"完成的意识形态是对人们的社会存在的一种"扭曲"、"颠倒"了的反映,而且这种扭曲、颠倒特别体现在意识形态通常会模糊、掩蔽现实社会结构中的利益分化和冲突。第三,作为"虚假意识"的意识形态是阶级社会的精神现象。尽管马克思(和恩格斯)没有否

① 黑格尔:《精神现象学》(下卷),贺麟、王玖兴译,商务印书馆1979年版,第44页。
② 黑格尔:《精神现象学》(下卷),贺麟、王玖兴译,商务印书馆1979年版,第55页。
③ 黑格尔:《精神现象学》(下卷),贺麟、王玖兴译,商务印书馆1979年版,第66页。
④ 马克思、恩格斯:《德意志意识形态》,《马克思恩格斯文集》(第1卷),人民出版社2009年版,第525页。

定被统治阶级在一定条件下也能拥有自己的阶级意识，有时还提到"在一定时代"中"革命阶级"的"革命思想"，但是，马克思（恩格斯）在使用意识形态这一概念时主要意指统治阶级的阶级意识。而意识形态的虚假性的实质就在于它事实上表达的是统治阶级的特殊利益，但总是以一种抽象的、普遍的形式出现，总是要将统治阶级的特殊利益表述成社会的、人类的普遍利益，将统治阶级的意志说成是社会的、人类的普遍意志乃至神的旨意或自然法则，从而掩盖、扭曲真实的社会关系。① 第四，作为统治阶级的阶级意识，意识形态的功能就是维护既有的社会关系、社会秩序，也就是维护统治阶级的统治。第五，意识形态要发挥上述功能必须依赖借助于"意识形态阶层"和后来由阿尔都塞命名的"意识形态国家机器"。② 马克思（和恩格斯）指出："思想本身根本不能实现什么东西。思想要得到实现，就要有使用实践力量的人。"③因此要实现意识形态的功能，就要有作为统治阶级"代言人"的"意识形态阶层"，包括专门制造意识形态的"意识形态专家"以及将意识形态解释、宣传、灌输到社会各个角落的人。

受马克思意识形态理论的深刻影响，日后曼海姆在其《意识形态与乌托邦》中认为，意识形态概念"反映了来自政治冲突的一个发现，即统治集团可以在思维中变得如此强烈地把利益和形势密切地联系在一起，以致它们不再能看清某些事实，这些事实可能削弱它们的支配感。在'意识形态'一词中内含着一种洞悉，即在一定条件下，某些群体的集体无意识既对其本身，也对其他方面遮掩了真实的社会状况，从而使集体无意识得到稳定"。而乌托邦这一概念则"反映了政治的斗争中相反的发现，即某些受压迫的群体在理智上如此强烈地对摧毁和改变特定的社会条件感兴趣，以至于他们自觉地在局势中仅仅看到那些倾向于否定它的因素。他们的思维没有能力正确地判断现存的社会条件。他们全然不关心真实存在的东西；确切地说，他们已在思维中寻求改变存在的局势。它们的思想从来都不是对局势的判断，它只是被用来指导行动。在乌托邦的思想中，被怀着愿望的想象和行动的意愿所引导的集体无意识，掩盖了现实的某些方面。

① 当马恩将意识形态看作是阶级社会的精神现象时，实际上也指出了按其理解的意识形态的终结："只要阶级的统治完全不再是社会制度的形式，也就是说，只要不再有必要把特殊利益说成是普遍利益，或者把'普遍的东西'说成是占统治地位的东西，那么，一定阶级的统治似乎只是某种思想的统治这整个假象当然就会自行消失。"（马克思、恩格斯：《德意志意识形态》，《马克思恩格斯文集》（第 1 卷），人民出版社 2009 年版，第 553 页。）

② 阿尔都塞：《意识形态和意识形态国家机器》，陈越编：《哲学与政治——阿尔都塞读本》，吉林人民出版社 2003 年版。

③ 马克思、恩格斯：《神圣家族》，《马克思恩格斯文集》（第 1 卷），人民出版社 2009 年版，第 320 页。

它无视一切可能动摇其信念或麻痹其改变事物的愿望的东西"①。

曼海姆准确地把握了"意识形态"概念(包括"乌托邦"概念)的意涵主要在政治行动而不在认识。而在葛兰西的"文化霸权"理论中,意识形态则更是在新的社会政治条件下无产阶级革命的根本战略问题了。葛兰西指出,资产阶级国家既实施强力统治与惩罚,也实施道德和精神领导,"必须把国家看成是教育者"②,目的就是让民众接受统治阶级的世界观,确立统治阶级世界观对市民社会的强势影响。由此,葛兰西认为,市民社会的文化认同,就成为一个革命的新战场:"我所谓市民社会,是指一个社会集团通过像社团、工会、学校这样一些私人组织行使的国家领导权。"③面对法西斯暴政,葛兰西审时度势,避其锋芒,进占市民社会,争夺文化霸权。葛兰西的思想,深刻地影响了阿尔都塞关于"意识形态国家机器"的理论。④

71. 意识形态的批判分析如何过渡到知识社会学?

意识形态的分析理路为知识社会学提供了基本的思考方式。实际上,马克思的"社会存在决定社会意识"可以说是最早、最基本的知识社会学命题。不过,意识形态的分析批判怎样才能过渡到更具一般性的知识社会学呢?

如上所述,受马克思意识形态理论的影响,曼海姆将意识形态(以及乌托邦)看作是由于受人们与社会现实之特定利益关系的制约而在某些方面"遮掩了真实的社会状况"的、对社会现实的虚假反映。在此基础上,曼海姆进一步区分了特殊含义(狭义)的意识形态和总体含义(广义)的意识形态。特殊含义的意识形态是指,论敌所提出的观点和陈述"是对某一状况真实性的有意无意的伪装",因为真正认识到这种真实性不符合论敌的利益,这种对现实的歪曲包括有意的撒谎、半意识和无意识的伪装、对他人蓄意的蒙骗以及自我欺骗等。而总体含义的意识形态则是指"某个时代或某个具体的历史—社会集团(例如阶级)的意识形态",呈现的是这一时代或这一集团的"整体思维结构的特征和组成"。⑤ 特殊含

---

① 卡尔·曼海姆:《意识形态与乌托邦》,黎鸣、李书崇译,商务印书馆 2000 年版,第 41—42 页。

② 葛兰西:《狱中札记》,葆煦中译,人民出版社 1983 年版,第 195 页。

③ 葛兰西:《葛兰西文选》,中央编译局国际共运史研究所编译,人民出版社 1992 年版,第 439 页。

④ 参见赵一凡:《西方文论讲稿续编:从卢卡奇到萨义德》,生活·读书·新知三联书店 2009 年版,第 562—568 页。

⑤ 卡尔·曼海姆:《意识形态与乌托邦》,黎鸣、李书崇译,商务印书馆 2000 年版,第 56—57 页。

义的意识形态和总体含义的意识形态之间的共同性在于，它们都表明，无论是对个人还是集团，都不能仅仅根据其所说的来认识其言论，而需要通过分析其社会状况来理解其言论，于是，"主体所表达的观念被看作是他的存在的功能"①。不过，曼海姆更强调了两种意识形态概念之间的区别。第一，特殊含义的意识形态概念只关系到论敌之主张的内容，而总体的概念则对论敌的总体世界观（包括他的概念结构）表示怀疑，并试图把这些观念理解为他所参与的集体生活的结果。第二，特殊的概念只在纯粹心理学的水平上对观念进行分析，在这个水平上，即使声明论敌是在撒谎，也不一定妨碍与对方共享某种有效性的判定标准，并依此消除谬误。但是，当我们在总体的意识形态概念下，"把一个智力领域归于一个历史时代，而把另一个归于我们自己时，或者，如果某个被历史地决定的社会阶层以不同于我们的范畴进行思维，那么，我们提到的就不是孤立的一组思想内容，而是根本不同的思想体系和广泛不同的经验模式和解释模式。每当我们不仅考虑内容而且考虑形式，甚至把思维模式的概念框架看作是思考者生活状态的作用时，我们便达到了理论或精神的层次"②。第三，与上述差异相联系，"意识形态的特殊概念主要与利益心理学一起起作用，但是，意识形态的总体概念则使用更形式化的功能分析，不考虑动机，只把自己局限于客观地描述在不同社会背景中起作用的见解的结构差异。前者假定这种或那种利益是一个既定谎言的原因或欺骗的原因。后者则简单地假定一个既定的社会状况与一个既定的观点、见解或知觉总体之间有对应关系。……由此，利益心理学往往为所了解的状况和知识形式之间的对应关系的分析所取代"③。

意识形态的总体概念表明，我们不能满足于仅仅指出论敌在心理学水平上的幻觉或歪曲，而要进一步将其总体意识结构诉诸彻底的社会学分析。至此，知识社会学已经呼之欲出了。不过，曼海姆指出，如果人们仅仅只是对论敌的思想联系其社会存在状态做社会学分析，而将自己的观点看作是绝对的从而不加质疑，那么，所持的还只是意识形态的总体概念的"特殊阐述"。只有当人们"不仅有勇气对对手的观点，而且还有勇气对所有的观点，包括自己的观点进行意识形态分析"，才表明他们所运用的是意识形态总体概念的"一般阐述"。④而"随着意识形态总体概念的一般阐述形式的出现，单纯的意识形态理论发展成为知识社

---

① 卡尔·曼海姆：《意识形态与乌托邦》，黎鸣、李书崇译，商务印书馆 2000 年版，第 57 页。
② 卡尔·曼海姆：《意识形态与乌托邦》，黎鸣、李书崇译，商务印书馆 2000 年版，第 58 页。
③ 卡尔·曼海姆：《意识形态与乌托邦》，黎鸣、李书崇译，商务印书馆 2000 年版，第 58—59 页。
④ 卡尔·曼海姆：《意识形态与乌托邦》，黎鸣、李书崇译，商务印书馆 2000 年版，第 78 页。

会学。曾经是党派的思想武器的东西变成了社会和思想史的一般研究方法"①。
"作为一种理论，它（知识社会学）试图分析知识与存在之间的关系，作为历史-社
会学的研究，它试图追溯这种关系在人类思想发展中所具有的表现形式。"②

72. 宗教与经济的关系是什么?

在过去的一个世纪里，学者们对宗教的经济后果有很多说法。但都没有韦
伯《新教伦理与资本主义精神》一书写的那么宏大。支持韦伯观点的认为，"新教
改革所引起的革命使得现代资本主义的到来成为可能。新教伦理宣扬的世界观
与传统的心理导向决裂，它强调勤奋、节俭、责任，以及对冒险和财富追寻的道德
许可"③。尽管大量的研究对这个说法的事例正确性提出了挑战，这种新教伦理
论点在几乎所有社会学经典、国际商业教材中都作为其中的一章。

具有讽刺意味的是，新教伦理理论的一个显著特征却是缺乏实证数据的支
持。一些经济学家力图将韦伯的理论运用到分析当中，尤其萨缪尔逊④。但结
果是，用著名社会学家霍曼斯的话说，对韦伯的假设不只是乱捣一气而是使得这
个假设千疮百孔。萨缪尔逊认为韦伯所强调的那些资本主义制度大都发生在新
教改革之前，而韦伯却将改革视为原因。萨缪尔逊进一步发现早期的新教神学
家们对经济问题并不是特别感兴趣，他们也似乎对市场缺乏理解。和天主教一
样，新教对于信用和利息知之甚少。最后，萨缪尔逊驳斥了韦伯程式化的欧洲历
史研究，并揭示在韦伯所引述的所有地区，经济发展与宗教并不相关，这与韦伯
的理论不一致，甚至相反。正如德拉克诺克斯所发现的，阿姆斯特丹的财富集中
在天主教家庭里，经济相对发达的德国莱茵河地区天主教比例要高于新教徒。
通过对欧洲天主教与新教国家的比较，德拉克诺克斯发现没有证据证明一个群
体在经济上要好于另一个群体。⑤

---

① 卡尔·曼海姆：《意识形态与乌托邦》，黎鸣、李书崇译，商务印书馆 2000 年版，第 79 页。

② 卡尔·曼海姆：《意识形态与乌托邦》，黎鸣、李书崇译，商务印书馆 2000 年版，第 269 页。

③ Delacroix, J. "A Critical Empirical Test of the Common Interpretation of the Protestant Ethic
and the Spirit of Capitalism. " Paper presented at meetings of International Association Business & Society
in Leuven, Belgium. 1992.

④ Samuelsson, K. *Religion and economic action : the protestant ethic , the rise of capitalism , and
the abuses of scholarship.* Toronto: University of Toronto Press, 1993.

⑤ Delacroix, J. "Religion and economic action: the protestant ethic, the rise of capitalism, and the
abuses of scholarship," *Journal of Scientific Study of Religion*, 1995,34(1),pp. 126—127.

　　然而，宗教的作用也远远超过韦伯的理论。不少研究显示在个人和家庭水平上，经济行为和结果的确与宗教相关。比如，众所周知，美国犹太人的平均工资和收入要比非犹太人高，这个差异很大程度上是因为犹太人教育程度高①。而更显著的是，宗教与很多有重要经济含义的社会行为存在联系，比如犯罪活动、吸毒、酗酒、精神与身体健康、婚姻、生育以及离婚等。

　　当然，宗教的统计效果有可能是虚假的。人们或许很容易提出一些既影响宗教行为又影响其他行为的优秀品质。好孩子会远离毒品，待在学校，同时也会去教会。

　　弗里曼认为只有真正的实验方法才可以证明宗教的因果效应。② 然而，不少学者也承认宗教具有影响的主张可能是成立的。尽管有很多对虚假相关的怀疑，但是不少研究揭示宗教的很多影响是巨大的而且统计上是显著的。弗里曼关于年轻的黑人男性的礼拜崇拜研究证明了上述观点。通过对一组数据的仔细分析，他总结道，礼拜崇拜对时间分配、上课出勤率、工作方面具有正面影响，而对社会越轨行为比如犯罪、吸毒和酗酒有抑制作用。这个统计结果说明至少某些教会活动的影响是事实上的因果关系。其他经济学家得出类似的结论。在控制了政策开支和犯罪相关的社会经济变量后，他们发现宗教程度越高的国家，暴力和非暴力犯罪要显著低得多。③

　　事实上，有大量实证研究考察过宗教与不同形式的越轨（包括犯罪、自杀、离婚、吸毒与酗酒）间的关系。特别是关于青少年的犯罪研究非常丰富，这些研究通常发现在宗教信仰越深的家庭里长大的年轻人，越不可能从事犯罪活动、吸毒、酗酒或婚前性行为。这些影响对于长在严格教派或同种宗教群体的孩子更大。

　　还有研究揭示宗教对精神和身体健康都有影响。尽管弗洛伊德的非实证传统指责宗教神经质、有偏见、威权主义，但是实证研究都一致显示对宗教活动和

---

① Chiswick，B. "The earnings and human capital of American Jews," *Journal of Human Resources*，1983,18(3)，pp. 313－336.

② Freeman，R.，"Who escapes? The relation of churchgoing and other background factors to the socioeconomic performance of black male youths from inner-city tracts," in *The Black Youth Employment Crisis*. Richard B. Freeman and Harry J. Holzer，eds. Chicago and London：U. Chicago Press，1986，pp. 353－376.

③ Lipford，J.，McCormick，R.，and Tollison，R.，"Preaching Matters," *Journal of Economic Behavior and Organization*，1993,21(3)，pp. 235－250；Hull，B. and Bold，F. "Preaching matters-replication and extension," *Journal of Economic Behavior and Organization*，1995,27(1)，pp. 143－149.

信仰很高的忠诚与身体健康有关,会减少紧张,增加生活满意度①。同样,有的学者提出虚假相关的质疑,然而,在控制了年龄、收入、教育、性别、种族、婚姻状况、居住地、社会关系以及以前的创伤史这些影响因素之后,宗教效果依然存在。医学研究者在成百上千个流行病研究中报告了宗教的显著效果。有些因果关系是非常清楚的。一些严格的宗教群体成员,寿命更长,癌症、中风、心脏病等发病率低,因为他们通常遵守关于吸烟、饮酒、用药及其他有关健康的教规。健康与宗教这种更宽泛的相关性似乎有很多联系,包括信仰与压力的负向联系,教会活动与社会支持的正向联系。

宗教归属对婚姻模式和婚姻稳定性也有影响。其影响方式与婚姻市场和家庭生产的经济模型一致。人们也许会视夫妻间的宗教承诺是互补的,但绝对是对家庭生产的教派专有人力资本投入②。这种互补性鼓励了教派内部的通婚,尤其当它具有很少的替代,这会提升同种信仰婚姻的稳定。这些预测得到了强有力的学术发现支持,尤其勒热、奇日维克的研究,也是迄今为止最为成熟的研究之一。勒热、奇日维克发现在所有教派中都存在比较高的教内通婚率,而犹太教、天主教和魔门教尤其高。他们也发现不同信仰间的婚姻更容易走向离婚。魔门教徒与非魔门教徒间夫妻的离婚率,相比魔门夫妻要高三倍。③ 勒热进一步发现不同宗教信仰者之间婚姻的其他容易被忽视的影响,比如它会导致女性更高的劳动比例,更低的生育倾向,她将此现象解释为在日益增长的离婚风险下需要减少婚姻专属投资。④

上述研究揭示了宗教与经济相关行为存在某种关系,然而宗教与经济态度似乎还没有这样的关系。人们的宗教所属或信仰程度对他们关于资本主义、社会主义、收入分配、私有财产、自由贸易、政府规制的态度似乎没有影响。似乎所有的宗教传统和他们的经文都在经济立场上非常模糊。

教派普通信徒的经济态度比起神职人员来讲更加多元。民调研究显示原教

① Ellison, C. ,"Religion, the life stress paradigm, and the study of depression," in *Religion in Aging and Mental Health : Theoretical Foundations and Methodological Frontiers*. Jeffrey S. Levin, ed. Thousand Oaks, CA: Sage, 1993, pp. 78—121.

② Iannaccone, L. , "Religious practice: a human capital approach," *Journal of Scientific Study of Religion*, 1990, 29(3), pp. 297—314.

③ Lehrer, E. and Chiswick, C. , "Religion as a determinant of marital stability," *Demography*, 1993, 30(3), pp. 385—404

④ Lehrer, E. , "Religion as a determinant of marital fertility," *Journal of Population Economics*, 1996, 9(2), pp. 173—196.

旨主义福音派的经济态度与其他新教徒相比并非更加保守。① 实际上，在某些方面，最显著的是收入分配、资助穷人方面，美国普通民众要比他们反倒明显保守得多。这并不是说保守的新教徒与其他美国人之间就没有区别，而是说他们的保守主要是围绕一系列神学、道德和社会话题，比如学校祷告、堕胎，以及性行为等，这些很大程度上与他们的经济态度是独立的。这种在宗教与经济态度上缺乏相关性，对于韦伯的新教伦理理论又是一次打击。

总体上，宗教似乎起作用，但是它的影响远远不是同一的。它对某些行为结果比如收入、教育、经济态度的影响，比起对另外一些行为的影响要小一些，这些在不同教派间也不同（通常在宗派性最强的群体影响最深）。有些效果，比如生活满意度与信仰的程度高度相关，然而另外的效果比如身体健康以及大多数越轨行为，与宗教活动参与程度有关。

哈佛教授巴罗、麦克利瑞十分严谨地探讨了宗教与经济增长的关系。首先他们排除了经济发展对宗教的反向关系可能性。这种反向关系在社会学中有大量关注，其中最有名的是世俗假设（secularization hypothesis），该理论认为经济发展会降低人们的宗教信仰和活动。这种信仰可以是天堂、地狱、后世、上帝等，或者是人们对宗教认同的倾向。世俗化理论还指出，经济发展使得有组织的宗教在政治决策、更广泛的社会法律事务中的作用越来越小。

世俗化理论充满了争议。另一个强有力的理论侧重在市场或供给的力量。后面这个理论淡化了经济发展以及其他需求要素对宗教的作用，而是侧重在宗教提供者之间的竞争方面。国家里有更多元的宗教，或者说促进更多的竞争，将会导致更高质量的宗教提供，这些宗教会更符合个人的偏好。因此，更加多元的宗教会刺激更大的宗教参与和信仰。而更为根本的是，宗教多元化和竞争的程度取决于政府如何规制宗教市场。比如，政府教会的存在，被认为是斯堪的维纳亚半岛低程度的宗教多元和宗教参与的一个原因。巴罗、麦克利瑞的目的并不是评价这两种理论，而是发现宗教与经济增长分析中起决定作用的宗教因素。他们通过自 1960 年以来世界 100 多个国家的数据分析，发现宗教信仰对经济增长有积极作用，但是教会活动对经济增长有负面影响，即经济增长更多取决于信仰程度而不是宗教归属。②

---

① Pyle, R. "Faith and commitment to the poor: theological orientation and support for government assistance measures," *Sociology of Religion*, 1993, 54(4), pp. 385－401.

② Barro, R. and McCleary, R. "Religion and economic growth." *American Sociological Review*, 2003(68), pp. 760－781.

73. 宗教与公民运动的关系如何?

正如吉登斯指出,公民权利需要公民积极争取。这种争取往往依赖于公民的社会参与,或者说公民运动。宗教是很多公民运动的源泉之一。托克维尔对美国公民运动做了很好的阐述。他认为宗教价值观是人们可以将自我利益放在一边并为了共同体的利益而斗争的理由。善行与仁慈信仰也有关。特雷萨修女的临终关怀医院和穷人救济所就由有信仰的人经营。一些宗教领袖们也致力于社会改革和公民权利,比如美国黑人宗教领袖马丁·路德·金致力于争取黑人的公民权利。

有研究显示,美国的一半慈善捐赠和约 40%的志愿活动是以宗教组织为基础的。[1] 不少神职人员动员信教者参与政治和社会事务。[2]教会里的活跃分子在技能上也得到了训练和发展,包括沟通、组织等,这些很容易转化为公民运动的技能。不少慈善捐赠者、志愿者认为帮助他人是一种道义责任,这与他们的宗教理想或多或少有些联系。

然而,宗教也会让一些人远离公民活动。一些教会可能会鼓励人们参与公民运动,而另外一些则可能是阻碍。一些教会可能允许成员参与他们自身信仰群体的活动而不是社会的活动。普特南发现意大利的天主教会不鼓励信徒参与公民事务。[3] 天主教会是一个等级化的组织,其领导视公民运动为影响其在意大利政治社会生活的潜在威胁。

宗教可能会动员人们只参与他们自身群体的活动。一些信仰虔诚的人可能会感到有种要出去帮助那些尚无信仰者的需要。他们也可能与有着不同信仰的人们一起愉快工作。然而,宗教信仰也可能让人们在他们自身与他人之间更严格地区别开来。他们可能在与那些与他们信仰不同者一起参与公民活动时更为警惕。很多新教原教旨主义者不再与罪人(sinner)联系,而是退回到自己的群体。整个美国历史,新教原教旨主义者在限制移民方面曾经很活跃。近些年,他们发起了将宗教活动和纲领引入公立学校,并反对科学教程讲授进化论的斗争。

---

[1] Bakal, C. *Charity U. S. A.* New York: Times Books, 1979, p. 10.

[2] Verba, S., Schlozman, K., Brady, H., and Nie, N., "Race, ethnicity and political resources: Participation in the United States". *British Journal of Political Science*, 1993, (23):453—497.

[3] Putnam, R., *Making democracy work: Civic traditions in modern Italy.* Princeton, NJ: Princeton University Press, 1993, p. 107.

他们担心那些与他们信仰不同的人们会否定他们的根本权利。因此,他们通常退回到他们自己的群体。如果他们志愿加入公民组织,也是他们自己的组织。

志愿者行为往往是公民运动的主要形式。不同于慈善捐赠或简单加入某个组织,志愿者行为需要时间。志愿者行为,首先取决于道德价值观,这会决定人们如何分配时间。很多志愿者排斥物质观念,而支持世界和平、内心安宁、真实友情等理想。[①]他们并不希望别人回报他们的善意。一些志愿者通常将他们对他人的奉献与他们的宗教信仰联系在一起。[②]

志愿行为的最重要决定因素是关于人们之间共同纽带的看法,这甚至超越了宗教观念。对他人的信任,尤其是对陌生人的信任,使得人们更要付出时间。对他人的信任基于我们都是同一个群体并有义务相互帮助的假定。这种需要来自内在的道德而不是对回报的期待。志愿帮助他人的人往往并不期待他所助的人来帮助他。

宗教不仅对西方社会的公民运动和公民社会产生重要影响,在东亚的韩国,基督教在推进社会转型中也起了相当大的作用。在 20 世纪 80 年代中期以前,韩国教会利用其合法性地位,为当时的工人运动提供了很大支持和保护,这种支持甚至包括从基督教义上引导劳工的自由。

74. 多元文化是否意味着民主也是多元的?

美国政治学家罗伯特·达尔认为民主需要 8 个制度保证,包括自由结社、自由表达、选举权利、公职的适任、政治领导人争得支持和选票的权利、信息的替代渠道、自由公平的选举等。很多学者谈到文化尤其宗教与民主的关系时,认为政教分离和世俗主义不仅是西方民主,同时也是民主自身的核心要素。亨廷顿解释基督教在西方文明的形成中起到非常显著的积极影响,是西方文明最重要的特征。他指出,西方文明的重要贡献在于政教分离,这在世界其他主要宗教制度里是没有的。亨廷顿进一步指出,儒家强调权威、命令、等级,强调集体重于个体,这些给民主造成了障碍。新加坡原总统李光耀也提出,西方民主与儒家思想不一致,后者为亚洲社会提供了意识形态基础,这要比西方的个人自由更为内在

① Mahoney, J. and Pechura, C.,"Values and volunteers: Axiology of altruism in a crisis center". *Psychological Reports*, 1980(47),1007—1012.

② Wuthnow, R., *Acts of compassion. Princeton*, NJ: Princeton University Press,1991,p. 51.

一致。新加坡人对于此观点最为宣扬,而其他亚洲国家,从泰国到日本,也开始认同这种说法。然后,李光耀的亚洲价值观,受到金大中等人的挑战。金大中认为,在东亚的一些民主社会,某些重要的民主价值来自于儒家传统。而新加坡则将儒家中一些非民主的价值观理性化了。

诺贝尔经济学奖获得者森在他的《发展即自由》(*Development as freedom*)一书里也引证了《论语》来说明孔子并不主张无条件地服从君主(国家、政府),"叶公语孔子曰:'吾党有直躬者,其父攘羊,而子证之。'孔子曰:'吾党之直者异于是,父为子隐,子为父隐,直在其中矣。'"(对偷羊这样的行为,子为父隐,父为子隐,不向政府告发,都是孔子认可乃至赞扬的。)雷也持类似观点。他翻译了《论语》,注解了 100 页,指出官方的儒家学说反复强调儒家的遵从概念,然而忽略了人们的反抗。雷指出儒家也强调如果统治者偏离了道,人们有义务不遵守。雷引述了《论语》来阐明这个观点,"子路问事君。子曰:'勿欺也,而犯之。'"(子路问孔子如何服务君主。告诉他真实情况,即使这样会冒犯他。)

福山也认为,事实上,儒家思想与民主并非如很多亚洲和西方人所认为的那样不相容。首先,传统的儒家科举制度是一个择优录取的制度,这个制度暗含了平等思想。在传统中国,科举制度因种种原因,并非是真正对所有符合资格者开放的,这个在哈佛、耶鲁也如此。在很多儒家社会,这种考试的现代形式作为进入高等教育和政府的门槛,是向上流动的重要方式。这种流动强化了相对平等的收入分配。第二个主要的相容领域是儒家对教育本身的强调。尽管很少有人指出受教育的民众是民主的必需条件,实际上,整个社会的教育水平一直是民主制度的重要支柱。如果没有较高的识字率,人们就不能理解因此也不会参与民主辩论。而且,如前所说,教育会让人们更加富有,对非经济的话题比如个人尊重和政治参与更加关注。最后,同亚洲大多数伦理制度一样,儒家相对来说比较包容。在过去,儒家与其他宗教同时并存,尤其佛教和基督教。虽然儒家的包容历史不是那么完美,比如中国时不时发生的对佛教徒的迫害。毫无疑问,它要比伊斯兰或基督教好得多。

另外,福山指出二战之后的现代化理论在根本上是正确的。经济发展通常会带来政治自由化。如果亚洲这些年的快速发展能得到持续,这个地区的民主化会继续下去。然而,亚洲民主表现形式可能与现代美国的民主有很大不同,美国的民主在调和个人权利与群体利益之间的矛盾方面一直面临很严重的问题。斯特潘、林兹也承认,在民主世界里,有很多亚种,每一个亚种都具有显著的次级特征。有的是大政府,有的不是,有的接受个人价值而反对集体价值观,有的接受个人价值同时也拥护集体价值观。这些区别美国民主与东亚民主的次级价值观来自于儒家价值观,但它们与民主并行不悖。

1959 年李普塞特发表了一篇颇有影响的文章,文章指出高水平的经济发展与稳定的民主存在相关关系。虽然这个经济发展带来政治自由的观点自发表以来,就被无休止地争论,但是,自 20 世纪 70 年代中期以来的民主转型,给这个论点提供了强有力的支持。① 福山指出亚洲很好地证实了经济发展与民主的相关性这一现代化理论。那些取得经济发展的地区也用大致类似的方式建立了稳定的民主,比如日本、韩国。还包括一些失败的民主运动,比如泰国、缅甸等。但是,即使失败了,这些例子也说明了发展与民主的联系。

虽然现代化理论提出了发展与民主的相关性,但是在 20 世纪 60 年代和 70 年代受到两个主要力量的抨击。首先,马克思批判主义认为资本主义民主对于政治和经济发展并不适合,现代化理论是一种不公正的全球经济秩序的辩护者。另外一种批判可以称之为文化相对主义,该理论认为现代化理论是欧洲中心主义,忽略了世界不同文化所带来的目标多元性。福山认为英国或美国的发展历史不能作为后来者必须参考的标准。很明显的是不存在通向现代性的唯一路径。近来的现代化国家与早期国家相比,在路径上有很大不同。事实上,就政治和经济民主化的顺序而言,很难得出一个普遍有效的规律。而且,资本主义和民主运行的方式都存在很多种类。

75. 如何理解民族主义的复杂性以及中日韩民族主义?

学术界关于民族主义的定义很多,而民族主义算是最没有统一定义的一个概念。盖尔纳认为民族主义是一种政治合法性原理,也是工业化过程中社会演化、变迁和组织的理论。② 安德森认为民族主义是一种"想象的共同体"的心理意识,后来形成了一系列国家制度和原则。③ 布拉斯认为,民族主义是政治精英创造的文化理论,其目的是使政治权力合法化。④ 凯拉斯认为,民族主义是主观

① Lipset, S., "Some social requisites of democracy: economic development and political legitimacy," *American Political Science Review*, 1959(53), 69—105.

② Gellner Ernest, *Nations and nationalism*, Oxford: Basil Blackwell Press, 1983, p. 10.

③ Anderson Benedict, *Imagined communities: reflections on the origins and spread of nationalism*, London: New Left Books, 1983.

④ Brass Paul, *Ethnicity and nationalism: theory and comparison*, London: Sage Publications Ltd, 1991.

意识，但其形成则是政治、经济和文化相互作用的结果，文化的同质性是起决定作用的。[①] 格林费德认为，民族主义是国家现代化的思想动力，它作为民族认同和民族意识与国家现代化进程息息相关。[②]卡洪认为民族主义已经成为最松散的要求政治自治和自决的主张。[③] 除了以上的笼统定义，还有的是定义的泛化，比如精英民族主义、大众民族主义、实用民族主义、族群民族主义、国家民族主义、自由民族主义等。[④]

理论上的缺乏，导致了民族主义的测量不统一问题。比如科斯特曼、费希巴赫对美国民族主义者的测量如下：以民族历史和民族遗产为荣，外援应该在政治上对美国有益，美国赢得国际体育赛事比如奥林匹克是很重要的。[⑤] 德可尔等学者则建立了一个中性和五个积极的民族态度测量指标，并以荷兰、斯洛伐克和西班牙巴斯克自治区作为实证检验。[⑥] 多甘在《西欧民族主义的弱化》一文中，以五个指标测量民族主义：民族自豪感，对军队的自信、愿意为国家而战、邻国的互信、欧洲共同体的归属感。[⑦]

从这些定义和测量中，可以看出民族主义现象的复杂性。正是由于学界对民族主义笼统或者泛化的定义，不少研究的推论和结果令人困惑。赵鼎新认为中国学生在美国"误炸"中国驻南斯拉夫大使馆之后爆发了大规模的抗议浪潮，这种反美情绪只是暂时的，而中国大学生并不存在普遍的反美心态。但作者对为何能出现大规模的抗议浪潮、为何中国大学生会表现出看似矛盾的行为没有很好的回应。唐文芳和达尔运用一项 2008 年的数据侧重研究中国的民族主义，作者还运用了另外一项 2003 年国际对比数据（International Social Survey Program 2003），结论认为中国的民族主义高于任何国家。[⑧] 另外从这项数据可以

---

① 。Kellas James, *The politics of nationalism and ethnicity*, London：Macllan ltd. Press,1991.

② Greenfeld Liah, *Nationalism：five roads to modernity*, Cambridge：Harvard University Press, 1992.

③ Calhoun Craig, "Nationalism and ethnicity". *Annual Review of Sociology*, 1993(19).

④ 详细讨论见赵绥生（Zhao Suisheng）, *A Nation-state by construction*. Chapter 1, Stanford University Press,2004.

⑤ Kosterman & Feshbach, "Toward a measure of patriotic and nationalistic Attitudes". *Political Psychology*,1989(10), pp. 257－274.

⑥ Dekker, Malova and Hoogendoorn, "Nationalism and its explanations". *Political Psychology*, (Special Issue：National Identity in Europe）, 2003,24(2),pp. 345－376.

⑦ Dogan Mattei, "The decline of nationalism within western Europe". *Comparative Politics*, 1994,26(3),pp. 281－305.

⑧ Tang Wenfang and Benjamin Darr, "Chinese nationalism and its political and social origins". *Journal of Contemporary China*, 2012,21(77),811－826.

看出,虽然作者没有讨论,韩国的民族主义远远低于中国的民族主义,甚至低于美国和日本。这项调查的问卷设计主要是关于民族自豪感。① 而不少媒体和学者都指出韩国民众在自身领土、产品和文化甚至体育方面都具有很强的民族主义。

正是基于这种复杂性,学者在讨论和比较民族主义的时候要非常谨慎。正如贾庆国指出,简单认为中国民族主义在上升的结论是错误的,准确的说法是中国的民族主义在某些方面得到强化,某些方面减弱。这也表明民族主义的内涵是多重的,不尽一致的,因此有将这些方面进一步概念化的必要。同时,这种复杂性也说明要寻求最准确的民族主义定义和测量是很难的。这就需要学者在研究民族主义的过程中至少要很清楚地说明该项研究中民族主义具体所指,尤其在比较研究中。根据上述讨论而得出的比较研究民族主义的基本标准,这里侧重以中日韩为例探讨三种相关但又不同类型的民族主义:经济民族主义、政治民族主义和文化民族主义。

经济民族主义思想最早的阐释者是德国学者李斯特,他在 1841 年出版的《政治经济学的民族体系》一书中主张以国家权力来保护经济主权和经济现代化,维护国家统一。后来很多学者提出各种定义,本文倾向于赞同坦尼尔的定义:"经济民族主义是指一个国家的这样一种愿望:在世界经济体制范围掌握本国的经济命运,以及本国领土范围内行使主权,决定谁可以开发自然资源,谁可以参与各经济部门的活动"。② 经济民族主义强调国家的经济主权的独立和经济资源由本国控制,是对外国企图控制本国经济的抵制。政治民族主义强调国家力量,主张强化国家的政治控制力和主权的权威性、神秘性,用国家的形式去实现民族的远大抱负,③简言之,国家利益至上。文化民族主义则是以对文化的这些要素的整合来确立民族归属感和认同感,把文化作为民族和国家认同的核心依据,目标是保留、复兴和壮大自己的民族文化。④

不少研究中国民族主义的学者认为中国民族主义自 20 世纪 90 年代以来开

---

① 问卷设计了四个问题:(1)我只愿意成为本国而非他国公民;(2)如果其他国家的人能像我的国家一样,这个世界会更好;(3)我的国家比其他任何国家都好;(4)当我的国家在国际体育赛事中取得好成绩时,这会让我很骄傲。

② Taneer Shoshana,1976. *Economic nationalism in Latin American-the quest for economic independence*, Proeger publisher, pp. 27—28.

③ 刘靖华:《全球化背景下的民族主义问题初探》,《现代国际关系》2001 年第 8 期,第 39 页。

④ 钱雪梅:《文化民族主义刍论》,《世界民族》2000 年第 4 期,第 4 页;刘靖华:《全球化背景下的民族主义问题初探》,《现代国际关系》2001 年第 8 期,第 40 页。

始上升。也有学者持不同观点。贾庆国指出中国民族主义高涨的论断是错误的，实际上是国际对中国崛起伴随的民族主义更加敏感，早在 20 世纪 40 年代，中国民族主义更强。中国比其他国家民族主义更强的看法也是有问题的，比如美国民众庆祝独立日表现出更高昂的爱国主义。贾认为，更准确的说法是中国比过去在某些方面更加民族主义，某些方面的民族主义在弱化。比如中国人在经济成就方面表现出更强的民族自豪感，在国际事务上越来越重视国家利益；而在对待国货和进口产品，对待海外关系、海外婚姻等方面，民族主义在弱化[①]。赵鼎新也认为中国民族主义自 20 世纪 90 年代以来日益高涨的观点是有问题的，尤其是所谓的普遍的反美民族主义。他的研究发现 1999 年中国大学生的反美浪潮更多是暂时的愤怒，大学生群体中反美的民族主义并不占主导。在他们看来，美国是超级大国，而不是敌人；中国经济发展是首要任务，而抵制美国霸权很不重要。同时中国学生对美国持矛盾看法：不喜欢美国的外交政策，但是高度赞扬美国的民主，羡慕美国的成就，希望到美国学习或工作[②]。

很多研究日本民族主义的学者认为日本的民族主义在战败后相当长一段时间受到很大批判和反思，几乎销声匿迹，而从 20 世纪 80 年代以来涌现出各种新民族主义思潮[③]，表现在军备扩张、美化侵略历史等。Suginohara 发现近年来日本的经济民族主义开始成为政治人物的炒作话题和主张，而在日本民众中还没有明显迹象。[④]

王生认为韩国这些年来出现极端民族主义趋势：经济上奉行"身土不二"的保护主义，大力提倡、引导国民用国货；文化上，这些年来渲染"韩民族优越论"，以自我的角度，修改及解释韩民族的历史、语言、思想与文化，并声称韩文化是世上最优秀的古老文明；政治上掀起民族"造史运动"[⑤]。也有文章得出类似的观点，指出韩国民族主义的狭隘性、排他性和警惕性。[⑥]

为数不多的学者从性质和特征上比较了三国的民族主义。梁云祥侧重比较

---

① Jia Qingguo, "Disrespect and distrust: the external origins of contemporary Chinese nationalism". *Journal of Contemporary China*, 2005, 14(42), February, pp. 11－21.

② Zhao Dingxin, "An angle on nationalism in China today: attitudes among Beijing students after Belgrade 1999". *The China Quarterly*, No. 172(Dec., 2002), pp. 885－905.

③ 见张志坤：《日本新民族主义思潮评析》，《日本研究》2003 年第 1 期，第 61－65 页；杨夏鸣：《日本新民族主义及其兴起的原因与影响》，《世界经济与政治论坛》2004 年第 2 期，第 59－63 页。

④ Suginohara Masako, "The politics of economic nationalism in Japan: backlash against inward foreign direct investment?" *Asian Survey*, 2008[48(5)(September/October)], pp. 839－859.

⑤ 王生：《试析当代韩国民族主义》，《现代国际关系》2010 年第 2 期，第 36－41 页。

⑥ 李建明：《论韩国民族主义及其影响下的中韩关系》，《学理论》2008 年第 18 期，第 44－47 页。

了中日民族主义，指出中国属于内向型民族主义而日本属于外向型民族主义，并且认为中日两国的民族主义在很大程度上仍然将对方作为对立面。梁认为，相对于近代日本以天皇制为中心的国家主义这样一种民族主义，中国的民族主义则更多地表现为一种文化民族主义，即崇尚文化的力量并大规模向外辐射中国的优秀传统文化来维护甚至扩大中国这一文化共同体，但同时却缺乏形成建立近代民族国家的政治性民族主义，即国家主义。也就是说，相对于日本的民族主义，中国民族主义中的国家主义成分要少得多。①

有学者从其他角度比较了中日韩三国民族主义，认为中国民族主义是自卫—反应型，日本民族主义是防守—进攻型民族主义，韩国也属于反应—自卫型民族主义②。

76. 个人主义文化存在自我矛盾的悖论吗？

帕森斯在其宏大的理论框架中，以社会行动为起点，抽象出五类行动模式变量，其中一组的对立是个体取向（self-orientation）还是集体取向（collective-orientation），即行动者是从个人利益还是集体利益出发。学术界在刻画东西方社会的个人主义和集体主义时存在很多争议，也有学者指出个人主义存在悖论③。有着多年西方经历的费孝通在《乡土中国》一书中，以西方社会为参照，刻画了中国的文化特质——差序格局、个体主义。很多学者将眼光放在费孝通的差序格局概念上，而相对忽略了他关于中国人个体主义与西方团体主义的区分。在他看来，中国人更多是关注个人利益，而对公共利益则是漠视的，即只扫自家门前雪，不顾他人瓦上霜；而西方则重视结社，属于团体格局。这在很大程度上，既有别于一些西方学者对西方个人主义文化的论述，也有别于学界及官方材料对中国集体主义文化的阐释。威廉姆斯在他著名的教材《美国社会》中非常细致地描绘了美国个人主义的显著特点。在他所列的美国文化的 8 项关键的价值取向中，其中一项强调个人特质而不是群体身份和责任，即坚持个人是相对独立和有道德责任感的。

---

① 梁云祥：《中日民族主义比较研究》，《国际政治研究》2009 年第 1 期，第 82—92 页。

② 李晔、耿昕：《"论东亚民族主义的类型与特征"》，《东北师大学报（哲学社会科学版）》2001 年第 5 期，第 57—63 页；萧功秦：《中国民族主义的历史与前景》，《战略与管理》1996 年第 2 期，第 58—62 页。

③ Fischer，C."Paradoxes of American individualism"，*Sociological forum*，2008，23(2)，pp. 363—372.

　　然而,托克维尔的观察和论述对费老提供了部分支持。托克维尔在《论美国的民主》一书中指出美国有着很强的结社传统,美国人很重视团体。他进一步指出这与法国人的个人主义文化有很大不同。加州大学伯克利分校社会学教授费希尔指出美国文化有个人主义的一面,而更多表现出群体利益导向。威廉姆斯也承认,那种以为美国个人主义造成一种个人疏离社会群体、孤立牛仔的文化是错误的。相反,他认为美国人的个人主义,在最广泛的意义上,主要意味着对政府的排斥,对其在经济活动上的限制表示不满,它并不意味着独立个体对社会群体的反叛。

　　费希尔认可威廉姆斯的说法。他以美国为例,并参照其他西方国家,指出个人主义存在着看似自相矛盾的悖论。一方面,个人主义的确有强调个人独立和利益的一面。例如,在美国文化中,行动意义和责任的最终来源是个人而不是群体。美国人认为犯罪都是个人的责任,不会报复家族,看不起裙带关系,难以理解自杀式攻击。在这样的社会习俗、时尚和社会影响之下,裹罩个人的是真正自我,真实自我是更好的自我。这样的文化期望下,个人在物质上更多是自我依赖的。另外,美国的法律非常强调个人权利,至少在 20 世纪。尤其在与欧洲人的比较中,更会显示出美国个人主义文化在这一方面的特质。费希尔援用了跨国调查的研究,这些结果显示美国人相比其他西方人更坚持以独立自主的个人来理解世界。比如,2000 年的世界价值观调查很多国家的个人,其中一个题项是,你感觉你在多大程度上能对自己的生活有选择和控制的自由。相比其他西方大国,44％的美国人选择 9 或 10(1-10 量表)。在另一项国际调查中,相比德国人、意大利人、法国人和英国人,美国人更加不认同那种认为个人的成功是由我们不能控制的因素决定的说法。这种世界观与美国显著的例外主义特征非常相符。即,相比其他西方人,美国人更加认为贫穷是因为穷人们个人的原因,因此更不情愿支持政府对经济不平等的干预。比如,持懒惰是贫穷原因看法的美国人是欧洲人的两倍。

　　但是,费希尔强调美国个人主义文化在更多方面呈现出很多矛盾。他同样援用了世界价值观调查以及国际社会调查关于受访者权衡个人利益与群体利益的调查结果。这些结果显示,有时美国人的答案会在平均数左右,而更多的则是美国人最不愿意赞成个人主义。几个例题可以说明。在所有西方大国中,美国人最不同意这样的说法:对与错只是个人良知问题,按照个人良知违背法律。他们最不愿意将个人目标置于家庭利益之上。他们最不愿意认同婚外情。也最不赞同如下说法:当夫妻无法解决他们之间的问题时,离婚是最好的选择。美国人最不愿意疏远教会，他们最为赞同教会提供道德问题答案的说法。美国人是最不可能抵制雇主权威的。美国人最不会赞同如下说法：当某人不认可雇主看法时，可以不服从雇主命令。美国人是最不可能牺牲国家利益来为自我利益辩护的。比如，他们在如下问题上的支持度是最低的：当国家出现错误个人应该拒绝支持他们的国家，他们可以为了更好的条件而离开国家。

费希尔认为，这些结果表明相比其他西方人，美国人在协调个人和群体利益时更倾向于支持群体利益。而且，很多证据显示美国人对群体具有相当高的忠诚度。相比欧洲人，美国人要更多地与朋友在一起，他们加入了更多的组织，归属于更加多的教会，结婚率是最高的，拥有的孩子数量也是最多的，在破坏工作场所方面要少得多。这一发现也对托克维尔的观察提供了支持。

费希尔进一步解释这种看似矛盾的文化有很多原因。其中一个重要解释是文化的矛盾性。他指出，和个人一样，文化本身也充满矛盾。他进而以文化社会学家斯威勒的文化工具箱理论来解释这个矛盾①。美国人的文化里包含了将独立自我作为话语和行动策略工具，同时也包含了其他工具。美国人通常会在某些领域表现出个人主义，在其他领域则不会。威廉姆斯认为，美国人特别在经济领域坚持自由放任。而在其他情况下，美国人会适用其他认知工具。而最关键的工具可能是信仰。这可以从李普塞特的说法中得到启示，即美国例外主义的一个显著特点是美国人对信仰和道德主义相对强烈的忠诚②。因此，费希尔认为美国人依凭他们的宗教信仰，在神圣的家庭和宗教等场所表现出一种反个人主义的立场。ISSP 中关于美国人的问卷调查显示，他们在对与错属于个人良知的事情这一问题上，相比其他人是最不认可的。而且美国人在类似问题上有出奇高的赞同率，即教会为道德问题提供答案。虽然有美国人支持婚外性关系自由，但这不是典型的美国人。信仰通常战胜个人主义，美国人对国家具有很强的忠诚感。相比其他国家的受访者，美国人在为国家而战斗的题项上表现出最强烈的意愿。

费希尔认为还有一种方式可以解决这种矛盾不一致的逻辑。即，区别美国文化的并非是个人主义，而是志愿主义。除了种族群体之外，美国社会对群体定义为志愿组织。人是志愿群体中的成员。人们志愿参与，志愿退出。个人不得被强迫，也没有义务留在群体里。与个人主义不同，志愿主义吸纳甚至鼓励群体

---

① Swidler, A. *Talk of love*: *How culture matters*. Chicago: University of Chicago Press, 2001.

② Lipset, S. *American exceptionalism*: *The double-edged sword*. New York: Norton, 1996.

属性。实际上,依这世界观,个人通过志愿组织来追求他们的个人目标。志愿主义原则的一个重要支柱为合约主义。从某种隐含意义上看,每个成员签订了一个合同,人们志愿加入、留下或离开,但是对群体忠诚。美国的婚姻也有这个特点。现代美国人相信人们有不结婚和摆脱不满意婚姻的自由。但是,在婚姻持续期间,则必须忠诚。同样的,美国人经常转变信仰或教派,但是那些刚选择新的信仰与那些仍然留在父母教会的,都有同样的忠诚。人们可以加入,也可以离开,但是一旦在群体内,人们必须遵守爱他或离开他的规则。这种合同主义可以部分解释为何美国人不是无政府主义者,或者说通常意义上的个人主义者。这解释了美国人的文化矛盾:一方面,是对个人性格、自由、能动性的信仰;另一方面,是群体忠诚。一旦一个人志愿选择成为美国人,他/她就必须对国家忠诚,这同样适合他/她所属的俱乐部、教会、邻里和工作。因此,美国人在如下问题上的支持率很高:雇主应该无需工人投入就可以经营事业,即使不同意指令也要在工作中服从。这个逻辑是:工人自由签约成为一个雇员,合同规定必须服从老板的指令即使他们是愚蠢的;如果工人感觉不幸福,他/她可以自由离开。

因此,费希尔将美国的志愿主义理解为,结合了独立的自我和对自由形成群体的忠诚。逻辑上讲,两者相互补充,也可说是对方所必需的。如果人们以独立自我加入,群体必须是志愿的;而成员也必须是独立的,这样群体才会是志愿的。他最后指出美国这种看似自我矛盾的独特文化的历史渊源:没有联结、独立自我的美国人在新大陆,意识到合作以及形成志愿组织的必要,就开始了这种文化。正是这种独特历史,造就了美国看似自我矛盾的个人主义文化,个人独立和共同体相互补充而不是对立。

而关于中国文化中的个人主义描述,除了费孝通以外,麻省理工学院教授、著名中国问题专家白鲁恂也持类似的观点。也有其他学者采用定量方式发现中国人的集体主义导向很低。比如,根据豪斯等学者的量表,中国人在制度性的集体主义(institutional collectivism)方面得分很低,但是在小圈子集体主义(in-group collectivism)方面得分较高[①],这印证了费孝通的差序格局论断;Chen & Li 进一步发现在澳大利亚的中国学生在水平式集体主义(horizontal collectivism)比如

---

① House, R. Hanges, P. Javidan, M. Dorfman, P. Gupta, V., "Culture, leadership, and organizations: the GLOBE study of 62 societies". Sage publications, London, UK. 2004.

合作方面,要逊于澳大利亚本国学生①。

77. 何谓启蒙?②

启蒙运动首先发生在法国和苏格兰,但是"什么是启蒙"则是德国人提出的问题。1783 年 12 月,《柏林月刊》发表了神学家和教育改革家策尔纳的一篇文章,在该文的一个脚注中,策尔纳提出了这个问题。不久以后,《柏林月刊》就发表了门德尔松和康德的回答,并由此引发了其他许多作者和杂志纷纷加入这场辩论。不过尽管参与者众多,但总体上,辩论主要是围绕着公共讨论、宗教信仰和政治权威之间的关系展开的,而对于这个问题之最为影响深远的回答,无疑还是康德的回答。

在稍早一些的一个讲演中,针对当时存在的一种担忧,即对宗教、道德和政治的自由的、无拘无束的讨论会不会削弱社会公共秩序所依据的约定俗成的风俗和信仰,门德尔松倾向于认为,被认为与迅速的公众"启蒙"相联系的那些危险乃是言过其实;他问,就算承认为了社会而应该服从国家所持有的某些偏见,那么,对偏见的这种服从是应该通过法律和审查确立起来,还是应该留给每个人自己来决定? 在这个讲演中门德尔松倾向于后者。但是当这个讲演后来经修改发表于《柏林月刊》,门德尔松的态度后退了一步。在公开发表的文本中,门德尔松区分了"公民的启蒙"和"人的启蒙",前者必须按照它所针对的社会的等级来进行自我协调,而后者,因为针对"人之为人",而不是针对"作为公民的人",所以无需留心社会分层,也无需关注社会秩序的维护。但是,"人的启蒙可能和公民的启蒙发生冲突。某些对人之为人是有用的真理,对于作为公民的人来说有时候可能是有害的。……如果一个国家必须坦白,对它来说,人的本质命运与其公民的本质命运不相符合;在这个国家,对人来说必不可少的启蒙不可能在它的所有阶层中得到传播而不冒险摧毁政体,那么这个国家就很不幸了。在这里,哲学

---

① Chen, XP & Li, S., "Cross-national differences in cooperative decision-making in mixed-motive business contexts: The mediating effect of vertical and horizontal individualism." *Journal of International Business Studies*, 2005,36(6),pp. 622−636.

② 本问题更详细阐发可参见:詹姆斯·施密特:《导论:什么是启蒙? 问题、情境及后果》,詹姆斯·施密特编:《启蒙运动与现代性:18 世纪与 20 世纪的对话》,徐向东、卢华萍译,上海人民出版社 2005 年版。

就变得哑口无言"①。

门德尔松愿意承认,为了公共秩序免遭威胁,哲学有时需要沉默,或者说,启蒙需要止步。但康德不这样认为,他毫不妥协地坚持,理性的公开使用绝不应该受到限制。在《对这个问题的一个回答:什么是启蒙?》中,康德开宗明义,指出:"启蒙就是人类脱离自我招致的不成熟。不成熟就是不经别人的引导就不能运用自己的理智。如果不成熟的原因不在于缺乏理智,而在于不经别人引导就缺乏运用自己理智的决心和勇气,那么这种不成熟就是自我招致的。Sapere aude(敢于知道)!要有勇气运用你自己的理智!这就是启蒙的座右铭。"②而为了脱离"不经别人的引导就不能运用自己的理智"的状态,实现所谓的启蒙,康德认为,最关键,也是唯一需要者就是自由。而他在此所说的自由就是"在所有问题上公开利用一个人的理性的自由"。康德区分了理性的公共使用和私人使用,前者是指"任何人作为一个学者(Gelehrter)在整个阅读世界的公众面前对理性的运用";后者是指"一个人在委托给他的公民岗位或职务上对其理性的运用"。康德认为:"在为了共同财富的利益而运转的许多事情上需要某种机制,共同体的一些成员必须通过这种机制来消极地管理自己,以便政府可以通过一种人为的一致把他们引向公共目的,或者至少防止他们破坏这些目的。这样一个机制一定不允许争辩;而人们必须服从。然而,就该机器的这个部分同时把自己看作是整个共同体,乃至一个世界公民社会的一个成员而论,只要一个人是以一个学者的身份通过他的著作面向严格意义上的公众,他就可以争辩,而不致因此伤害他部分地作为一个消极的成员从事的事情。""理性的公共使用必须一直是自由的,只有这种使用能够给人类带来启蒙。"反之,如果我们从四面八方听到的始终是:"不许争辩,只许齐步向前!""不许争辩,只许服从!""不许争辩,只许信仰!"那么,人类只能蛰伏在"不经别人的引导就不能运用自己的理智"的不成熟的蒙昧状态。③

启蒙需要理性的公共使用的自由,理性的公共使用要求言论、出版的自由,实际上联系着日后哈贝马斯所说的一个允许公共讨论并由公共讨论所构成的

---

① 摩西·门德尔松:《论这个问题:什么是启蒙?》,詹姆斯·施密特编:《启蒙运动与现代性:18世纪与20世纪的对话》,徐向东、卢华萍译,上海人民出版社2005年版,第58页。

② 康德:《对这个问题的一个回答:什么是启蒙?》,詹姆斯·施密特编:《启蒙运动与现代性:18世纪与20世纪的对话》,徐向东、卢华萍译,上海人民出版社2005年版,第61页。

③ 康德:《对这个问题的一个回答:什么是启蒙?》,詹姆斯·施密特编:《启蒙运动与现代性:18世纪与20世纪的对话》,徐向东、卢华萍译,上海人民出版社2005年版,第62—63页。

"公共领域"。进入 20 世纪,特别是二战以后,启蒙的问题又郑重其事地重新进入学术讨论和政治讨论之中。按照施密特的梳理,20 世纪对启蒙问题的重启主要是沿着三条路线展开的:第一条路线涉及理性、权威和传统的关系;第二条路线集中于理性、恐怖与支配之间的令人不安的密切关系;第三条路线力图把启蒙的理想从与法国革命的一切联系中解放出来,这条路线在尼采的著作中发现它的起源,在福柯那里得到了发展深化。① 实际上,这三条重思启蒙的路线围绕着一个共同的核心问题,那就是与启蒙紧紧相缠的理性问题:究竟什么是理性,理性究竟是一种什么样的力量?

78. 何谓理性?

启蒙与理性难解难分。但当我们想要弄明白究竟什么是理性时,却发现在"理性"这一名词下,涵盖了太多互不相同甚至彼此矛盾的所指。同为启蒙运动,法国启蒙运动和苏格兰启蒙运动所弘扬的就是两种不同的理性,前者所标举的后来被称为"建构理性",即认为人类理性能够撇开人性的、社会的、文化的、历史传统的等等复杂性而在全新的基础上建构、实现完全"合乎理性"的理想社会;后者所阐发的则是一种"演进的理性",即认为理性本身与文明的演化互相成长,既有的人类文明恰恰是理性运作的基础,因此它无力跳出文明之外重新设计文明,也不可能创造出完全合乎理性的社会。康德区分了相对于人类认识能力的"纯粹理性"和相对于人类道德能力的"实践理性"。韦伯进一步区别了"目的(工具)理性"和"价值理性"(这一对概念主要用于分析人的行动)以及"形式理性"和"实质理性"(这一对概念主要用于分析组织与制度)。究竟哪一种"理性"才是真正的"理性"? 说来几乎是一篇糊涂账。不过,如果在哈贝马斯看来,那么,所有这些对于理性的用法和认识,有一个基本一致的倾向,那就是都倾向于从主—客体的单向关系中来理解"理性",要么将理性看作是主体认识、把握客体的一种心理机能,要么将理性看作主体对待处理客体的某种行为类型。这种对于"理性"的主—客体单向理解(monological understanding)模式隐伏着一种危机,那就是,一旦"理性"的权威或者说对"理性"的信仰确立起来,那么,就必然导致作为"理性"拥有者或者说"理性"化身——可以是一个人、一个组织,甚或其他"理性"的

---

① 詹姆斯·施密特:《导论:什么是启蒙? 问题、情境及后果》,詹姆斯·施密特编:《启蒙运动与现代性:18 世纪与 20 世纪的对话》,徐向东、卢华萍译,上海人民出版社 2005 年版,第 16 页。

物化产物——对于客体的宰制、独断或霸权，也就是法兰克福学派所说的"理性的暴虐"①。实际上，上面所说的 20 世纪之重启启蒙与此是密切相关的。正是有鉴于此，哈贝马斯拓展了"理性"的范畴，提出了基于主体间关系的双向理解（dialogical understanding）模式的"交往理性"的概念：理性不仅是一种心理机能，也不仅是个体行为的某种类型，还是相互交往的主体间处理分歧、追求一致的一种方式。

哈贝马斯指出，人类社会的存在并非以独立的个人为基础，而是以"双向理解"的交往行动作为起点。他重新定义了韦伯的行动概念，把行动分为四种类型，目的性（策略性）行动、规范性行动、戏剧性行动和交往行动。前面三种行动分别对应着人类社会的三个特定方面，那就是作为可操纵对象的"客观的或外在的世界"，由规范、价值及其他一些被社会认可的期望所组成的"社会的世界"，以及经验的"主观的世界"。唯有运用语言媒体达成相互理解和一致的交往行动，因为要商议对情境的共同定义而"同时论及客观世界、社会世界和主观世界中的事物"②。交往行动是人类社会存在的基础，也是理解和分析社会现象的起点。交往行动的基础地位突显了作为交往媒体的语言在人类社会生活中的决定性意义。不同于那些从语义学、语法学的角度来研究语言结构的学者，哈贝马斯从"语用学"的角度出发来探讨交往行动。他认为人们在使用语言进行沟通时，即是在提出某种"有效宣称"，有效宣称有三种，即："真理宣称"、"正当宣称"和"真诚宣称"。但这些宣称在本质上是可以被质疑、被批判的，允许别人提出相反的观点。面对别人的质疑、批判或提出的相反观点，一个理性的人必须致力于根据有关证据来捍卫或修改自己的宣称。"交往实践的职责在于，在一种生活世界的背景下，争取获得、维持和更新以主体内部所承认的具有可批判性的有效宣称为基础的意见一致。这种实践内部包含的合理性表现在，一种通过交往所获得的意见一致，归根结底必须以论证为依据。而这种交往实践参与者的合理性，是根

---

① 按照林毓生的看法，这种主—客体单向理解模式的危机自笛卡儿以"我思故我在"开启近代理性主义起即已潜伏下。笛卡儿认为，思想就是怀疑，思想家必须怀疑一切。当某些东西经不起怀疑时，那就是不真实的；而那最后无法再怀疑的东西，才是真实的。用这种普遍怀疑论来怀疑一切，最后他发现有一点他怀疑不了，这就是他不能怀疑他的怀疑，所以才得出了他的名言："我思故我在"。这种思想的实质是：什么东西都可以被怀疑，唯有思想不能被怀疑，思想是宇宙中唯一真实的东西。这种观点很容易滑落到下面这样一种看法：世间的东西中只有经过思想所创造的东西才能真正地合理。这个看法再一滑落便会产生另外一个观点：宇宙里的东西都是由思想所产生的，只有思想是创造的源泉，这样便产生了"建构主义"，从而最终导向要用我们的思想创造一切、决定一切的主张（参见：林毓生：《中国传统的创造性转化》，生活·读书·新知三联书店 1988 年版，第 47—48 页）。

② 哈贝马斯：《交往行动理论》（第 1 卷），洪佩郁、蔺青译，重庆出版社 1994 年版，第 135 页。

据他们是否能按适当的情况论证自己的宣称来进行衡量的。"①也就是说，"交往理性"的"理性"表现在，"更佳证据的力量"是指引和主导意见交流的根本的、唯一的力量，任何其他的力量（如金钱、权力）的渗透侵入，都是"生活世界的殖民化"。而之所以在哈贝马斯看来现代性是一个"未完成的"或"有待完成的"方案，就在于，这种交往理性还没有完全进驻现代世界。

79. 社会共识可以形成吗？

西方学者根据西方社会的发展，认为培育一个强大的公民社会是发展民主的关键。虽然关于公民社会的定义众多，很难澄清。然而，很多研究公民社会的作者都认同公民社会有一个在政府和经济之外的由志愿组织（voluntary association）构成的核心制度。哈贝马斯认为，这种组织范围很广，包括教会、文化协会、运动俱乐部、辩论协会、学术机构、草根组织、女权组织，一直到职业联盟、政党、工会等。②

在多元社会里，公民的最基本行动就是要组成这样的协会。这些协会的任务就是通过两个相互独立但同时作用的过程来保持和重新定义公民社会和政府的界限。这两个过程是：社会平等和自由的扩张，国家制度的重构和民主化③。这体现了现代社会的内在张力。现代欧洲两大社会学家哈贝马斯和福柯都强调了现代性的内在张力，即共识和冲突之间的张力。哈贝马斯是关于共识的哲学家，而福柯则跟随尼采，是以冲突和权力语言描述真实历史的哲学家。

哈贝马斯的沟通行动理论是为了阐明要达至理解和建造共识的理性过程的假定，哈贝马斯采用了沟通理性的概念。沟通理性要实现非强制性的、统一的共识建造话语，在这种话语体系下参与者能克服主观偏见，而支持理性驱动的共识。尽管哈贝马斯认为沟通理性在遭受现代社会实际的威胁，然而他坚持沟通理性的核心，即不受约束的、统一的、建造共识的辩论，是人类生活的核心经历。根据哈贝马斯氏，这个核心体验内置于人类社会生活，而且是普遍的。这种普遍

①　哈贝马斯：《交往行动理论》（第 1 卷），洪佩郁、蔺青译，重庆出版社 1994 年版，第 34 页。

②　Habermas, J., "Further reflections on the public sphere" in C. Calhoun(ed.) *Haberrmas and the public sphere*, Cambridge Mass：MIT Press,1993, p. 453.

③　Keane, J. *Democracy and civil society：on the predicaments of European socialism，the prospects for democracy，and the problem of controlling social and political power*, London：Verso. 1988, p. 14.

性源自这样的事实,即人类社会生活是建立在相互理解基础之上的。哈贝马斯这样写道:"在达至理解的行动中,有效宣称已经蕴含其中。这些普遍的宣称被置于潜在沟通的通用结构之中。在这些有效宣称里,沟通理论可以定位一个温和但坚定,绝不沉默但很少兑现的宣称理论,即一个必须在事实上承认任何时候任何地方都存在共识的宣称。"①

至于有效宣称,哈贝马斯将有效性定义为一种没有强制的共识。有效和真理要得以保证,要满足下面五种关键的话语伦理要求:(1)受讨论影响的任何一方都不得被排除在话语之外;(2)在话语过程中,所有参与者都有均等机会展示和批判有效宣称;(3)参与者必须愿意并有能力理解相互的有效宣称;(4)参与者间既有的权力差异必须被中和,以至于这些差异对共识建造没有任何影响;(5)参与者必须公开解释他们的目的,停止策略行动。

这种模式下的社会,需要从公共辩论的参与来定义公民。参与是话语的参与,超然的参与,沟通理性需要理想角色扮演和权力中立。它是一种程序意义上的。哈贝马斯指出,商谈伦理并不设立实质性导向,相反,它设立的是建立在假定之上,并确立无偏私判断的程序。因此,哈贝马斯是一位关注过程的、普世的、自上而下的道德家。他认为,程序的规则需事先设立,这种规则应符合理想言论的要求。这样,哈贝马斯著述的中心就围绕建立有效宣称和共识的程序展开。他的民主程序观点直接与司法制度相关。哈贝马斯明确表示他是法律和主权视角。而这与福柯的观点相反。福柯认为,这种权力观念绝非恰当。福柯的权力分析正是要完全摆脱司法话语,以及某种意义上的权力—法律、权力—主权的影响。福柯在政治分析中做出过"要砍下国王的头"的著名论断,要代之以去中心的权力理解。而哈贝马斯则认为国王的头依然需要,即主权是法律规制权力的前提。相比韦伯以及法兰克福学派的成员,比如霍克海姆、阿多诺等,哈贝马斯对于现代性要更加乐观,不是那么挑剔。哈贝马斯的主要进步方法,比如要强化公民社会,就是记载宪法和制度发展,这成为哈贝马斯思想的核心要素和终点。

有学者指出哈贝马斯思想的缺陷在于他忽略了现实与理想、想法与行动缺乏一致。这种不一致在大多数一般性的以及非常具体的现代性现象中很普遍,它根植于对权力的尚不充分的理解。对于研究权力的学者来说,沟通通常更多是非理性的言说和利益维护,而不是不受支配的自由以及共识寻求。在修辞言说里,有效性是建立在沟通模式上的,比如雄辩、潜在的控制、理性化、人格魅力、

---

① Habermas, J. *Communication and the evolution of society*. London: Heinemann. 1979, p. 97.

参与者间的依赖关系等,而不是建立在关于事实的理性观点基础之上的。哈贝马斯思想的优点在于对政治理想的思考,而在实际的政治过程理解方面存在缺陷。

相反,福柯的思想,在对理想方面的讨论比较弱,福柯被视为理想的反对者。但是他的思想反映了现实的政治。哈贝马斯批判福柯的思想是相对主义,严厉批评福柯的谱系历史方法是相对主义的虚幻的科学。福柯以尼采的思想来解决相对主义与基础主义(foundationalism)的问题。尼采指出历史学家的一个通常错误前提:他们或简称国家有某种共识,并存在某种共同的道德原则,因此他们推断这些原则无条件地对你我都有约束力;或者相反,他们发现在不同国家,道德评判必然不同,因此他们由此推断根本没有可以约束的道德。尼采认为两种推论都很幼稚。① 以此作为理论依据,福柯将相对主义和基础主义都驳斥了,而代之以情形伦理,即依情况而定。与基础主义和形而上学保持距离,并不意味着福柯的思想就没有道德含义。他的道德观表现在他支持任何对权力滥用的挑战,不管是作者也好,还是受害者也罢;通过这种方式,为自由尽可能提供新的动力。② 在这里,福柯是尼采式的民主观,对于任何形式的管理,自由的或者极权的,必须要经过不受支配的意志的分析、批判,这种民主能表达公众的关注。福柯认为政治任务就是批判那些看起来中立和独立的制度,要揭开那些通常施行却被隐藏的政治暴力,这样人们才会与之斗争。依福柯的解释,这是一种实现制度变迁包括公民社会制度变迁的有效途径。福柯还直接引用了哈贝马斯,并补充道:"问题不在于尽力消除完全透明的沟通乌托邦中的权力关系,而是通过法治、管理技术以及伦理,使得权力规则运行具有最少的支配。"③

简言之,哈贝马斯强调的是宏观的程序政治,而福柯强调的是微观的实体政治。福柯对边缘性的强调使得他的思想对于差异、多元、身份政治很敏感,而这些也正是理解公民社会并采取行动的关键。

①　Nietzsche, F., *The gay science*, New York: Vintage Books. 1974, pp. 284—285.

②　Foucault, M. "What is enlightenment?" in P. Rabinow(ed.) *The foucault reader*, New York: Pantheon, 1984, p.46.

③　Foucault, M., "The ethic of care for the self as a practice of freedom" in J. Bernauer and D. Rasmussen(eds) *The final foucault*, Cambridge, Mass: MIT Press,1988, p.18.

人名索引